# 高校“双师思政课”协同育人模式创新与实践

赵波◎著

中国国际广播出版社

# 目录

# 绪　论

# 合力建设“双师思政课”专题教学体系

长期以来，困扰高校的专业教育和思政教育“两张皮”问题已经影响到人才培养质量。如何结合专业学生特点，提升思政课堂的抬头率、感染力？思政课如何走在时代前列，引导大学生树立正确的价值观？为解决这些问题，中国传媒大学在国内首创了“双师思政课”模式，积极推进思政课改革创新，充分发挥思政课作为关键课程的育人功能。“双师思政课”自从2019年开始探索实践，授课教师表示，讲课眼神更亮了，言语间更自信了。新冠肺炎疫情期间，双师课的学生制作出催人奋进的抗疫视频，返校后很多同学向党组织递交了入党申请书。作为思政课教师的职业幸福感油然而生！“双师思政课”是思政课教师和专业课教师同时授课，教师可以同时出现在讲台上，也可以着力加强集体备课，推进精品课建设，发挥专业特色，增强思政课程的实效性。正如恩格斯所说的：“到目前为止的历史总是像一种自然过程一样地进行，而且实质上也是服从于同一运动规律的。但是，各个人的意志……虽然都达不到自己的愿望，而是融合为一个总的平均数，一个总的合力，然而从这一事实中决不应作出结论说，这些意志等于零。相反地，每个意志都对合力有所贡献，因而是包括在这个合力里面的。”[①] 双师正是发挥了合力的作用开展思政课改革创新实践。接下来，以双师讲授思想道德与法

---

① 中共中央马克思恩格斯列宁斯大林著作编译局.马克思恩格斯选集：第4卷［M］.2版.北京：人民出版社，1995：697.

治课程为例，阐释合力共建的内容和思路。

## 一、专业知识与育人元素的深入融合

思政元素如何巧妙融入专业课程是双师重点思考的问题。“双师思政课”通过调动学校各类育人元素，包括专业课程里的思政育人元素、学生活动的思政引领方式和党建方案的价值引导功能，探索思政课教师与专业课、专业知识与思政元素深入融合的方式方法，实现思政课程与课程思政的创新升级。

### （一）克服理论距离，引向深度学习

讲到井冈山精神，和着《毛委员和我们在一起》的经典旋律，思政课教师和音乐专业教师将歌曲创作背景和革命老区人民对红军的感情娓娓道来。歌曲赏析和情感表达拉近了思政课与学生心理的距离，让艺术教育更有历史积淀和价值观基础，理论知识点精准敲击到学生的共鸣点；让思政教育有了更多的不同学科专业知识支撑，找到专业落点，加强了思政课程的吸引力。

### （二）打通成长路径，穿越课堂边界

从课内教学到课外实践，优秀毕业生和行业榜样融入课程体系，思政课教师和音乐专业教师同时走进课堂，讲解音乐人的人生观，现场答疑解惑。同时，“业界导师群”以专业教师身份指导教学。指导过程使教学内容形象化、具体化和场景化，推动思政课理论内容落地，回应学生成长中的困惑。就这样，双师实现了融合教学，融合不同学科教学经验和教学方法，更加聚焦学生的思想和学习实际，充分发挥了“大思政”的育人效果。

### （三）重兵关键课程，聚焦立德树人

双师课堂上经常出现校领导的身影，他们下课后总要再和教师、学生聊一会儿。中国传媒大学党委书记廖祥忠说，思政课作为人才培养的关

键课程，对传媒人才培养至关重要。学校把思政课纳入“双一流”建设，统筹全校资源，通过双师教学等多方面“重兵”投入。2019年3月18日，习近平总书记在学校思想政治理论课教师座谈会上为新时代学校思想政治理论课建设指明了前行方向，强调“办好思想政治理论课关键在教师，关键在发挥教师的积极性、主动性、创造性”[①]。“双师思政课”激发了授课教师的育人热情，专业课教师通过双师授课提高政治站位，课程不仅培育学生还培育教师，建设了一支课程思政队伍，在思政课程改革创新的同时加强了课程思政建设，实现了思政课程与课程思政同向同行。

## 二、协同共建双师课专题教学体系

习近平总书记提出的“大思政课”是教育理念的重大创新，为推进思政课改革创新和高质量发展指明了方向。“大思政课”具有丰富的内涵，既要准确理解大在何处，又要知道如何善用。落实“大思政课”理念，关键是要树立协同意识，广泛发动社会力量与资源支持高校的实践教学活动，使高校内部以及高校与社会元素在实践教学的内容、形式、管理、机制、功能、保障等方面实现统一和融合。[②]双师在讲授思想道德与法治课程时，研读教材，把握每部分的关键词和教材内容的中心思想，明确作为时代新人的学习任务。同时，双师进一步围绕每章的核心问题展开思考，找到这些不同问题之间的内在逻辑主线，凝练专题，通过双师对话加强课程研讨。双师在课堂上对话教学，或者在集体备课环节通过对话润物细无声般地实现了思政元素与专业知识的融合。双师基于丰富的社会实践和生动的课程素材，以课程教材为基础备课资料，将研读教材的体会转化为专题教学体系。接下来以音乐专业的思想道德与法治双师课为例，探讨双师

① 习近平主持召开学校思想政治理论课教师座谈会强调　用新时代中国特色社会主义思想铸魂育人　贯彻党的教育方针落实立德树人根本任务［N］. 人民日报，2019-03-19（1）.

② 曹桢，喻一珺，王钰菡.“大思政课”视域下高校思政课实践教学社会协同机制探讨［J］. 北京交通大学学报（社会科学版），2022，21（2）：59.

集体备课过程。

## （一）通过关键词找准学习线索

教材绪论部分的关键词是时代新人。双师备课时把握新时代这个特定背景，理解新时代的内涵，在此基础上领悟时代新人的要求。具体到音乐学子，就是要努力提高思想道德修养和法律修养。大家围绕这些基本内容，思考音乐学子如何适应新时代的特点和要求，从道德和法律两个方面提升自身修养，明确作为时代新人的使命感和责任感。

教材第一章的关键词是人生选择。大家要理解人生观、价值观和世界观的基本内涵，结合音乐领域的问题和音乐人的生存现状分析音乐人实现人生价值的条件，对于影响人生观实现的因素进行充分思考。大家要区分人生价值实现的主观条件和客观条件，以及音乐人人生观的普遍性和特殊性，深刻剖析错误的人生观对音乐人的影响，帮助学生为过好大学生活做好充分的思想准备和理论储备。

教材第二章的关键词是理想信念。大家要深刻领悟理想和信念的内涵，结合音乐家的故事和相关音乐实践的经验，进一步思考这些抽象的理论内容。关于理想的特征问题，大家要注意将理论分析和实践思考相结合。关于理想和信念的区别，大家要引导学生结合自己的音乐学习过程来思考理想信念的重要意义，从而认识到科学的理想对音乐人实现理想信念的重要价值。

教材第三章的关键词是精神状态。大家要从中华优秀传统文化中领会精神实质，引导学生认识到音乐学习过程中也同样存在精神状态的重要意义。中华民族的精神力量凝聚为不同的精神表达。大家可以追问音乐与中国精神之间的内在关联，在理论梳理和音乐思考中找到自己对中国精神的体验和理解。

教材第四章的关键词是价值理念。音乐人抗疫期间的实践可以充分展现价值理念的重要影响。生活在当下中国的音乐人如何理解核心价值观的重要作用，以及其在音乐人生活实践中的生动体现，是大家学习中需要认真思考的核心问题。价值理念问题从来不是空中楼阁，大家需要结合具体案例和生动体验深入思考价值理念的核心内容。

教材第五章的关键词是道德觉悟。中华民族的道德发展有两面性，只有中华传统美德是需要我们继承和发展的，道德辨析就是要学会马克思主义关于道德的核心观点。理解道德的本质问题，有助于大家深刻分析现实生活中的道德现象。面对道德困惑，大家从掌握马克思主义的立场、观点和方法上升到道德觉悟的角度，理解音乐人创作历程中道德感知和道德觉悟的重要性。总体来说，中华传统美德的创造性转化和创新性发展离不开音乐人的道德实践。

教材第六章的关键词是法治素养。双师引导大学新生，面对人生新阶段和新挑战，需要做好法治知识储备，尤其在原创作品维权、网络音乐使用与传播以及日常音乐交流时都要注意法律界限。双师通过理论阐释和实践解析，引导学生要有意识培养法治素养，运用法治思维看待学习和生活中的问题。

### （二）聚焦社会主义核心价值观主线

双师明确教材各章节的关键词后发现，所有内容都与核心价值观息息相关。时代新人明确学习任务与价值观选择有关，音乐人的人生观离不开价值实践，音乐人的理想信念是一种价值意义的实践，音乐人的爱国观体现爱国这个核心价值观的重要意义，音乐作品的创造性转化和创新性发展需要处理道德内涵中价值因素的传承问题，音乐人的法治观中法治本身也是核心价值观。

教材第四章核心价值观部分的内容是双师教学的主线，贯穿在所有教学过程中。教师要引导学生在学习时注意如何理解这个主线的表现形式和重要作用。从课程中蕴含的思想、道德和法律这些核心内容来看，每部分都与核心价值观密切相关。核心价值观部分涉及的所有内容都是马克思主义理论的具体呈现，例如，道德部分涉及马克思主义道德观，价值观部分涉及马克思主义价值观，法治部分涉及马克思主义法治观，等等。大家学习时把握这个教学主线，有助于系统学习，深刻掌握知识点之间的内在关联，思考马克思主义理论的深刻内涵。

### （三）形成教学内容递进式问题链

双师引导学生在学习时要注意教材的前言和小结部分，这里通常蕴含教学内容的主要线索。同时，大家听课的时候要注意教师的课程导入和课程总结部分并对应教材的前言和小结，融合在一起听课，这样既有主要内容的梳理，又有具体案例的深度解析，有助于全面把握课程内容。

双师指导学生在学习过程中要注意不同章节的问题导向。也就是说，为什么要为音乐学子开设这样的教学专题呢？了解教师的意图也有助于大家把握课程主旨。比如，理想信念章节，我们可以通过一系列递进式的问题将知识点串联起来，具体为：什么是理想信念？理想和信念的差别是什么？理想和信念对音乐人来说为什么重要？为何理想信念是我们音乐人的精神之“钙”？理想信念有哪些类型？如何理解音乐人崇高的理想信念？我们音乐学子有理想信念了，为什么要信仰马克思主义？我们音乐人的共同理想和远大理想是什么关系？为何音乐理想要与社会理想统一呢？如何处理音乐理想与音乐现实之间的关系？如何为实现中国梦注入音乐人的青春能量？在回答这些问题的时候，大家就是通过理想信念的理论在马克思主义理论的指导下，形成自己对于音乐领域实践的恰当思考。

### （四）建立知识点的逻辑结构

所谓知识点的逻辑结构就是说每章节的不同知识点之间的内在关联是可以找到内在逻辑的。这种结构是我们知识的系统框架，也是我们学习课程主要内容时要着重注意的知识体系问题，在点面结合的过程中，形成了我们的知识全景。比如，绪论部分的主要知识点有3个：新时代的内涵，时代新人的要求，提升思想道德修养和法治素养对音乐人的意义。

那么，这些知识点的逻辑结构是什么呢？首先，我们要读懂历史方位，认识中国特色社会主义新时代。新时代是我们认识和思考问题的理论背景和现实定位。其次，我们要把握新时代机遇，让中国梦成为青春的主题，这就需要我们音乐人掌握时代新人的具体要求和现实任务。再次，我们要不负历史使命，做有理想、有本领、有担当的时代新人。音乐人就是要在实践中深刻领悟使命感和责任感的具体意义。最后，我们要重视素质培养，努力提升思想道德素质和法律素质。有了历史定位、时代机遇和使命感，我们就得从实际出发、从点滴小事儿做起，着重培养思想道德素质和法律素质，勇做堪当民族复兴重任的新时代音乐人。

### （五）探索结合专业的双师教法

为加强双师课的针对性和有效性，双师结合音乐学子的学习特点和时代要求、音乐人的使命感和责任感、音乐行业实践和相关问题等要素设置了6个专题。这6个专题对应教材的具体章节：新时代的音乐人对应教材的绪论部分，音乐人的人生观对应的是教材第一章的内容，音乐人的理想信念对应的是教材第二章的内容，音乐人的爱国观对应的是教材第三章的内容，传统音乐作品的创造性转化与创新性发展对应的是教材第五章的内容，音乐人的法治观对应的是教材第六章的内容。其中，教材第四章社会主义核心价值观的内容作为教学主线，融合到6个专题全过程。具体双师教学专题内容、授课形式和授课方法如下：

**专题一：新时代的音乐人**

授课形式：①问题链教学（为什么考传媒大学？你对传媒大学有哪些期待？你对当今音乐发展现状如何评价？新时代传媒大学的音乐专业要做哪些准备？）②互动教学（双师针对音乐专业学生的专业学习和日常思考等答疑解惑）。③案例教学（基于音乐行业实践的突发事件讲解学习这门课的意义；基于《义勇军进行曲》《黄河大合唱》等歌曲的创作背景讲解这门课的学习方法；基于《春节序曲》创作者的经历和音乐传承问题讲解新时代用音乐讲中国故事，做有理想、有本领、有担当的新音乐人）。④对话教学（通过双师对话、师生对话，总结新时代音乐人的思想道德修养与法律素养等，提升音乐人的政治意识，不断增强道路自信）。

**专题二：音乐人的人生观**

授课形式：①体验式教学（师生讲述自己在音乐领域的成长经历，结合电影《第一次》配乐的特点，引发马克思关于人的本质理论的思考）。②案例教学（双师讲授音乐行业经典案例，如虚拟偶像类音乐软件的开发过程、背景思考、社会现象分析等，思考人生价值的评价与实现）。③榜样教学（中国传媒大学青年教师张超进课堂，结合纪录片《走进和田》编曲的创作过程，探讨创造有意义的人生价值的问题，引导学生建立大局意识，辩证看待人生矛盾）。

**专题三：音乐人的理想信念**

授课形式：①讨论式教学（双师设计关于对信仰、金钱和自己的认识问题，上一节讨论课，学生课上分组讨论并汇报分享）。②案例教学（双师结合理想信念问题讲授中华人民共和国成立70多年来音乐领域的成就）。③课堂讲授（双师结合讨论情况分析整理学生思想和知识动态，结合音乐人现状，集中讲授理想与现实的辩证关系、理想信念和信仰的区别、信仰马克思主义的原因等，提升核心意识，不断增强理论自信）。

**专题四：音乐人的爱国观**

授课形式：①情景教学（从国歌的诞生说起，从爱国音乐人的具体实践说起，双师可以通过情景对话和音乐设计等再现当时情景，挖掘音乐人的家国情怀）。②案例教学（结合具体案例展示革命战争年代音乐的战斗力和新时代音乐的凝聚力，引导学生建立看齐意识）。③实践教学（开展用音乐为家乡代言活动，利用微信公众号发布优秀学生作品并课上展示）。

**专题五：传统音乐作品的创造性转化与创新性发展**

授课形式：①大单元教学法（音乐鉴赏课，将传统与现代结合的创新类作品在课堂上呈现，分析中华传统美德的时代价值、音乐表达的道德情感，增强文化自信，提升文化软实力）。②案例教学（选取当下热播的音乐综艺节目，剪辑作品作为课上素材，结合音乐行业现状分析公民道德准则的重要性）。③情境教学（才艺展示，创设情境与课程主题相关的学生作品可课上呈现，谈谈创作理念，聊聊创作效果，讲清楚文化自信的核心是价值观自信）。

**专题六：音乐人的法治观**

授课形式：①案例教学（师生讲授身边发生的法治问题，引出法是内在需要的问题；从经典案例入手，引出音乐人培养法治思维的重要性）。②启发式教学（音乐行业精英进课堂，结合音乐行业的法治问题讲授我国法律的特征，尊重和维护法律权威，增强法律意识，不断增强制度自信）。

### （六）建立科学的思想方法论

双师引导学生不仅要总结自身成长过程中面临的思想道德和法律问题，还要学习用马克思主义立场、观点看问题，重点要掌握马克思主义世界观、人生观、价值观、道德观、法治观的主要内容和分析方法。

#### 1.提高思想道德素质与法律素质

双师引导学生在学习过程中要注意理论知识的内在关联，系统掌握知识点之间的内在关联。了解这些知识与我们音乐学子的具体关联是什么。大家可以从思维启发、逻辑训练、价值引导、知识体系和自身的思想道德素质、法律素质角度深入掌握双师教学专题的重要意义。在音乐专业课和思政课的碰撞中找到对我们学习和生活的启发，主要还是从双师课程教学中获得直观体验和深刻启发。

从提高音乐学子的思想道德素质和法律素质的角度来看，我们音乐人要成为有理想、有本领、有担当的时代新人，就必须具备良好的思想道德素质和法律素质，这是思想政治素质、道德素质和法治素养的有机融合，是新时代的大学生必备的基本素质，这一点音乐学子要高度重视。一方面，思想道德为法律提供思想指引和价值基础；另一方面，法律为思想道德提供制度保障。我们要理解基本素质对音乐学子的重要性，从音乐专业的案例讲解中更多地体会到这些知识点与大家息息相关。同时，大家也能更加正确地认识自己、认识他人、认识社会，学习、运用并掌握音乐行业的道德法律规范，正确调整自己的行为。从中国特色社会主义思想和理论的角度来看，思想道德素质和法律素质是紧密联系、相互促进的，而这也是音乐学子要注意掌握的学习内容。

**2. 重视理论与实践相结合的深度学习体验**

音乐学子要形成良好的思想道德素质和法治素养，必须转化为内心自觉的认识，才能在行为中真正遵守。双师课的学习需要大家在学习中升华、内省中完善、自律中养成、实践中锻炼，因此必须重视理论与实践相结合。因此，大家要注意双师专题设计中音乐领域与思政领域碰撞的结合点、融合点和共鸣点，从而找到自己的理解点。从对相关知识点的感性认识上升到理性认识，找到思政理论和音乐学子的内在关联，客观认识自己、发现社会和认知国家。同时，课内教学和课堂实践是紧密关联的，大家要积极参与课内教学实践，尤其是关于情境设置、体验交流和主题讨论的环节。大家要跟着双师的教学思路，加强思维训练，深刻解读课程核心观点。

理论与实践相结合，还体现在双师运用科学的方法论进行课内教学与课外实践的双重引导。学生根据双师布置的课外实践作业，在双师指导下完成主题调研报告、社会实践活动心得体会，从思想观点和音乐行业实践中都能体会到双师指导的重要价值。对大家的学习要求也是要运用科学方法论做到理论清醒。现实生活中纷繁复杂的理论容易让学生不知所措，通过双师指导让学生清晰地认识到不同理论的实质和马克思主义理论的科学性、人民性、发展性和实践性是极其重要的。

在音乐实践中切忌为了实践而实践，实践是要有思想根基的。深刻的思想内涵对我们的音乐实践是有重要指导意义和深刻启发的。某种意义上来说，音乐作品的鲜活力在于音乐思想经久不衰的魅力。那么，音乐实践中是否有价值立场呢？是不是有了价值立场问题，音乐创造性就会受到束缚呢？回到这个问题，就是要理解音乐人的价值立场对音乐创作的内在影响和具体表现，这种潜移默化的影响是我们要积极思考的问题。除此之外，我们的音乐实践中除了音乐专业的思想和理论外，思政视野有没有作用呢？马克思主义的立场和观点对于我们积极实践有没有意义呢？大家在学习时要注意理论清醒、思想根基、价值立场、思政视野和积极实践这些基础性问题。学习本课程，有助于音乐学子领悟人生真谛，坚定理想信念，做忠诚的爱国者和改革创新的生力军，形成正确的道德认知和法治思维，从而具备更优秀的思想道德素质和法治素养。

# 第一章
# 高校“双师思政课”协同育人机制

“双师思政课”育人模式是国内首创，探索思政课教师与专业课教师两种类型的教师（可以是多名教师）共同授课，围绕思政教育功能和特色课程建设两大工作重点，结合思政课程和课程思政两大建设体系的特点，发挥思政课和专业课两大学科优势。思政课教师走进专业课堂，将党史学习融入专业教学，专业课教师助力思政教学，推动思政理论引发共鸣。“双师思政课”模式“点燃”中国传媒大学思政课堂，是高校立足课程建设协同育人模式的全新探索与积极实践。

## 第一节　国内首创“双师思政课”教学模式

“双师思政课”以学生为本，充分发挥双师授课的深度融合互化作用；既要求转变教育观念，又要求优化教学内容、创新教学方法，从思政课教师主导与专业课教师主动、历史与现实、理论与实践、专业与行业等多维度入手使学生获得专业初体验，增强思政课的针对性和实效性；作为思政课程的加强版和课程思政的升级版，是构建高校思政工作体系的全新探索和积极尝试。

## 一、“双师思政课”产生背景和运行现状

习近平总书记指出，“……各门课都要守好一段渠、种好责任田，使各类课程与思想政治理论课同向同行，形成协同效应”①。“双师思政课”模式在思政课上实践就是要打造双师思政金课，在专业课上实践就是要打造专业知识和育人元素充分融合的双师课程思政示范课。

### （一）解决高校立德树人核心问题

长期以来，困扰高校的专业教育和思政教育“两张皮”问题已经影响到人才培养质量。高校课程体系建设是高校育人的重要载体，“双师思政课”立足思政课或专业课建设标准，双师主导作用和学生主体作用相结合，结合不同专业学生特点，建立适应不同学科实际情况的具体育人模式，发挥思政教育走在时代变化的前列和引领大学生形成社会主义核心价值观的积极作用。但是，思政课程和课程思政基于不同的课程体系，在具体实践中尚未有效形成协同育人格局。“双师思政课”挖掘专业课蕴含的鲜活思政课素材，形成育人合力，共同实现立德树人根本任务。同时，为避免思政教育与实践脱节，“双师思政课”基于学生的课内外实践，激发学生学习兴趣，打造优质思政金课和课程思政示范课。

### （二）精准关照大学生的内在需求

双师发挥合力，从专业问题、写作规范和逻辑体系入手，精准敲击学生的兴趣点和薄弱点，做好提升计划。双师要用多于普通课程三四倍的时间备双师课，在生活中挖掘新的教学切入点。比如，用做菜的技艺讲解实践知识与技术知识的区别，通过多平台共建适应融媒体时代学生的需求，活用校友资源融入课程探索，将新闻评论的模式移植到对话式教学，将答记者问的形式应用到课堂教学活动中。课程教学中全程使用“雨课

① 习近平在全国高校思想政治工作会议上强调　把思想政治工作贯穿教育教学全过程　开创我国高等教育事业发展新局面［N］.人民日报，2016-12-09（1）.

堂”“畅课”等教学平台，实现师生互动和双师互动。例如，在专题教学实践环节，思政课教师与播音专业教师合作，全程录制课堂教学，邀请同行专家点评；思政课教师还与摄影系教师围绕“摄影经典中的党史”录制了9个双师专题微课，上线中国大学生慕课。双师教学团队成员有党委副书记、班主任、辅导员、党支部书记等工作经历，便于全方位搜集学生成长困惑和学习中的核心问题，共建课程和探索协同育人机制。

### （三）善用“大思政”促进课程建设

习近平总书记指出，“思政课不仅应该在课堂上讲，也应该在社会生活中来讲”，“‘大思政课’我们要善用之，一定要跟现实结合起来。上思政课不能拿着文件宣读，没有生命、干巴巴的”①。“双师思政课”探索了知识性与价值性相统一、理论性与实践性相统一等“八个统一”思政课改革方法，形成了录音艺术、摄影、播音、通信工程、汉语国际教育、文化产业、经济管理、外语和文学专业的双师育人团队。梳理专题，确定双师思政课程和双师课程思政教学体系，培育了不同专业的课程思政队伍，整合学校资源，以建设“大思政”格局为契机，推动思政课程与课程思政同向同行。

### （四）课程改革发挥示范引领作用

双师教学模式的改革实践被《中国教育报》报道。2020年12月9日，《中国教育报》第03版刊登文章《“双师教学”：重兵突击关键课堂》；2021年5月10日，《中国教育报》第06版刊登文章《为思政教育找寻专业落点——中国传媒大学课程思政“双师课”探析》。相关教改成果在学校官微、官网和学习强国发布，发挥模板效应。双师博物馆教学、双师访谈教学、双师对话课、双师实验室教学、双师实践教学、双师慕课等模式，逐步形成了覆盖思政课程、课程思政、实践思政、活动思政、项目思政和作

① 杜尚泽.微镜头·习近平总书记两会“下团组”“‘大思政课’我们要善用之”[N].人民日报，2021-03-07(1).

品思政的双师特色模式。这种可复制、易传播、善推广的模式，立足传媒特色，探索媒体融合背景下高校育人机制，发挥了中国传媒大学在思政教育领域的示范引领作用。

## 二、“双师思政课”建设的重要性和必要性

习近平总书记在学校思想政治理论课教师座谈会上讲话后，中国传媒大学推动思政课建设内涵式发展，采取有效措施，形成了思政建设良好氛围，思政课纳入“双一流”建设，给予各类课题支持，思政课教师职称评审设立绿色通道。针对《教育部等八部门关于加快构建高校思想政治工作体系的意见》，中国传媒大学马克思主义学院出台四个创优计划，打造名师名课。这让一线教师备受鼓舞，激发了他们的积极性、主动性和创造性，积极探索“双师思政课”改革。

思政课要走在时代变化的前列，引领青年学生树立社会主义核心价值观。中国传媒大学作为培养各领域各行业传媒人才的摇篮，如果学生的价值观出了问题，其危害要远远大于其他高校学生。所以，作为思政课教师探索传媒人的思政教育义不容辞，只有这样，我党的舆论阵地才不会丢失。因此，“双师思政课”符合时代变化和中国传媒大学实际。

实现课程思政与思政课程的同向同行就是要更好地发挥思政课程特点，助力课程思政建设发展，也是新时代提出的新课题和新要求。同时，专业课程的课程思政建设有助于拓宽学生接受思政教育的空间。集全校之力共同解决思政课面临的难题，以建设“大思政”格局为契机，推动思政课程与课程思政同向同行。

## 三、“双师思政课”的特点与优势

“双师思政课”，围绕思政教育功能和特色课程建设两大工作重点，结合思政课程和课程思政两大建设体系的特点，由思政课教师和专业课教师同时授课，寓价值引导于知识传授之中，是对“坚持价值性和知识性相统

一”[1]的一种课程创新和探索。目前，中国传媒大学实现了思政课教师与专业课教师两种类型的教师同上一门课，开展“双师思政课”实践探索。

（1）“双师思政课”有助于立德树人根本任务的实现。“双师思政课”是高校思政教改创新，以遵循教育规律、优化教学内容为核心，以加强顶层设计、创新教学方法为抓手，以加强资源共享，促进融合互补为重点，形成思政课与专业学科特色协同育人的联动课程设计体系。基于思政课程体系，以潜移默化、生动有趣的授课特点，达到知识传授、能力提升和价值引领的有机统一，从而建立把立德树人贯穿到教育教学各环节的有效机制。

（2）“双师思政课”增强了高校思政课的亲和力和针对性。“双师思政课”注重对人的关注以及对人文精神的培养。在内容上，“双师思政课”切实遵循思政课的客观规律，挖掘专业课程的思政要素，针对学生的诉求点对点、面对面地设计双师课程，及时更新教学内容；在形式上，“双师思政课”通过思政课教师和专业课教师共同备课、共同研发、共同授课，以及在课后共同总结和探讨，力求通过生动、形象和丰富的方式实现思政知识和专业知识的有效融合。对于学生而言，双师是帮助者和对话者，而不仅仅只是讲授者。

（3）“双师思政课”促进教学相长和因材施教。“双师思政课”实现知识、能力、情感态度与价值观的有机统一。在知识方面，根据专业理论和实践，以案例讲解、亲身体验、观点解析等方式，使学生理解个人与社会的辩证关系、理想信念是精神之“钙”等内容，帮助学生将思政知识与自己的专业知识衔接起来；在能力方面，培养学生运用马克思主义的基本立场、观点和方法看问题，让学生能够对专业领域的实践作出科学的解释、正确的判断和合理的选择，最终以锐意进取的态度和负责任的行动融入行

① 习近平主持召开学校思想政治理论课教师座谈会强调　用新时代中国特色社会主义思想铸魂育人　贯彻党的教育方针落实立德树人根本任务［N］.人民日报，2019-03-19（1）.

业行为；在价值观方面，帮助学生树立正确的世界观、人生观和价值观，理解马克思主义信仰，在专业创作领域培养法治思维，以科学的态度进行法治实践。此外，“双师思政课”也注重教师的成长和发展，鼓励教师在教学过程中不断完善自身的教学水平和教育观念。教育者和受教育者双方教学相长，共同进步。

## 四、“双师思政课”的显著成效

“双师思政课”发挥了思政课作为关键课程的重要作用。学校党委统筹推动马克思主义学院启动的“双师思政课”，结合专业学生特点，思政课堂的抬头率、感染力得到提升，中国传媒大学思政课的课堂出现了可喜的变化，为打造思政金课作出积极探索。

（1）多平台共建抓住了思政课改革契机。双师团队积极拓展教研平台，发挥新媒体的思想政治教育功能，开设课程专用微信公众号。同时，双师利用“雨课堂”“畅课”等平台开展混合教学实践。双师团队的教学成果在校团委的积极支持下在校园网和校报上发布。通过《中国教育报》等媒体对“双师思政课”的及时报道，实现传统媒体与新媒体共同助力思政课程实效性发挥。

（2）团队联动作战发挥协同育人机制作用。各学院党委书记和辅导员全程参与学生评价体系建构，并作为开展工作的重要参考。专业学生通过“双师思政课”获得专业知识初体验，思政课教师更加了解学生实际，专业课教师的价值引导作用显现，党委提供的学生思想实际成为双师设计课程的重要参照。“双师思政课”为学校完成立德树人根本任务作出重要贡献。

（3）思政课教师与专业课融合程度提高。推广和普及是一个循序渐进的过程，在设想的提出、方案的设计、院系之间的沟通协调等方面，学校各级领导和双师团队都做了大量艰苦细致的工作。目前双师正在有条不紊地开展工作，不仅专业课教师走进思政课堂，思政课教师也走进专业课堂，根据学科特点和课程设置，增强了思政课教师与专业课的融合度，发挥思政课教师在课程思政建设中的重要作用，实现课程思政和思政课程同向同行。经实践检验，“双师思政课”是具有典型意义的、构建高校思政工作体系的积极探索和有益经验。

## 第二节 “双师思政课”推动高校思政教育创新升级

习近平总书记在学校思想政治理论课教师座谈会上的重要讲话，强调发挥教师的主导作用和学生的主体作用，实现各门课程和思政课程同向同行。中国传媒大学发挥传媒特色，在国内首创了“双师思政课”育人模式，探索思政课教师与专业课教师共同授课。思政课教师走进专业课堂，专业课教师助力思政教学，助推思政教育创新升级。

### （一）重兵集结上好思政课，激发师生学习热情

为保障双师育人的顺利开展，在校党委的领导下，学校健全工作机制，协调多部门合力推进课程建设，发挥思政课程在协同育人方面的关键作用。马克思主义学院和专业学院作为双师课的教学主体，协同配合开展集体备课，完成课程讲授；校史馆、博物馆等作为重要的教学资源，为双师课提供有力支持；教务处统筹全校课程思政建设工作，制定《课程思政实施方案》，在课时认定、教改项目认定等方面提供保障，为教师们全心投入教学改革解决后顾之忧。双师同时授课，相互学习，教师们首先被点燃了，然后他们再把这种体验带给学生。专业中的经典案例和核心问题激发了学生的兴趣；专业课教师讲授思政教育对专业学习的促进作用；思政课教师将专业资源转化为思政资源，更了解学生的思想实际（双师备课情况见图1–1）。

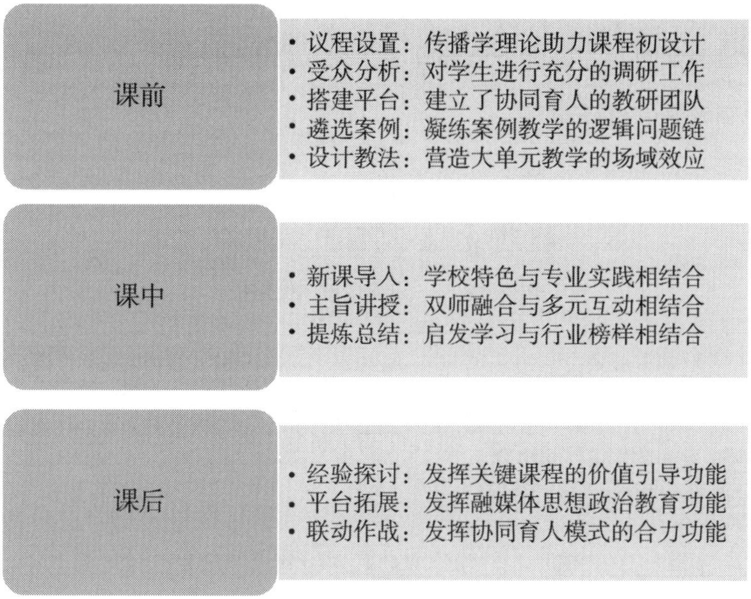


图 1–1 双师备课情况

双师应用政治传播学理论分析媒体融合环境下高校思政课教学特点：运用议程设置理论、预存立场学说、受众分析、传播效果分析模型等方法，发挥政治整合功能，探索育德意识、育德能力和共同体观念；运用现代传媒技术，收集学生成长困惑，掌握专业研究关键词，通过设置问题导引的教学专题，激活学生学习兴趣，点燃学习热情。双师讲思想、讲干货、有启发，讲出马克思主义的道理来。疫情期间，“双师课”的学生制作出催人奋进的抗疫视频，返校后很多同学向党组织递交了入党申请书，这催生了学生的学习获得感和教师们的职业幸福感。

### （二）梳理专题打磨专业课，思政教育找到专业落点

双师遵循课程教学体系共建课程，挖掘专业课的思政要素，助力思政课改革创新，采取同向同行、协同育人的“1234”育人机制（见图1–2）。“1”是指一个标准：思政课或专业课建设标准。“2”是指双层互动：双师互动和师生互动相结合。“3”是指三维构建：历史维度、现实维度和理论

维度的有机融合。“4”是指四大目标：力争达到双师深度融合的目标、学生深度学习的目标、教师主导和学生主体相结合的目标、思政课程与课程思政协同发展的目标。

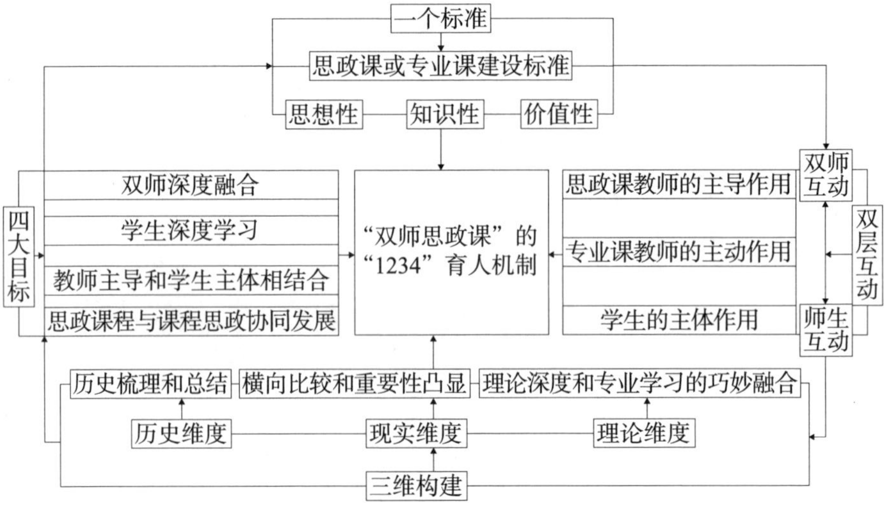


图 1-2 “双师思政课”的“1234”育人机制

双师立足课程建设标准，第一步，设计专业问题点燃学生求知欲；第二步，双师课上访谈教学做解决问题示范；第三步，专业故事中讲出马克思主义的道理来。讲到井冈山精神，和着《毛委员和我们在一起》的经典旋律，专业课教师讲的是学生们感兴趣的专业故事，代入感的案例体现了革命精神的力量。思政课教师讲历史发展，引发情感共鸣；讲解革命精神的价值意义，引导学生客观地认识共产党为什么“能”。思政元素就这样润物细无声地融入专业教学，歌曲赏析和情感表达拉近思政课与学生心理的距离，让艺术教育在马克思主义理论和思想的指导下，激发学生深入思考。思政教育找到了专业落点。

### （三）党史学习融入思政课，沉浸体验强化育人效果

在党史学习教育中，双师走进中国传媒大学校史馆为通信工程专业学生开展博物馆教学。专业课教师讲解延安新华广播电台的技术发展，思政

课教师讲解传媒人的初心和使命。在新闻采访与报道课上，双师为播音专业的学生讲解《红星照耀中国》。专业课教师讲解采访报道时需要注意的问题，思政课教师回顾美国记者埃德加·斯诺自1936年在我国西北革命根据地进行实地采访的传奇经历和中国共产党的对外传播故事。双师还带领学生开展在长征出发地讲党史活动，将地方红色资源转为思政教育的生动素材。这种沉浸式双师教学模式拉近了双师与专业和学生的距离，引导学生用专业来讲述党史故事，实现理论学习和实践探索相统一。

### （四）活用校友资源助力思政课，增强思政教育力量

为克服双师教学带来的师资问题，中国传媒大学活用校友资源打通成长路径，穿越课堂边界。思政课教师和专业课教师两种类型的教师，再加上校友资源，形成了“1+1+N”的育人共同体。第一个“1”指一位思政课教师，主导思政课教学的整体框架、教学设计以及专业渗透环节和内容；第二个“1”指一位专业课教师，负责思政课教学内容在专业领域应用中的渗透，并深度指导学生思政教学内容传播实践；N指由多位校友构成“业界导师群”，使教学内容能够形象化、具体化和场景化，推动思政课理论内容落地。在广告学院的双师课上，校友有的来到课堂授课，有的视频连线，有的录制视频，分享人生感悟和实践经验。这让双师课堂不仅有理论的高度，还有理论应有的温度。

## 第三节 课程思政与思政课程同向同行

高校思想政治工作要因事而化、因时而进、因势而新。思政课程与课程思政同向同行要着力把握以下几点：在同向方面，要解决政治方向的一致性问题、育人方向的一致性问题，以及文化认同的统一性问题；在同行方面，要解决步调一致、相互补充、相互促进、共享发展的问题。要正确

处理同向与同行的辩证关系，同向是同行的前提，同行是同向的目的。课程思政唯有与思政课程保持同向，才能为同行创造条件，最终实现结伴同行，形成协同效应。[①]中国传媒大学从思政课切入先行先试，在思政课堂加入专业课教师讲授，实现了马克思主义学院和音乐与录音艺术学院、广告学院的合作，逐渐摸索形成了成熟的“双师思政课”模式。接下来，学校继续在专业课堂探索双师教学，除新闻采访与报道课外，广播电视网络技术、人像摄影、汉语国际教育等专业课都被纳入进来。

### （一）落实新文科建设“八大行动”，加强成果凝练总结

教育部高等教育司司长吴岩来中国传媒大学调研时指出，要建设“四新”，就要着力实践“八大行动”，即新型人才培养行动、专业优化攻坚行动、课程改革创新行动、实践基地建设行动、优质师资培育行动、协同育人强化行动、质量标准提升行动、开放合作深化行动。“双师思政课”从新文科人才培养、专业课优化提升、课程改革创新、双师实践思政、双师育人团队培育、协同育人机制、提升思政课程和课程思政效果、创新合作方式角度有针对性地落实“八大行动”。接下来，中国传媒大学“双师思政课”计划探索“五个一”工程（见图1–3）。

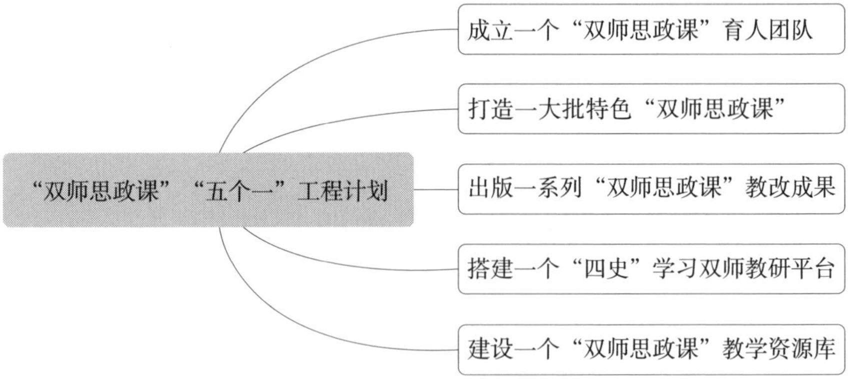


图 1–3　“双师思政课”“五个一”工程计划

① 邱仁富.“课程思政”与“思政课程”同向同行的理论阐释［J］.思想教育研究，2018（4）：109.

未来，双师将指导学生参加各类比赛，发挥协同育人功能；用传媒语言讲好“双师思政课”的生动育人故事，让教改成果有益于诸如学生工作、思政课改革、课程思政建设、新媒体育人等更多层面；录制一批精品“双师思政课”，发挥双师合力，打造中国传媒大学思政课改革创新和课程思政建设样板课；出版相关图书，加强北京市高校乃至全国高校的成果交流；出版针对音乐专业的双师授课详细教案，积极申报优秀教学成果奖；出版双师授课教材，在中国传媒大学人像摄影课程中作为教材使用；已经录制完毕的9个双师微课配上英文字幕上线国际慕课平台，加强教改成果的凝练总结。

### （二）共建思政课程与课程思政，加强思政教育力量

发挥思政课教师引领力，凝聚双师合力，让思政课更符合学生思想实际和现实需求，形成课内教学和课外实践相结合的双师教学体系。思政课堂的抬头率、感染力得到提升，为打造思政金课作出积极探索。“双师思政课”发挥了思政课作为关键课程的重要作用，组建了融合不同专业的双师育人团队，将专业课教师培育为一支课程思政队伍。思政教育与专业教育融合育人、思政课教师与专业课教师共建课程，双师加强了理解，提升了政治站位，加强了理论素养，更加善于做思政工作，在各自授课中自觉进行价值引导。团队合作不限于课程改革，包括活动、调研、实践、科研、共建等角度都将开展深度合作。双师继续在思政课方面进行探索，培育思政教研部其他教师和学院其他课程教师开设双师课，落实《关于新时代加强和改进思想政治工作的意见》。“双师思政课”守正创新，设计具体专题，从课程教学到课程实践，联合各个学院和学校职能部门，在党委领导下，积极开展教学改革创新。

### （三）创新高校人才培养体系，服务教育高质量发展大局

“双师思政课”作为加强各党支部政治建设的重要内容和关键载体，使党建与育人、思政课程与课程思政同向同行。“双师思政课”贯穿学校

育人全过程，还能够加强党建思政与教学科研、大学治理的深度融合。以双师教学为契机，发挥思政教育隐性教育功能，建立了知识性与价值性相统一、理论性与实践性相统一、统一性与多样性相统一的协同育人模式。思政为专业教学领航，专业渗透也丰满了思政教学的“芯”。可以说，双师深度融合、协同发力、“点燃”了不同类型的思政课堂。这为高校人才培养体系注入了活力，加强了协同育人成效。中国传媒大学的“双师思政课”可以为媒体融合背景下高校育人实践提供参考经验。这种可复制、易传播、善推广的育人模式，在北京市乃至全国的高校都可以推广，甚至对大中小学思政教育一体化建设、高校美育工作都有重要的借鉴意义。“双师思政课”还可以发挥产学研一体化效能和社会服务作用，助力企业思政培训和思政基地建设，使得教改成果逐步发挥社会影响力，同时立足传媒特色，促进马克思主义大众化传播工作。

# 第二章
# 高校双师思政课程协同育人模式与实践

目前，高校“双师思政课”实现了思政课教师与专业课教师同时授课。专业课教师来到思政课堂就是“双师思政课”，这就实现了思政课教师与专业课教师两种类型的教师共建课程（可以是两名教师，也可以是多名教师，只要是两种类型的教师融合授课就是“双师思政课”）。“双师思政课”可以是显性的，也可以是隐性的。“显性双师思政课”就是我们在课堂上看到两种类型的教师同时授课，根据课程特点采取适当的教学方法，通常采取对话或访谈教学。“隐性双师思政课”就是思政课教师上思政课，专业课教师上专业课，只是在集体备课环节中两种类型的教师以制作精品课为目标打磨课程，将专业知识与思政元素巧妙融合起来，将思政学科和专业学科深度融合起来。这就实现了多学科共建思政课程或课程思政，多方联动共治高校思想政治教育工作，全方位共享思想政治教育成果的目标。

## 第一节　音乐专业的作品思政实践

音乐艺术课程中蕴含的思政元素有利于学生心灵的净化、情操的培养与审美的提高，进而帮助他们树立正确的世界观、人生观与价值观。音乐专业开展课程思政，有利于通过音乐艺术的力量激发学生对真善美的追求。[①]思政课教师与音乐专业教师组建“双师思政课”教学团队，通过课堂教学、主题实践活动和作品创作探索，充分发挥音乐专业教师的协同育人功能，发挥思政课教师价值引导的关键作用。通过音乐作品解读、创作和实践等，双师挖掘音乐领域的思政元素，通过巧妙的课堂设计融入思政课教学，提高思政课教师与专业知识的融合度，增强思政课教师与专业课教师的协同育人本领。2021年10月15日，中国传媒大学“双师”教学团队走进思想道德与法治课堂，为音乐与录音艺术学院2021级的同学们讲授“音乐人的人生观”专题思政课。通过赏析优秀音乐作品，体悟其蕴藏的精神价值，从而引导新时代音乐人树立正确的人生观。此次课程由马克思主义学院赵波老师和音乐与录音艺术学院张超老师同堂讲授，是思政课教师与专业课教师共同教授的“双师”系列教学课程的又一成功实践。一件件优秀的音乐作品，把思政课堂点缀得既生动又充实。

（来源：中国传媒大学白杨网）

**图 2-1　思政课教师（左）与音乐专业教师（右）同时授课**

---

① 黄茜，刘旭光.音乐艺术课程思政元素的挖掘与运用［J］.学校党建与思想教育，2020（24）：73.

## 一、教学主题

音乐专业的大学生都面临着一个问题：怎样才能过好大学生活？在家人期待、学业要求、情感表达、职业选择等多重因素构成的外界环境中，大学生要学会处理一系列社会关系。尤其在世界发生纷繁复杂的变化、信息时代各种思潮的相互激荡条件下，音乐人同样要树立正确的人生观。这需要在科学理论的指导下，把自己的人生追求同国家发展进步、人民伟大实践紧密结合起来，通过坚持不懈的努力来实现人生价值。

## 二、教学知识点

（1）正确认识人的本质。

（2）正确认识个人与社会的辩证关系。

（3）创造有价值的人生。

## 三、学生关注点

（1）音乐人如何处理个人与社会的关系？

（2）对音乐人来说，什么样的人生观才是正确的？

（3）音乐人如何在实践中创造有价值的人生？

## 四、双师融合点

（1）马克思关于人的本质的科学解答，对于音乐领域学习具有重要作用。对音乐的执着追求，人生关键时刻的抉择，音乐审美的变化，新时代音乐领域的机遇与挑战、问题与困惑等问题，都与人的本质的客观认识息息相关。

（2）音乐人思考人生问题，应该正确认识和处理个人与社会的关系，把小我和大我更好地统一起来，把自己的人生追求同社会的发展进步紧密结合起来，在为社会作贡献的过程中成长进步，实现自己的人生价值。

（3）音乐人对人生目的要有理性认识。人生目的是多层次的，我们可以选择的是具体目的和终极目的的统一。人生目的需要个体自主认识、选择和追求。人生目的会随着人生现实的变化而变化，它是动态发展的。人生目的的层次越高，人生责任的实现程度也越高，人生的价值和意义也越大。

（4）音乐人要坚持理论联系实际，积极投身社会实践，在基层一线砥砺品质，在同人民群众的密切联系中锤炼作风，在实践中发现新知、运用真知，在解决实际问题的过程中增长才干，不断提高实践能力、创新能力，实现最大的人生价值，创造无悔的青春。

## 五、授课流程

本次课堂以中国传媒大学校歌《校园里有一排年轻的白杨》作为开场，欢快的旋律营造了愉快的课堂氛围。张超老师讲解校歌里音乐艺术和时代主题的关系，赵波老师从校歌的歌词和制作初心出发，引导同学们客观看待人生环境和进行正确的人生选择。张超老师结合自身的音乐创作经历，从专业的视角为同学们带来了《第一次》片尾音乐段落、纪录片《走进和田》配乐等作品的赏析分享，还介绍了他所在团队研发的虚拟偶像软件在自媒体平台音视频作品制作中的创新应用。赵波老师围绕音乐作品，应用马克思关于人的本质理论深入阐释了新时代音乐人应确立的人生目标与积极的人生态度，论述了人生价值与社会价值的辩证统一关系，引导学生树立正确的世界观、人生观和价值观。最后，双师鼓励同学们像“年轻的白杨”一样，不断从学校和社会中汲取知识营养，努力成为祖国未来的栋梁，创造有价值的人生。

图 2-2　双师现场授课情况

## 六、双师作品思政课堂实践

课程导入：从中国传媒大学校歌看音乐人的人生观。

双师播放《校园里有一排年轻的白杨》MV（音乐短片）作品，随着青春的旋律和熟悉的校园画面与学生共同演唱，引出音乐人的人生观等问题。音乐专业教师介绍参与拍摄校歌MV的过程，传媒学子乐观向上的态度和过硬的专业素养令他印象深刻。从歌词“年轻的白杨”“未来的栋梁”“知识的营养”“珍惜春光”角度分析音乐专业的大学生是朝气蓬勃的一代，具有建设国家的使命感，需要掌握丰富的知识和提升综合素养。中国传媒大学的音乐学子更要适应媒体融合时代的特点，珍惜时间，用专业语言讲好新时代中国故事。

思政课教师认同音乐专业教师的解读，并进一步提出，这些歌词确实能看出学校对音乐学子的期许，也看到专业教师对学生的期待。要在新时代领悟新使命和走好新征程，就要客观地看待人生问题，这是学生成长的主观环境。歌词里谈到的“校园”“早晨”“傍晚”，这些都是学生成长的客观环境，这些环境都与学生本质有关，这就涉及人生目的、人生态度和人生价值问题，也是学生对自己的充分认识。能否汲取“大地的营养”和“知识的营养”就要处理好个人与社会的辩证关系，而成为“未来的栋梁”就是要创造有价值的人生。那么音乐人的青春之问就是：人为什么活着？人该怎样活着？如何活得有价值？为什么说做到以上三点就不算虚度人生了呢？为了回答这些问题，让我们来一起探讨音乐人的人生观。

### （一）正确认识人的本质

对人的本质的正确认识影响音乐人对个人和社会的判断。马克思关于人的本质的科学回答是音乐人行业实践的科学方法论，有助于音乐人透过现象看本质，创造适应时代和民众需求的音乐作品。

#### 1.思政课教师引用习近平总书记的讲话阐释正确认识人生问题对大学生的重要性

习近平总书记同大学生座谈时强调：“要树立正确的世界观、人生观、价值观，掌握了这把总钥匙，再来看看社会万象、人生历程，一切是非、正误、主次，一切真假、善恶、美丑，自然就洞若观火、清澈明了，自然就能作出正确判断、作出正确选择。”① 音乐专业的大学生在规划大学生活以及人生之路时要掌握人生观的基本理论，科学看待人生的根本问题。马克思运用辩证唯物主义和历史唯物主义的立场、观点、方法，揭开了人的本质之谜。他指出：“人的本质不是单个人所固有的抽象物，在其现实性上，它是一切社会关系的总和。”② 这一论断关注的是现实的、具体的人，强调从社会关系出发，把握变化着的人的本质，为音乐人认识人生、形成正确的人生观提供了科学的方法论。

---

① 习近平.习近平谈治国理政：第1卷［M］.2版.北京：外文出版社，2018：173.

② 中共中央马克思恩格斯列宁斯大林著作编译局.马克思恩格斯文集：第1卷［M］.北京：人民出版社，2009：501.

### 2. 音乐专业教师引导学生理解马克思关于人的本质的科学回答

音乐专业教师结合从小到大学习音乐的历程阐释马克思关于人的本质的科学回答对于音乐领域学习的重要作用。他能坚持对音乐的执着追求离不开家人和导师的理解和鼓励，这就是我们音乐人所处的社会关系发挥的重要作用。在攻读博士学位的时候，他的导师对音乐与人生的理解影响了他。核心的观点就是音乐审美的变化离不开我们对所处的社会的深刻领悟，音乐作品来源于生活又服务于生活。音乐人只有适应新时代，并与国家发展同向同行才能真正满足人民群众的需要，成为国家和社会需要的人。音乐人确实不是单个人固有的抽象物，在社会生活的现实性方面，他要处理一系列社会关系，表现为要明确音乐人的认识目的、认识态度和人生价值，从社会关系、国家的发展和人民的需要角度把握人的本质，探索音乐作品的精神内核。思政课教师从音乐专业教师的阐释中总结：人生就是每一个个体生命历程的全部，人生在不同的阶段不断发生着变化，人生具有丰富性、多样性、不确定性和有限性。

### 3. 音乐专业教师结合电影《第一次》的配乐讲解音乐的学习与创作历程

音乐专业教师说："2007年我考入了中国传媒大学音乐系音乐传播方向，母校对于我来说是特别神圣的地方。我几乎所有的第一次，都发生在这里。第一次一个人离家求学，第一次住寝室，第一次上公选课，第一次上专业课，第一次谈恋爱，第一次获奖学金，总之，有着很多让人难以忘记的第一次。在我的音乐道路上，难忘的第一次还有很多。在我的音乐创作道路上，有一个第一次，让我一直记忆犹新，那就是第一次参与电影音乐的创作。电影的名字很巧也叫《第一次》，它的主演我特别喜欢，男主演叫赵又廷，女主演叫杨颖，我是这部电影的作曲助理。"《第一次》的故事是这样的：从小与母亲郑青相依为命的宋诗乔（杨颖饰），患有不能从事任何激烈运动的遗传疾病。爱幻想但从未恋爱过的她，每天最喜欢的就是对着录音机说出心底的小秘密。郑青（江珊饰）最大的愿望就是让女儿体会到爱情的美好。就在此时，宋诗乔巧遇了高中同学宫宁（赵又廷饰），两人迅速展开恋情，这也是宋诗乔第一次感受爱情的美好。在宋诗乔的帮助下，宫宁和他的父亲之间的关系得到了很大程度的缓和。而深深被宋诗乔吸引的宫宁，开始鼓励宋诗乔勇敢追寻她的舞蹈梦。音乐专业教师播放《第一次》电影片段，他特别喜欢结尾的一句话：逝去的人不一定只会给人带去悲伤，还有阳光与希望。这是积极乐观的人生态度的表现。在配乐方面，形成了钢琴、吉他、弦乐三个层次，钢琴与弦乐复调进行。其中，钢琴给人梦想的感觉，吉他和弦乐烘托情绪。这让电影的主题通过专业的音乐语言得到烘托。

**4.思政课教师结合音乐专业教师的讲解分析人的本质理论**

《第一次》电影配乐再次验证了人的本质不是单个人所固有的抽象物，它是一切社会关系的总和。电影故事生动诠释了爱情和亲情的重要性，在这些社会关系中人成为丰富的个体。音乐语言讲述人生的故事也诠释了人的本质理论，这就是我们所说的，马克思关于人的本质理论为音乐人认识人生、形成正确的人生观提供了科学的方法论。作为自然人，我们具有人的自然属性，可决定人的本质属性的是人的社会性。就像电影里讲述的，即便女主角身患重病，还是被各种爱围绕，她的社会性为我们呈现了丰富有爱的人生画面。人生就是每一个个体生命历程的全部，具有丰富性、多样性、有限性和不确定性，我们要认真对待人生，树立正确的人生观。人生观是人们关于人生目的、人生态度、人生价值等问题的总观点和总看法。有什么样的人生观就会有什么样的人生。音乐专业教师再次强调人生观决定着人生道路的方向，也决定着人们行为选择的价值取向和用什么样的方式对待实际生活。所以说，有什么样的人生观就会有什么样的人生。给我们的启示是人生目的、人生态度和人生价值对音乐人有重要作用。

### （二）正确认识个人与社会的辩证关系

人是社会中的人。人在社会中生活，经历社会化的过程。音乐人在社会中生活需要正确认识个人与社会的辩证关系，为认识、处理问题做相应的理论和思想准备。

#### 1.思政课教师解读个人与社会的关系是认识人生的重要着眼点和出发点

“社”指的就是团体，“会”指的就是用来聚集的地区，合并在一起就是指在一个地方所聚集成的一个团体。英文“society”一词有“结合”之意。近代学者严复曾译为“群”，日本学者译为“社会”，即“人类社会”。社会，是人们在特定的物质资料生产基础上相互交往、共同活动形成的各种关系的有机系统。个人与社会的辩证关系原理是：社会是由一个个具体的人组成的，离开了人就没有社会。社会是人的存在形式，人是社会的人，离开了社会人也无法生活。个人与社会是对立统一的关系，两者相互依存、相互制约、相互促进。人在社会化过程中要完成两个任务：一是个体知道社会对他有哪些期待，规定了哪些行为规范；二是个体逐步实践这些期待的条件，自觉地以社会行为规范来指导自己的行为。这两个任务必须在群类中、社会生活实践中才能完成。社会化的过程关键是在共同体中养成“自我扩大的能力”“推己及人的能力”。离开“群”，离开社会关系，人生就无法开启。

#### 2.音乐专业教师结合“虚拟偶像”软件作品讲解个人和社会的辩证关系原理

音乐专业教师为了参与中国“互联网+”大学生创新创业大赛，组建团队制作了一个有关虚拟偶像的音乐科技项目，虽然一路过关斩将，最终止步全国大赛，但是获得了中国“互联网+”大学生创新创业大赛北京赛区二等奖，学校一等奖。音乐专业教师介绍做这个VILS项目的目的就是对标与他们软件差不多的日本软件。虽然我们中国也有洛天依，但是我们在这个领域，确实还需要作出更多努力。目前阶段，我们只有好好学习、不断努力，才能让我们喜欢的内容和文化走得更远。从音乐行业实践来看，大学生思考人生问题就像音乐专业教师所说的要了解行业发展现状和社会需求，正确认识和处理个人与社会的关系，把小我和大我更好地统一起来，把自己的人生追求同社会的发展进步紧密结合起来，在为社会做贡献的过程中成长进步，实现自己的人生价值。

#### 3.思政课教师结合“虚拟偶像”产品发展阐释个人利益与社会利益的关系

在个人和社会的辩证关系中，最根本的就是要处理个人利益和社会利益之间的关系。个人利益的满足只能是在一定社会条件下通过一定的社会方式来实现。就像“虚拟偶像”软件一样，如果产品上线并盈利的话，表面上看是个人利益实现了，实质上社会利益是产品走得更远的重要因素。社会需要是个人需要的集中体现，是社会全体成员带有根本性、全局性、长远性需要的反映。社会利益不是个人利益的简单相加，而是所有人利益的有机统一。社会利益体现了作为社会成员的个人的根本利益和长远利益，是个人利益得以实现的前提和基础，同时它也保障个人利益的实现。当实现了个人利益和社会利益的统一，音乐产品的社会性得以充分体现，个人利益和社会利益就得到了充分保障。

#### 4.音乐专业教师从亲身学习经历角度讲解音乐人的人生目的

张超老师告诉学生们：“其实，在学习和工作生活中，你们会发现有很多困难。简单地说，一道和声题不会做，一首曲子太难不会弹，或者是在其他方面，你预想的事情不如人意，你喜欢的人不喜欢你。那我们应该怎么看待这些困难呢？我可以说说我遇到的困难。我已经创业了，在学校里有一份自己喜欢的工作，同时我也有一个美满的家庭，但是如何在生活中将所有的事情进行权衡，真的是比较难的功课。我的硕士导师很有意思，他跟我说，音乐作曲跟做饭一样，你先准备食材，然后炒菜也是有工序的，做事情也一样，别着急，事情总有做完的时候，有的时候结果很重要，但是有的时候，过程也一样重要。享受它，你会发现，也许你经历的困难，会成为你今生最美好的回忆。”

### 5. 思政课教师结合音乐专业教师的人生感悟讲解关于人生目的问题

人生目的，是指生活在一定历史条件下的人在人生实践中关于自身行为的根本指向和人生追求。人生目的是对“人为什么活着”这一人生根本问题的认识和回答，是人生观的核心，在人生实践中具有重要的作用。人生为什么需要目的？人生面临诸多矛盾和困惑，比如得失、善恶、顺逆、苦乐、荣辱、生死……自我与他人、个体与群体、物质与精神、眼前与长远、理想与现实……难道只有不幸的人才思考这些问题吗？人是寻求意义的动物，这是人类活动的目的性决定的。马克思在《资本论》中说：“蜜蜂建筑蜂房的本领使人间的许多建筑师感到惭愧。但是，最蹩脚的建筑师从一开始就比最灵巧的蜜蜂高明的地方，是他在运用蜂蜡建筑蜂房以前，已经在自己的头脑中把它建成了。劳动过程结束时得到的结果，在这个过程开始时就已经在劳动者的表象中存在着，即已经观念地存在着。”[①] 音乐人的人生目的决定着人生的道路选择、人生态度的确立、人生价值标准。同时，迷失人生目的将带来人生的极度困惑、徘徊、犹豫、放弃。

### 6. 音乐专业教师进一步讲解多样的需要催生多样的人生目的

“全部人类历史的第一个前提无疑是有生命的个人的存在。”[②] 人们为了“创造历史”，必须能够生活，但是为了生活，首先就需要吃喝住穿以及其他一些东西……已经得到满足的第一个需要本身、满足需要的活动和已经获得为满足需要而使用的供给又引起新的需要。因此，音乐人对人生目的的理性认识是，人生目的是多层次的，我们可以选择的是具体目的和终极

---

① 中共中央马克思恩格斯列宁斯大林著作编译局.资本论：第1卷［M］.北京：人民出版社，1975：202.

② 中共中央马克思恩格斯列宁斯大林著作编译局.马克思恩格斯选集：第1卷［M］.3版.北京：人民出版社，2012：146.

目的的统一。人生目的需要个体自主认识、选择和追求。人生目的会随着人生现实的变化而变化，它是动态发展的。人生目的的层次越高，人生责任的实现程度也越高，人生的价值和意义也越大。

### （三）创造有价值的人生

衡量人生价值的标准，最重要的就是看一个人是否用自己的劳动和聪明才智为国家和社会真诚奉献，为人民群众尽心尽力服务。人生价值评价的根本尺度，是看一个人的人生活动是否符合社会发展的客观规律，是否通过实践促进了历史的进步。

#### 1.音乐专业教师从《走进和田》纪录片配乐谈人生价值

当时，音乐专业教师张超能成为《走进和田》纪录片的编曲是因为导师的大力推荐和他个人的不懈努力。在制作纪录片配乐的时候团队合作非常重要，团队由作曲、编曲、音乐编辑、混音几个部分组成。音乐专业教师请学生们观看纪录片《走进和田》片段，并让他们说出配乐里面的乐器以及对不同音乐片段的理解。最后，他指出这段经历让他受益匪浅，觉得用专业实现了自己的人生价值。

#### 2.思政课教师追问音乐专业教师纪录片配乐与实践生活的紧密联系

音乐专业教师解释了乐器的表现力，结合自己的阅历理解和田的风土人情以及音乐选取的标准，如纪录片刚开始配合新疆壮美的场景的配乐、涂眉毛习俗的配乐、胡杨树反映边疆人民生生不息精神的配乐、谈丝绸是浑然天成的作品的配乐等。同学们一边看着纪录片一边品味着配乐的魅力。思政课教师着重讲解音乐人的人生观对作品创作的影响。音乐人在这里是以社会生活为源泉的审美创造，经历了从生活资料的积累、创作思维的萌发到艺术表达的过程，讲述自己的认知和感悟在创作作品过程中得到发展和升华。习近平总书记指出，“要高度重视和切实加强文艺评论工作，运用历史的、人民的、艺术的、美学的观点评判和鉴赏作品，倡导说真话、讲道理，营造开展文艺批评的良好氛围”[①]。通过一年多的创作，纪录片《走进和田》已经被音乐专业教师看过不下100次，其中让他印象最深刻的有三个方面。第一个方面，和田当地的大美风光。虽然地处大漠边缘，但是仍然会有和田绿洲、冰山雪川、绿草沙漠，映画出一幅美丽的和田风景画。第二个方面，让他印象深刻的是风土人情。纪录片中有几个小故事，让他至今仍未忘怀。一个是牧羊人的故事，讲述牧羊人对自己事业的坚持，春夏秋冬如何放牧，在放牧的同时又如何兼顾环境保护。另一个是一个民族手工艺传承者的故事，新疆传统造纸工艺是一种已经传承了很久的传统工艺。虽然和田周边交流并不便利、经济发展较为落后，但是也没有阻挡住他们那颗克服万难、传承民族手工艺的赤诚之心。还有一个故事是有一户和田人家准备过节，他们邀请家里条件不好的老乡来帮忙，大家一起过节，互帮互助，带来了温暖的力量。最后一个让他感动的故事是一个汉族小伙子，带着全家来和田创业，起初家里的不理解，以及事业上的失败，让他变得紧张犹豫，但是他没有放弃，一直坚持着绿植种植。后来，他得到和田当地人民的帮助，在和田种植大枣，最终大枣丰收，他也收获了成功。

### 3. 思政课教师讲解音乐人创造有价值的人生离不开社会责任

无论是哪个民族，哪一个地域，各民族的传统文化的传承以及各民族互帮互助的精神都是必不可少的。优秀的作品内涵才能带动各民族之间相互了解，了解各民族的特点与特长，了解各民族的优秀文化，弘扬正能量，促进民族关系的发展。音乐人在音乐创作中，应该不忘初心，把真正民族性的、符合社会进步的优秀文化融入自己的创作中，不能将音乐创作变成无底线的创作。好的音乐作品，应该得到更多渠道和媒介的推广，让更多的大众群体接收到更好的音乐作品。只有把握好音乐创作中的各个环节，才能从文艺创作方面维护新形势下的民族关系。音乐作品可以发挥价

① 习近平在文艺工作座谈会上讲话（全文）[EB/OL].（2014-10-15）. http://culture.people.com.cn/n/2014/1015/c22219-25842812.html.

值引领作用，加强各个民族的交流，提高全民艺术素质，需要我们根据不同人群使用不同的方式和方法。广大文艺工作者在提高自身职业素养的同时，也要积极传播正确的、符合大众审美的优秀文艺作品，树立音乐传播领域的新风尚，引导大众拥有正确的审美取向，在这个过程中创造有价值的人生。广大文艺工作者，应该把社会责任心放在第一位，不要把经济利益放在第一位。一个好的艺术作品，一定是经济利益和文化利益的双丰收。作为一名一线的音乐文艺创作者，我们有义务和责任，促进各个民族和谐，多创作优秀的音乐作品，引导大众进行正确的音乐审美，提高大众的全民素质，指导大众对音乐审美作出正确的判断。

**4.思政课教师阐释音乐作品的影响力，让音乐人思考人生价值问题**

音乐作品具有沟通和交流的作用。《走进和田》编曲体现了音乐人的音乐审美能力，也是引导大众审美的优秀作品。音乐人在实现人生价值的同时，也在创造有价值的人生，因为与社会实践紧密联系的音乐作品的影响力是深远的。当我们谈到正确评价人生价值的标准时，我们要注意这样的逻辑，即人是社会的人，人的社会性决定了社会对于个人的价值评判。大学生要坚持理论联系实际，积极投身社会实践，在基层一线砥砺品质，在同人民群众的密切联系中锤炼作风，在实践中发现新知、运用真知，在解决实际问题的过程中增长才干，不断提高实践能力、创新能力，实现最大的人生价值，创造无悔的青春。人生价值，指人的生命及其实践活动对于社会和个人所具有的作用和意义。人生价值包含人生的自我价值和社会价值两个方面，要正确认识和理解二者的关系。社会对于一个人的价值评判，主要是以他对社会所作的贡献为标准。只有正确把握人生价值实现的主客观条件，才能不断增强实现人生价值的能力和本领。社会实践是青年锻炼成长的有效途径，是实现人生价值的必经之路。

## 七、课程改革总结

双师课在采取“双师”对话式融合教学的基础上，精选系列音乐作品进行学习分享，双师授课进行学科碰撞，力图打造一门新颖有特色且多元视野的“作品思政课”，让思想政治教育悄然落地，潜移默化地开展音乐专业学生的价值引导工作。在校领导和相关部门的支持下，为音乐与录音艺术学院量身打造的双师团队进入思政课堂积极探索作品思政新举措。课程教学团队运用议程设置理论和榜样教学方法，发挥音乐作品沉浸育人功能，通过课堂教学实现了知识性与价值性的统一，思政课程与课程思政同向同行。同学们被双师作品思政课的专业性和趣味性深深感染，在充实愉快地学习思想道德知识的同时，也加深了对音乐人人生观的认识，对传媒事业更加充满热情与信心。

## 拓展实践

# 音乐专业作品思政主题实践活动

为引导大学生深化对思政课教学内容的认识和思考，展现新时代大学生的马克思主义理论素养和精神风貌，树立正确的世界观、人生观、价值观，坚定中国特色社会主义道路自信、理论自信、制度自信、文化自信，思想道德与法治课程开展“抗疫”主题实践活动。把全国人民在以习近平同志为核心的党中央坚强领导下，抗击新冠肺炎疫情中的拼搏奋斗作为生动教材，讲好抗疫故事，弘扬抗疫精神。在常态化疫情防控形势下深化思政课改革创新，展示大学生学习思政课成果，提升大学生思政课参与度、增强大学生对思政课的获得感。

## 一、活动对象

中国传媒大学2021级本科生。

## 二、活动时间

活动方案发布之日起至2021年12月11日止。

## 三、活动内容

本实践活动是思想道德与法治课程的课外实践活动，占学生期末总成绩的25%。学生选择一种活动方案完成，在规定时间内提交给任课教师。

### （一）论文要求（“抗疫”主题学术论文）

（1）文章要紧紧围绕实践活动主题，真实原创，独立完成，学术性强。

（2）文章要符合学术和道德规范。

（3）本科生文章字数不少于2000字。

（4）文章的重复率低于30%（以维普查重数据为准）。

### （二）讲课视频要求（“抗疫”主题的大学生讲思政课）

（1）视频时长不超过15分钟（包括30秒片头），片头部分请标注课程题目、来源（涉及思想道德与法治课程的具体章节），以及团队成员的基本信息。作品无须回避本校各种信息。

（2）视频能够呈现入选团队选定的授课内容，形式上以主讲人讲课实录为主，以PPT课件配合为辅。提倡新颖的视听表现形式。

（3）视频画面清晰，不抖动、不倾斜，像素不低于720×576PIX。

（4）音频要求发音清晰，内容与视频画面同步。

（5）可以独立完成，也可以小组完成（小组人数一般不超过4人，特殊情况需争得任课教师同意）。

### （三）微电影要求（“抗疫”主题的微电影）

（1）作品长度：5分钟至10分钟的短视频。

（2）作品内容：反映思想道德与法治课程课堂教学、社会实践以及日常思想政治教育的内容；反映对本课程相关主题思考的内容；反映对本课程教学期望与畅想的内容。

（3）作品范围：可涵盖思想道德与法治课程的相关知识点。

（4）作品形式：可用多种电影类型。在选用其他音乐、图片、影视等素材时应符合国家相关版权法规，一般不选用地图类素材。影视作品或自拍素材中涉及人物访谈内容时，应标注人物介绍。

## 四、注意事项

（1）作品需拥护党的领导，拥护社会主义，弘扬社会主义核心价值观，传播社会正能量，突出思想性和艺术性。

（2）作品必须为原创作品，且此前未在国家正式出版物发表，符合体裁要求，用少数民族文字创作的作品请译成汉语投稿。

（3）参加者应对作品拥有完整的著作权，并保证其所投送的作品不侵犯第三人包括著作权、肖像权、名誉权、隐私权等在内的合法权益。

（4）作品版权归活动组委会所有，组委会有权对征集作品公开发表、结集出版、播出推送、展览展示等。

## 五、组织推荐

本次征集活动成立组委会，组委会办公室设在中国传媒大学思想政治教育教研部，负责统筹协调活动开展。所征集作品由组委会办公室邀请相关专家学者分别组成评委会进行评审，并按照不同类别进行奖励。征集作品将择优在微信公众号上发布，优秀作品将结集出版，并将结合重大活动及重要节庆进行展览展示。

音乐专业“抗疫”主题实践活动组委会

2021年9月27日

# 音乐专业作品思政创作探索

2021年是中国共产党成立100周年，为隆重庆祝党的百年华诞，回顾党的光辉历程，双师通过指导学生创作原创歌曲《永不消逝的电波》来推进党史学习教育走深走实。这首歌曲由在职教师、在读硕士生、本科生以及毕业生共同创作完成，是第一首以“传媒党员视角”为切入点的歌曲，意在展现传媒从业者在建党100周年之际，从自身专业出发，与校史、党史结合，讲述传媒人在抗日初期、解放战争、改革开放、全面脱贫、防疫战斗等多个阶段中奋勇拼搏、兢兢业业的先进事迹，歌颂传媒党员的职业坚守与无畏精神！

歌曲旋律优美，演唱真挚感人，作品中引入了《东方红》的旋律，讲述了一代又一代传媒人为共产主义奋斗终身的光辉故事，凸显和深化了传媒人“不忘初心，牢记使命”和“与人民同在”的主题。歌曲由一线传媒工作者、在校生共同演唱，为传媒人发声、为青年人发声、为中国发声，以乐颂党！

## 《永不消逝的电波》

斑驳的光影，
留给夜无尽的空隙，
白天和黑夜之间，
你是隐形的使者。
我走进你的过去，
活过你的世界，
天快要亮了，
我们所希望的都能看见。
你像一根火柴，

散发着微微光亮，
用赤诚的心点燃，
无数的希望。
一道微弱的电波坠入永夜的一瞬，
又有无数的灯火将苍穹点亮，
雷雨交加的午夜，
白杨成长的土壤，
正是希望让我们跋涉远方。
你像一根火柴，
散发着微微光亮，
用赤诚的心点燃，
无数的希望。
一道微弱的电波坠入永夜的一瞬，
又有无数的灯火将苍穹点亮，
雷雨交加的午夜，
白杨成长的土壤，
正是希望让我们跋涉远方。
又见你回首时的模样，
却还是青春的面庞，
又听见你年轻的脉搏，
在时代逆流的潮水中，
奋勇而上。
一道微弱的电波坠入永夜的一瞬，
又有无数的灯火将苍穹点亮。
一棵笔直的白杨刺破天际的刹那，
又见红色的徽章将黑夜闪耀，
暗流涌动的时代，

血染红前进的路，

正是信仰带我们走向辉煌。

**指导教师：音乐专业教师张超**

百年梦想再起航，青春荣光献给党，歌曲《永不消逝的电波》以传媒人的视角进行创作，中国传媒大学的青年们用音乐来缅怀和致敬革命先烈，回顾党的光辉历程。整首作品，讲述传媒人对初心的坚守、对梦想的追求。百年间，无数的传媒志士，仰望同一片星空，坚守同一种信仰，用“电波”将苍穹点亮，用音乐歌颂传媒人、传媒党员的优良品格与无畏精神！

**指导教师：思政课教师赵波**

传媒博物馆这样记录延安新华广播电台：1940年12月30日，中国共产党创建的第一座广播电台——延安新华广播电台正式开播，台址在延安西北19千米处的王皮湾村。尽管跋山涉水、条件艰苦，但三次战斗转移中，新华广播电台的播音一天也没有中断，为瓦解国民党军队，夺取全国最后胜利作出了重要贡献。习近平总书记在庆祝中国共产党成立100周年大会上的讲话中指出，“以史为鉴，开创未来”[①]。歌曲《永不消逝的电波》就是将校史与党史学习教育相结合，将传媒博物馆资源与专业教育相结合，通过音乐叙事的方式再现那段红色记忆，音述人民广播事业发展历程。中国传媒大学的音乐学子们以原创作品赓续延安精神，不断提高新时代音乐传播的引导力和影响力。

**作词：马克思主义学院教师，学生王博、全欣欣**

无论过去还是当下，我们都需要一种积极的、向上的、奋斗的声音。这声音在时代逆流的潮水中可以召唤亿万人民揭竿而起为国之未来

① 习近平.在庆祝中国共产党成立100周年大会上的讲话［N］.人民日报，2021-07-02（2）.

而奋进，也可以在时代催征的号角声中引领一代代中国人走上实现民族伟大复兴的康庄大道。七十余载广播历史记录了中国的发展变化，而永不消逝的电波承载着一段段永不褪色的红色记忆。当时代的话筒传递到新一代人手中，让我们带着声音的温暖与力量，怀着民族的荣光与梦想，在白杨扎根的土壤上，在新时代前进的征程中传递一段段永不消逝的声音！

**作曲、编曲：2019级电子音乐专业王邓潇**

历史川流不息，精神代代相传。习近平总书记在庆祝中国共产党成立100周年大会上振奋民族精神的讲话鼓舞人心，天安门前真切动听的歌声让我热血沸腾，慷慨激昂的献词让我无比震撼。于是我下定决心，以自己的青春力量向党的百岁诞辰致以赞歌。创作《永不消逝的电波》来表达中国传媒大学的青年们对党的热爱。一百年前，革命先驱们创建了中国共产党，并吸引了众多满腔热血的年轻人加入党组织。一百年后，他们的志愿和理想已经实现。我希望这首歌犹如时光邮差，连接过去和现在，让我们追忆那段燃烧理想的澎湃岁月，继承革命先驱们的红色精神。百年正青春！作为中国传媒大学电子音乐专业的学生，要立志创作出更多有温度的音乐作品，记录我们的生活和属于这个时代的心声，坚定跟党走、奋进新时代，为党和国家的事业发展贡献青年力量。

**作曲、编曲：2019级电子音乐专业魏靖坤**

几个月前，我就萌生了创作红色作品为党庆生的想法，感谢学院给了我们这个机会，我感到非常荣幸！习近平总书记对我们青年寄予厚望，我们青年一代也必将立志奋斗，肩负起民族复兴的时代重任。听了习近平总书记在庆祝中国共产党成立100周年大会上的讲话后，我们决定创作一首歌曲来表达年轻人对党的敬仰。同时，我们在歌曲中加入了校歌的旋律来彰显传媒人的特色，希望这首歌曲能被新时代的青年传媒人传唱。我们以此为出发点，追求梦想、努力奋斗，让青春由磨砺而出彩，人生因奋斗而升华。祝福党100岁生日快乐！祝国家繁荣昌盛！

**活动总结**

作为党史学习的重要内容，音乐与录音艺术学院的学子们在音符中传承红色基因，在学习中汲取奋进力量，用自己的专业所长为中国共产党百年华诞唱响赞歌。一首《永不消逝的电波》展现了传媒人为共产主义奋斗终身的信心和决心。正如歌词所写“你像一根火柴，散发着微微光亮，用赤诚的心点燃，无数的希望”，在党的带领下，中华民族实现了从站起来、富起来到强起来的伟大飞跃，迎来了实现中华民族伟大复兴的光明前景。习近平总书记在庆祝中国共产党成立100周年大会上提到“未来属于青年，希望寄予青年”[①]，作为新一代的青年，传媒青年必将不负时代、不负韶华，以史为鉴、开拓创新，以专业为基础，为祖国的繁荣昌盛、中华民族的伟大复兴贡献青年力量。

## 乐享“光盘”俭以养德——“双师思政课”教学案例

**案例类型：**教学案例

**案例申报部门（申报人）：**马克思主义学院（赵波）

**活动的目的和意义：**为践行习近平总书记对制止餐饮浪费行为的重要指示精神，发挥思政课关键课程的引领作用，发挥思政课程和课程思政同向同行的“双师思政课”的育人功能，弘扬勤俭节约的中华优秀传统美德，引导音乐学子结合专业特色，以音乐为载体深刻认识中华优秀传统美德传播的重要性，开展课堂创新实践，以潜移默化的形式将勤俭美德内化于心，外化于行，切实培养勤俭节约的良好习惯。

**主要做法：**结合思想道德与法治课程中弘扬中华传统美德的内容，双

① 习近平.在庆祝中国共产党成立100周年大会上的讲话［N］.人民日报，2021-07-02（2）.

师（音乐专业教师和思政课教师）为大一音乐专业学生讲授专题“双师思政课”——乐享“光盘”俭以养德。

**导课：**从我校音乐与录音艺术学院的乐享“光盘”活动阐释入手，音乐专业教师介绍此次活动中音乐特色与“光盘”之间的关联，解读原创音乐作品和古代诗文创意音乐两种形式通过个人品格、意境、情感表达等呈现的意义。思政课教师分析音乐传承勤俭节约的中华传统美德的重要性，引出课程主要内容为勤俭节约的中华传统美德的基本精神和中华传统美德的创造性转化和创新性发展。

**课程教学：**思政课教师介绍勤俭节约的中华传统美德的基本精神。音乐专业教师论证通过音乐加强对传统美德的挖掘和阐发的方式和方法，如用“和诗以歌”的形式，将传统经典中节约粮食相关的诗词与时代流行相结合，以音乐的方式演绎勤俭美德。思政课教师阐释勤俭节约的中华传统美德涵养社会主义道德的内容。音乐专业教师分析音乐载体传承勤俭美德的具体实践和特色做法，如“古代诗文创意音乐”体现的中华优秀传统文化涵养社会主义事业的重要作用，以直观有趣的方式倡导勤俭节约的理念。思政课教师解读强调道德修养，重视道德践履的重要性。音乐专业教师分析音乐学子传承中华传统美德的具体实践具有道德养成的作用，对道德人格和道德习惯的形成具有重要影响。思政课教师讲解勤俭节约的传统美德的创造性转化和创新性发展的理论，结合传媒特色分析传媒大学的音乐学子在传承美德方面的重要作用。音乐专业教师结合“光盘”活动的原创音乐作品，称赞同学们将生活中的餐具厨具结合传统乐器、人声进行音乐创作的创新意义。

**课堂互动：**乐享“光盘”优秀原创音乐作品课堂展示，以直观丰富的形式，结合参与同学和观看同学的感受分享开展课堂讨论。

**课程总结：**①结合我校音乐与录音艺术学院乐享“光盘”活动，探讨勤俭节约的中华传统美德，在双师阐释和师生互动过程中深刻认识中华传统美德的基本精神；②结合传媒特色，探讨勤俭节约的中华传统美德传播的重要意义，坚持知识性和价值性相统一，坚定文化自信；③结合音乐创意作品，探讨勤俭节约的中华传统美德创造性转化和创新性发展的基本逻辑和实践意义。

## 第二节　播音主持专业的体验式教学设计

体验式教学，是指根据学生的认知特点和规律，通过创造实际的或重复经历的情境和机会，呈现或再现、还原教学内容，使学生在亲历的过程中理解并建构知识、发展能力、产生情感、生成意义的教学观和教学形式，也可理解为一种教学方法。体验式教学有多种不同的类型，比如榜样作用、生动形象的语言描绘、课内游戏、角色扮演、诗歌朗诵、音乐欣赏等都属于体验式教学课堂运用的范畴。体验式教学的功能在于通过认知和情感体验的有机结合，激发学生的情感与兴趣，领悟做人做事的道理，形成正确的人生观和价值观，培养他们的创造性思维。“在教学过程中，教师以一定的理论为指导，有目的地创设教学情境，激发学生情感，并对学生进行引导，让学生亲自去感知、领悟知识，并在实践中得到证实，从而成为真正自由独立、情知合一、实践创新的‘完整的人’的教学模式。”① 2021年10月19日，我校双师教学团队走进思想道德与法治课堂，以“领悟人生真谛　把握人生方向”为主题，为2021级播音主持艺术学院的同学们带来了一堂生动的体验式思政课。

---

①　胡尚峰，田涛.体验式教学模式初探［J］.教育探索，2003(11)：49-51.

（来源：中国传媒大学白杨网）

图 2–3　思政课教师（左一、左二）和播音专业教师（右一）同堂授课

## 一、教学主题

对播音主持艺术学院的大学生来讲，如何结合专业实现自己的人生价值，在价值选择的过程中如何客观评价当下价值领域的现象是需要解决的问题。思政课教师通过专业课教师和课程调研搜集学生在学习和生活中的困惑，讲解思政课理论，引导学生把自己的人生追求同国家发展进步、人民伟大实践紧密结合起来，通过坚持不懈的努力来实现人生价值。

## 二、教学知识点

（1）客观辨析错误的人生观。

（2）什么是正确的人生观。

## 三、学生关注点

（1）播音学子如何辨析错误的人生观？

（2）对播音学子来说，什么样的人生观才是正确的？

## 四、双师融合点

（1）马克思关于人的本质的科学解答，对于分析错误的人生观具有重要的理论指导作用。播音学子面对错误的人生观可以结合专业学习遇到的问题积极思考，遇到的机遇和挑战都与人的本质的客观认识息息相关。

（2）播音专业教师通过亲身经历讲授人生观对人生的重要意义，积极乐观的人生态度对专业学习的促进作用。

（3）思政课教师通过体验式教学设计加强课堂吸引力。思政课教师和专业课教师与播音学子一起在课堂中参与体验式教学游戏。通过师生在特定情况下的人生选择，客观地分析正确的人生观的实现条件，引导学生从个人与社会的辩证关系角度思考人生问题。坚持理论联系实际，积极投身社会实践，在实践中增长才干，实现人生价值，创造无悔的青春。

## 五、授课流程

授课伊始，教师们分享了自己的人生体验。播音专业教师讲述了自己的工作经历和心境变化，启发同学们既要学好专业知识，又要注重身体锻炼，还要加强思想道德修养，提升综合素质。思政课教师分享了自己的人生格言，“好的教育应该是培养终生运动者、责任担当者、问题解决者和优雅生活者”。本次体验式教学的一大特点是注重互动性。师生围绕“空心病”开展了课堂讨论。时下，“存在感缺失，对学习、生活感到迷茫”的情绪在大学生中不同程度地存在着。三位教师告诉大家，要保持积极、阳光的心态，强大的精神力量可以给人生带来正向的影响。课堂上，思政课教师和大家一起做“洞口余生”游戏，这一体验式教学使得学生和教师加强了交流互动，取得双向成效。课程最后，师生一起思考探讨关于人生观的问题。几位教师带领大家梳理了这堂“双师思政课”的核心知识点，介绍了不同思想家的观点，并在此基础上学习了马克思关于人的本质的科学回答。

（来源：中国传媒大学白杨网）

图 2–4　双师授课情况

## 六、双师体验式课堂教学

课堂教学使用体验式教学方法，目的是提升学生的感受性，在具体的事件氛围中切实感受思想政治理论课的理论魅力和意义。同时也能够帮助分析和解决学生实际面临的具体问题和困惑，并对其未来的发展具有指导作用。通过精心设计课堂活动，提高学生的感知力，从而达到提升行动力的效果。思想道德与法治课程有助于学生树立正确的人生观、世界观，促进学生健康发展。它要成为体验式生命课程，成为学生真心喜爱、内心信服的课程。互动体验式教学方法在高校思想政治理论课中的运用，既有现实发展的需要，也有一定学理依据。它是对国内外相关教学理论的吸收和深化的结果。互动体验式教学方法的核心是体验，基础是互动。提升高校思想政治理论课互动体验式教学的有效路径主要有生成多维互动教学关系、突出情感体验等。要让体验式教学取得较好的教学效果，就必须注重教学设计。教学目标设计应围绕实践方面进行，这体现在根据实践能力构建所必需的发现问题能力、信息过滤能力、解决问题能力三个环节。其具体思路可从思想政治理论课教学内容与现实世界的关联度、学生认知能力、教学目标的灵活性等三个方面进行。师生关系的设计要注意三点，即师生之间的平等互动性、师生之间的相互包容性、师生综合能力的共同提高性。组织教学的设计要注意教学方法的丰富性、教学氛围的活跃性、教师指导的恰当性。

### （一）问题引入

教师首先收集与寻找能够包含相关理论知识的案例，然后精心设计教学内容和教学过程，并提前布置作业，要求学生了解相关案例的背景材料，并给学生提出相关的思考题。思政课教师在授课前提前为播音学子布置了课前作业，请他们就当下关于人生观问题的困惑查阅资料，尤其关注“躺平”等现象。在课堂教学环节，思政课教师首先介绍了“躺平”现象。近年来，“躺平”在年轻人的社交网络上成为一个热词。关于“躺平”一词的确切含义，人们并无共识，甚至还有较大争议。“躺平”作为一种生活态度，往往与年轻人在压力面前主动选择放弃、回避与退却有关。个人在法律和道德允许的范围内选择自己的生活方式的权利应受到尊重，但当代青年也应深入思考能否把“躺平”作为生活方式和人生道路来选择。人们在成长的过程中，总会面临各种各样的现实压力，甚至还会遭遇挫折，以“躺平”的方式主动退缩、选择放弃，无益于解决问题，甚至会使得问题更加复杂和严重。思政课教师提问播音专业教师，怎么看待“躺平”问题?

播音专业教师指出，关于“躺平”，确实有部分人是这么认为的。这是一种现象，目前成为网络热词，大家动不动就说好想“躺平”。但这和适当休息不是一回事，它如果成为一种人生观，就需要在人生选择中起到至关重要的作用。唯有树立积极面对、主动进取的人生态度，才能够克服前进道路上的种种困难。播音学子正处于探索与奋斗的大好时期，应该发扬自强不息、百折不挠的精神，保持年轻人的蓬勃朝气、昂扬锐气，在创新创造、不断奋斗中，成长为实现中华民族伟大复兴的先锋力量。

双师提问学生对“躺平”的看法，大家纷纷提出它出现的社会原因和个体原因。思政课教师再次强调了个人和社会的辩证关系原理对我们认识问题的指导作用。他指出，在一定的社会历史条件下，人们实践人生、感悟人生，形成相应的人生观，而人生观决定着人生道路的方向，也决定着人们行为选择的价值取向和用什么样的方式对待实际生活。每个人都会对“做什么人”和“怎样做人”的问题形成一定的认识，无论自觉与否，都会在这种认识的影响下实践自己的人生。因此，有什么样的人生观就会有什么样的人生。虽然出现“躺平”现象，但是“躺平”的人生观是不可取的。

### （二）情景模拟

创设情境既可以通过多媒体课件设计，也可以通过软件对相关情景进行模拟，还可以通过分配角色、分组辩论等方式。为了引导学生主动、认真思索自己的人生目的和人生价值，以及在多元价值观并存的现实下，不同个体间可能创造的人生价值的大小能否比较等问题，从而使大家体验到人生观对个体有意义生活的必要性和重要性，参照团体心理学游戏设计了一个课堂体验活动。活动内容是请大家做一个想象情境游戏，名字叫作“洞口余生”。游戏规则是：4—6人一组；认真投入，将情境想象成真实发生的状况；真诚思索并作出决定；小组指定一位组员记录并代表小组就每位成员出洞口的次序和活下去的价值发言；10分钟小组讨论后向全班分享。游戏情境是：你们几个人到郊外旅游，不巧遇到泥石流倾泻，全部被困在几米深的地洞里。地洞只有一个出口，每次只可以过一个人，出口随时有倒塌的危险，谁先出去就有生的希望。请每个人依次说出自己求生的目的，以及自己活下去的价值，然后大家协商，决定出洞口的次序。全班分享时，引导学生就下列问题进行进一步思索：你们有自己确定的人生目的和认同的人生价值吗？人生价值可以比较吗？你们小组依据什么标准确定出洞口的次序？分享完成后，思政课教师开始进行人生目的、人生价值内容的讲授。

## （三）协作互动

这里的协作互动既包括学生和学生之间的互动，也包括学生和教师之间的互动。一位思政课教师问另一位思政课教师和播音专业教师会如何做选择。他们二位都表示让有两个孩子的教师先走，身体强壮的男播音教师最后走。原因是，他们觉得要多为朋友着想，如果不顾他人，自己也不会心安理得。而且，男播音教师还做了权衡，他认为自己身体好，可以让其他女教师先走，对自己的选择非常有信心。大部分同学说抓阄，这样比较公平。当分析为什么这样选择时，有两个孩子的思政课教师觉得大家照顾她的理由是比较充分的，如果真处于那种情况下她估计会先走。大家在分析自己的想法时，实际上也是在进行师生互动和双师互动。这种方式为学生创造了解决问题的体验式情境，学生可以和教师一起分析问题，拉近了师生距离。当教师在讲解人生观的相关内容时，大家会更加认真听课和积极思考。

## （四）归纳总结

每次体验教学课结束时教师都要进行总结提炼，让学生结合预习内容对所体验到的知识进行提升，达到把握重点、加深理解、增强记忆的目的。此外，教师还要扩展相关知识的运用环境、用法，使学生能够触类旁通。双师在总结中提到，这虽然是人为设计的环境，但是也体现了人和环境之间的关系。个体对待自己和他人的根本看法和观点从这个角度表现出来，所以我们可以用这个游戏思考人生观问题。人们在实践中努力实现自己的人生价值。但是，人们的实践活动从来都不是随心所欲的，任何人都只能在一定的主客观条件下去实现自己的人生价值。因此，正确把握人生价值实现的条件至关重要。

## 七、课程改革总结

高校思想政治理论课程体验式实践教学的应用策略是教师充分挖掘社会生活素材，结合授课经验，组织体验式活动、设计情景化教学等。课堂体验中的方法包括情境体验法、互动交流体验法和生命叙事体验法；课外体验中的方法包括社会实践体验法、榜样示范法、生活体验法、读书体验法以及虚拟网络体验法。体验式教学有其深刻的认识论基础，但在教学实践应用中，却面临着课堂引导和控制要求高、硬件条件不足以及教师工作量偏大等难点。因此，为了更好地实施体验式教学，教师在实际教学中应该灵活采取多种体验式教学模式，精心设计体验式教学的各个环节。在思想政治理论课的教学中，结合教学目标、教育内容和学生实际，开展角色体验法、情境体验法、实践体验法、综合体验法等形式的体验式教学，设置丰富的课堂体验式教学方式，包括课堂讨论、主题演讲、开展讲座及案例教学等，从而有效提高思想政治理论课的教学实效性。

（1）必须与其他教学方式相结合，才能发挥体验式教学最优的效果。教学活动是一项有目的、有计划的、特殊的创造性活动。它不但是为学生传授知识、答疑解惑的过程，也是促进学生身心全面发展的过程。为发挥最优的教学效果，需要调动学生知、情、意、行等各个心理要素，所以仅仅一种体验式教学是不能达到的。正因为如此，我们在将体验式教学用于双师课的实践中，还结合了研讨式、案例式等其他教学方式来进行。

（2）必须紧扣教材和教学内容，根据教学内容选取合适的体验式教学方法。体验式教学是一种教学方式，它包含很多种方法，比如角色扮演、视频欣赏、主题演讲、现场体验等。在双师课教学中，要综合运用多种方法，以灵活地适应学生们的需求和教学内容的要求。因此，在这次探索中，双师结合思想道德与法治课程中关于人生观的内容，从师生的实际生活体验出发，开展现场体验和角色扮演教学。

（3）必须发挥教师的主导作用，在提示、引导、点拨、总结、评价中激发学生们参与的积极性。体验式教学不是大撒手的教学，不是让学生去现场参观的教学，教师在体验式教学中承担着重要的职能。为达到教学目的和教学效果，教师需要不断地提示、引导，在点拨和点评中让学生受到启发，有所收获。所以，在体验游戏环节之后，两位思政课教师和一位播音专业教师都分别就活动情况做了总结，引导学生客观地看待人生环境，树立正确的人生观。

（4）必须广纳素材，不局限在某一题材、某个内容上，可涉及社会生活的一切热点和学生关注和关心的所有问题。在信息化和网络时代，社会上的热点问题会在短时间内迅速传播和发酵，所以需要教师随时掌握社会热点信息和话题，把握学生思想发展动向，筛选有价值及教育意义的话题作为课堂范例。思政课教师引入的“躺平”话题就是社会热点问题，不仅可以通过双师互动解答问题做课堂示范，还可以通过师生互动在课堂上收集到学生的困惑，加强思想政治理论课的针对性和实效性。

## 第三节　通信工程专业的案例教学实践

高校思想政治理论课是我国思想政治教育的主阵地，案例教学实践其实就是通过创设典型案例对大学生进行马克思主义理论和思想政治教育。“案例教育是围绕一定的教学目的，把从实践中采集到的真实事例加以典型化处理，形成可供思考、分析和决断的案例，使学员通过自我研究和相互讨论的方式，运用理论解决问题，提高工作能力；或通过分析解决实际问题，提高理论水平。”①高校思政课案例教学不是把大学生视为消极的接收者，而是强调内容上的鲜明主导性、可接受性和大众性。2021年10月27日，中国传媒大学双师教学团队走进思想道德与法治课堂，以“通信人的理想信念”为主题，为信息与通信工程学院2021级通信工程专业的同学们量身打造了一堂案例教学思政课。本次课程由马克思主义学院赵波老师和信息与通信工程学院李彬老师共同讲授，是思政课教师与专业课教师共同教授的双师系列教学课程的又一成功实践。两位教师运用案例教学方法，立足工科专业特点，详细讲授理想信念的内涵和特征，让同学们在轻松活泼的氛围中深刻理解理想信念的重要性，积极投入专业学习实践。

（来源：“传说思政课”微信公众号）

**图2–5　思政课教师（左）和通信工程专业教师（右）授课情况**

① 陆沪根.领导案例［M］.上海：华东师范大学出版社，2000.

## 一、教学主题

理想是人们在实践中形成的、有实现可能性的、对未来社会和自身发展目标的向往与追求，是人们的世界观、人生观和价值观在奋斗目标上的集中体现。

## 二、教学知识点

（1）理想的内涵和特征。

（2）理想的重要性。

（3）理想与现实的辩证关系。

## 三、学生关注点

（1）今天通信人还需要理想吗？

（2）何为“芯片之难”和“芯片之痛”？

（3）通信人如今能为国家做点什么？

## 四、双师融合点

（1）双师结合个人经验讲解通信人的理想信念对个人成长的关键作用。

（2）双师结合“芯片”问题讲解“对象化的劳动”在实践过程中的作用。

（3）双师结合简水生院士的故事启发学生将理想融入实践。

（4）双师从5G网络强国战略谈理想和现实的辩证关系，引导学生实现个人理想与社会理想的统一。

## 五、授课流程

课程伊始，通信工程专业教师以“从沙子到芯片经历了什么过程”为问题设置悬念，为同学们讲解什么是芯片，怎样制作芯片；思政课教师向专业课教师发问，什么是“芯片之难”和“芯片之痛”。双师对话教学，讲解通信人的理想信念对国家和社会的重要性。接下来，专业课教师介绍了芯片领域的国家栋梁、南泥湾项目、华为等中国企业奋起直追的奋斗历程。思政课教师从中提炼出实现理想需要艰苦奋斗的精神的道理，并从芯片研发以振兴专业出发，分析“理想可以超越时代吗”这个辨析题。双师系统介绍了中国传媒大学通信工程专业特色、本科的知识积累、通信人的职业规划发展，为同学们规划四年学习以及今后的职业发展提供了帮助和启发。通信工程专业教师介绍了简水生院士的人生理想和奉献精神。思政课教师结合简水生院士的经历开展榜样教育，向同学们阐述了理想信念何以是精神之“钙”，提炼了理想和现实之间的辩证关系。思政课教师表示：“人生不如意事十之八九，理想信念的支撑作用帮我们渡过人生的艰难时刻。”最后，双师与同学们就通信人的初心和使命进行了互动交流，同学们纷纷表示将怀揣专业报国的理想与信念走好通信人的人生道路。

（来源：“传说思政课”微信公众号）

图 2–6　双师授课情况

## 六、双师案例教学课堂实践

漫漫人生，唯有急流勇进、奋力拼搏，方能中流击水，抵达理想的彼岸。科学的理想既是指引人们穿越迷雾、辨识航向的灯塔，也是激励人们乘风破浪、搏击沧海的风帆。理想信念是人的精神世界的核心，是人精神上的“钙”。没有理想信念、理想信念不坚定，精神上就会“缺钙”，就会得“软骨病”。一个人精神上“缺钙”，就容易精神空虚甚至陷入精神荒漠，既不可能感受精神生活的丰满充实，更不可能承担时代所赋予的历史重任。

### （一）理想的内涵和特征

#### 1. 以通信工程专业为例引出课程内容

思政课教师提出问题：今天我们通信人还需要理想吗？现在是否已经进入缺少理想与梦想的时代？理想的迷茫和失落是当代东方与西方的共同感受吗？通信工程专业教师提出这些关于理想的话题对于我们通信工程专业的学生来说有何意义呢？通过师生问答了解学生的观点，根据学生回答，双师指导专业学习和思政课学习的方法。双师重点提示，理想主要与个人的人生选择和人生价值有关联，这和课程之前学习的内容联系了起来。

#### 2. 结合教师个人经历讲解理想的超越性

思政课教师讲解理想的内涵，即理想是人们在实践中形成的、有实现可能性的、对未来社会和自身发展目标的向往与追求，是人们的世界观、人生观和价值观在奋斗目标上的集中体现。从内涵概括理想的三个特征是理想的超越性、理想的实践性和理想的时代性。思政课教师解读理想源于现实，又超越现实。源于现实，所以有现实可能性；超越现实，所以它指向未来。理想蕴含创造美好生活的巨大力量。通信工程专业教师李彬结合自己读书的经历讲解理想的超越性问题。李彬从大学阶段就对通信工程专业感兴趣，并立志要在通信领域作出自己的发明专利。因此她刻苦钻研，以优异成绩考上了理想的学校。她认为这段经历虽然很辛苦，但是非常快乐，这种学业上的理想让她的生活变得非常美好。

### 3. 结合业界典型案例讲解理想的实践性

思政课教师解读理想的实践性体现在人类的对象化劳动，理想在实践中产生、发展和实现。通信工程专业的李彬老师解读“芯片之难”和“芯片之痛”，她指出：其实我们每天都在接触芯片，大部分时间都在和芯片产生交互，但是我们看不见它，我们看到的只是一个具体的产品。在我们的生活中，芯片已经到了几乎无处不在的程度。比如手机，如果没有手机，现在的我们可能都不知道这一天应该怎么度过。尽管我们手机用得很快乐，却看不到任何芯片，因为芯片在里面。就是这样一颗小小的芯片，内部结构却异常复杂。一颗芯片一座城，就是说它的复杂程度相当于建造了一座城市。芯片不仅应用于我们熟悉的民用领域，更广泛应用于工业领域、军事领域、航空航天领域等。芯片无处不在，芯片无所不能。所以我们说芯片是信息产业的基石，也是国家综合实力的标志，更是未来科技的核心。芯片的内部结构非常复杂，所以它的制作工艺难度非常大，最难的部分在于光刻。为什么我们自己研制高端光刻机这么难？因为超高端光刻机的关键部件分别来自几个不同的西方发达国家，如美国的光源、德国的镜头和法国的阀件等。所有核心零部件皆对中国禁运，而中国大学研究机构在半导体领域也相对薄弱，短期内无法提供有效技术支持，致使中国光刻机技术处在弱势地位。这算是我们“芯片之痛”的第一个痛点。芯片产业的发展是非常迅猛的，未来的硬科技也需要芯片产业的核心支撑。发展芯片是国家战略，因此国家出台了很多相应的政策，给我们创造了一个很好的环境，让我们赶上了芯片产业发展的最好时代。技术的发展，关键在于人才。目前，集成电路产业人才的缺口非常大，经验丰富、能力强的工程师年薪都超过百万。在培养芯片人才方面，高校任重道远，很多开设相关专业的高校都积极进行培养计划的修订，以适应现代集成电路技术发展的需要。国家则直接组织实力比较强的学校成立集成电路人才培养基地。相信，我们现在面临的困难一定可以在不久的将来被克服。

#### 4.结合热点辨析题讨论理想的时代性

思政课教师讲解理想具有历史性、时代性，人们的理想总是某个具体的历史时期的产物。双师提出热点辨析题：理想可以超越时代吗？大家围绕以下几个方面展开论述：理想是时代的产物，人们对人类发展规律认识的深度和广度不同，受时代条件制约，也随着时代的发展而发展。所以，理想可以超越时代。而之所以说理想不可以超越时代，是因为理想总是受时代条件制约。双师与学生共同表达自己的观点，最后得出对这个热点问题的讨论结果，引导学生客观认识理想的时代性问题，同时把课程绪论部分学到的关于新时代的内容进一步复习巩固，突出新时代通信人的使命与责任。进一步总结目前存在的问题：“物本信仰”，即重物质轻精神、重眼前轻长远的功利倾向；急躁、浮躁、烦躁、焦躁的“心躁”状况；“器本信仰”，即重科技轻人文、重智育轻德育的倾向；专业重负、信息强迫状况；学习浮泛、动力不足现象增多。这些问题都是对理想时代性的误读，通信人在思考理想问题时要警惕这些错误倾向。

### （二）理想的重要性

习近平总书记在十八届中共中央政治局第一次集体学习时的讲话指出，“理想信念就是共产党人精神上的‘钙’，没有理想信念，理想信念不坚定，精神上就会‘缺钙’，就会得‘软骨病’”[①]。

#### 1.从简水生院士的求学故事，讲授通信人的理想对国家和社会的重要作用

思政课教师讲解理想使“人”成为人，昭示人的奋斗目标。因为理想是人特有的一种能力，这种能力把人和动物区别开来，并把人从动物提

① 习近平.习近平谈治国理政：第1卷［M］.2版.北京：外文出版社，2018：15.

升为人。人不仅能想象并想象得合理，还能凭借理性指导下的实践把想象变成现实。理想是人类特有的精神现象。先哲们曾把理性确定为人之为人的本质。而人的理性不仅包括思辨和思考能力，还包括想象设计未来的能力。这是人的高贵之所在。通信领域的著名院士简水生就立志在通信领域作出我们自己的成果，以至于他推翻了苏联导师的结论，潜心研究三年，经过无数次实验才解决了突破性的世界难题，改进了我国的通信技术，为我们的生产生活作出卓越贡献。

**2. 从通信工程专业教师受导师的影响，讲授理想对个人成长的重要作用**

通信工程专业教师讲解理想使人类生活充满希望，提供前进动力。因为理想不但使人与动物区别开来，引导人们在实现理想的过程中提升自我，而且改变了人类的生活。理想是人类的一种存在过程。人类不断把理想变成现实的过程，就是人类不断创造自身辉煌生活的过程。简水生院士是通信工程专业教师李彬的博士生导师，她说老师即使90多岁高龄依然坚持每天按时上班、带学生，从未懈怠。在教学方面，简老师一丝不苟、精益求精。这种宝贵的品质深深影响了李彬，她在教书育人时又把这些品质传承给了自己的学生们。李彬老师的通信学习梦变成了通信教育梦。她在教学和科研实践中，过上了自己理想的生活，并时刻以简老师为榜样，严格要求自己，希望通过自己的积极探索为通信工程领域的教育贡献力量。

### （三）理想和现实的辩证关系

人有理想，意味着一种精神生活。恩格斯说："人与动物的差别就在于，人不仅要满足生存的需要，而且要满足享受的需要和发展需要。"归根结底，人不像动物那样简单地生存着。人不仅要追问世界是什么，人是什么，而且要追问世界对人的意义，人为什么要活着以及怎样活着，即世界及人生的价值问题。这就是我们通常所说的"意义性的需要"。

**1. 从5G网络强国战略谈理想和现实的关系**

思政课教师提出问题：如何正确认识理想和现实的辩证关系？为什么

要坚持个人理想与社会理想的统一？如何为实现中国梦注入青春能量？通信工程专业教师结合5G网络强国讲授这些问题。理想和现实是对立统一的：对立是应然和实然的矛盾；统一是指脱离现实的理想就是空想，理想包含现实的发展因素和转化为现实的条件。5G网络强国是我们的国家理想，离不开我们每个人将其作为理想并为之奋斗，也就是个人在价值观领域的集中体现。个人与社会的辩证统一关系原理告诉我们，我们的理想与国家的理想是辩证统一的关系。在实现个人理想的时候要警惕两种错误倾向，一是用理想来否定现实，对现实失望；二是用现实否定理想，随波逐流。我们不应该谈到网络强国遇到的困难，就否定我们国家为之作出的艰辛努力，也不应该因为网络安全领域我们的技术尚不处于世界领先地位就对网络强国战略失去信心。越是这样越需要我们通信工程专业的大学生发挥专业所长，像简水生院士那样刻苦钻研。不唯书、不唯上，为祖国和人民作出重要贡献。我们可能当不上院士，但是可以拥有院士的品格，还可以激励我们将个人理想与社会理想统一起来。

#### 2.从乡村大喇叭防疫看实现理想的长期性和曲折性

思政课教师讲解理想的实现是一个过程，理想越远大，实现的过程就越复杂，需要的时间越长。要实现理想，就要对实现理想过程中的长期性、艰巨性和曲折性有思想准备，正确对待理想实现过程中的顺境与逆境。通信专业教师指出在乡村防疫过程中，大喇叭这个原始的通信技术发挥了重要作用。各地村支书的大喇叭防疫还频频登上热搜。那些接地气的方言和温暖的提示，让乡村大喇叭成为基层疫情防控的“网红”。从这里我们也看到通信技术的广泛普及和现代化发展是相当复杂的过程。通信为人民的生产生活带来重大的影响，它的发展牵动着亿万人民的心弦。这项事业从理想的角度来看具有长期性和艰巨性。所谓的曲折性也反映了我们国家在通信工程领域的艰难探索。它受到经济实力和社会保障等综合因素影响。我们要克服以获取眼前、具体利益和应用工具为目的，忽视长远、全局根本利益和人文素养的个人功利倾向，还要摒弃一种以个人为立足点和归属，忽视全局与长远利益的思维。艰苦奋斗是实现理想的重要条件，因为理想必须通过实践才能转变为现实，艰苦奋斗是我们的传家宝。社会理想指引着个人理想，客观认识社会理想又是个人理想的凝练和升华。这就是通信人的初心与使命，为中国梦注入青春能量。

### 七、课程改革总结

脚踏实地追求理想有助于实现个人价值最大化，坚守积极人生态度砥砺前行。理解理想的超越性、实践性和时代性有助于挖掘创造美好生活的巨大力量，树立我们自己的文化权威。科学的信仰来自人们对自然界和人类社会发展规律的正确认识。辨析理想信念领域的问题，为理想实现奠定思想基础。一个人要实现自己的理想，成就一番事业，历经磨难是必要的。我们要辩证地看待理想和现实之间的矛盾，实现个人理想和社会理想的统一，为实现中国梦注入青春能量。本次双师案例教学是首次工科“双师思政课”，从国家战略、专家故事和行业实践角度积极探索工科思政课的教学模式。两位老师配合默契，将通信领域的技术壁垒、专业使命与理想信念巧妙结合，教学效果良好，在专业知识与思政元素的碰撞中，使同学们潜移默化地理解了个人理想与社会理想的辩证统一关系，立志在通信领域有所建树，争做新时代的国家栋梁。

## 第四节　文化产业管理专业的对话教学探索

对话教学法也叫教学对话法，就是在课堂过程中教师和学生之间进行对话交流，从而让学生学到知识的教学方法。双师在教学过程和教学情境中实现了师生对话和双师对话。两位思政课教师和一位专业课教师同台授课，两种类型的教师来自不同学科，大家针对辛亥革命主题以学科对话的形式呈现课程核心问题。同学们体验到不同学科对同一专题的对话话语体系，打破了学科壁垒，丰富了辛亥革命知识。现代对话教学是对传统对话教学的继承和发展，也是对传统对话教学的超越，它具有重要的理论和实践意义，并体现出其独有的时代特征：互动交往，合作发展，创造生成，倾听关爱与追求自由、发展生命。[①]双师对话营造了凝聚共识的课堂场域，给同学们做解决问题的示范。针对课前搜集到的学生困惑，老师们从不同学科角度围绕思政课教学要求开展分析论证。这不仅解答了学生们关心的问题，还为同学们绘制了丰富的知识画像，引导学生们开展专题知识研究、拓展研究视角、开阔研究思路。为深入贯彻落实习近平总书记在纪念辛亥革命110周年大会上的重要讲话精神，2021年11月2日上午，中国传媒大学双师团队走进中国近现代史纲要课堂，以“革命的出版与出版的革命——辛亥革命前后的出版变迁”为题，为文化产业管理和行政管理两个专业的同学们精心打造了一堂专题思政课。

（来源：中国传媒大学白杨网）

**图 2–7　思政课教师（左一、左二）和文化产业管理专业教师（右一）授课情况**

① 沈小碚，郑苗苗.论对话教学的时代特征［J］.西南大学学报（社会科学版），2008（3）：142.

## 一、教学主题

以孙中山为代表的资产阶级革命派对国家出路积极探索，中华民族依然处于日益深化的民族危机和社会危机中。通过结合出版专业知识，阐释辛亥革命和文化认同的历史意义，引导大学生客观认识辛亥革命的历史功绩，并深刻理解“四个自信”。

## 二、教学知识点

（1）辛亥革命举起近代民族革命的旗帜。

（2）辛亥革命的成功。

（3）辛亥革命的失败。

## 三、学生关注点

（1）为什么说辛亥革命既成功又失败了？

（2）出版业的繁荣与辛亥革命有什么关系？

（3）翻译出版和书报刊传播如何播撒了民主革命的思想火种？

## 四、双师融合点

（1）从革命的出版到出版的革命讲述辛亥革命的历史背景。

（2）从报刊传播角度客观评价辛亥革命时期资产阶级的活动。

（3）翻译出版和书报刊传播播撒了民主革命的思想火种。

（4）文化产业管理专业学生结合专业发展掌握历史，主动研究辛亥革命的重要意义。

## 五、授课流程

本次课程由马克思主义学院教师赵波、李威颖和文化产业管理学院教师蒋多共同讲授，三位教师分别从政治学、历史学、传播学等不同学科背景出发，围绕辛亥革命这一重大历史事件，综合运用对话、讨论和案例分析等教学方法。以问题为导向，让同学们在熟悉的专业领域中回顾历史，重温孙中山等革命先辈的历史功绩和辛亥革命的重要历史意义。课堂上，赵波老师带领同学们一同学习了习近平总书记在纪念辛亥革命110周年大会上的重要讲话精神。她从历史和现实角度出发，对学生们进行价值引领和思想启发，并引出本次“双师思政课”的主题——辛亥革命。李威颖老师为同学们梳理了1840年鸦片战争后，不同社会力量对国家出路的探索历程，以及探索失败后中华民族依然处于民族和社会危机之中的状况，由此指出辛亥革命爆发的历史必然性。蒋多老师则聚焦中国近代出版行业，以书报刊业的萌芽、发展、繁荣为主线，讲述了辛亥革命前后中国出版业的变迁。在授课过程中，三位老师针对同学们的专业诉求和思想实际，通过学科对话和视角碰撞，生动阐释了辛亥革命的意义和精神。

（来源：中国传媒大学白杨网）

图 2-8　双师授课情况

## 六、双师对话教学实践

1911年，以孙中山先生为代表的革命党人发动了震惊世界的辛亥革命，推翻了清朝政府，结束了在中国延续几千年的封建君主专制制度，近代以来中国发生的深刻社会变革由此拉开了序幕。这是中国人民和中国先进分子为实现民族独立、人民解放进行的一次伟大而艰辛的探索。

### （一）对话知识点：辛亥革命是成功了还是失败了

#### 1.思政课教师讲授辛亥革命道路探索的意义

孙中山先生是伟大的民族英雄、伟大的爱国主义者和中国民主革命的伟大先驱。在孙中山先生的领导和影响下，大批革命党人和无数爱国志士集聚在振兴中华的旗帜之下，广泛传播革命思想，积极兴起进步浪潮，连续发动武装起义，推动了革命大势的形成。历史发展总是螺旋式上升、波浪式前进的。由于历史进程和社会条件的制约，由于没有找到解决中国前途命运问题的正确道路和领导力量，辛亥革命没有改变旧中国半殖民地半封建的社会性质和中国人民的悲惨境遇，没有完成实现民族独立、人民解放的历史任务。辛亥革命之后，在这场革命中接受洗礼的中国人民和中国先进分子继续探寻救国救民道路。

上述这些知识与文化产业管理专业的学生有什么关系呢?

#### 2.文化产业管理专业教师讲解历史对专业学习的重要性

众所周知，中国拥有无比辉煌的古代科技，其中与出版业息息相关的造纸术和印刷术更是值得中华民族骄傲的伟大发明。然而，这些发明缺乏独立性。从技术、内容和行为等各个方面来看，中国传统出版已明显地落后于时代潮流。从1840年鸦片战争敲开闭关锁国的大门到19世纪60年代晚清洋务派开启自强求富之路，再到1898年戊戌变法彻底结束了中国与外界的隔绝状态，开始了“师法”。师法的第一步便是译介出版西方文化知识。文明与启蒙、救亡与图存成为那个时代的主题。近代中西文化由此展开了冲突、会通和融合。孙中山先生在《建国方略》中说，“吾心信其可行，则移山填海之难，终有成功之日”。今天，经过长期奋斗，实现中华民族伟大复兴具备了更为完善的制度保证、更为坚实的物质基础、更为主动的精神力量。前景光明辽阔，但前路不会平坦。辛亥革命深刻而全方位地改变了近代中国，作为“催生近代世界出现的利器”的出版业在其中发挥了不可或缺的重要作用，并且推动了自身向新式出版的转变。我们要以史为鉴、开创未来，在全面建设社会主义现代化国家新征程上继续担当历史使命，掌握历史主动，不断把中华民族伟大复兴的历史伟业推向前进。

### （二）对话知识点：翻译出版播撒了民主革命的思想火种

#### 1.思政课教师讲解辛亥革命爆发的阶级基础和骨干力量

19世纪末20世纪初，随着民族资本主义的初步发展，民族资产阶级及与它相联系的社会力量也有了明显的发展。民族资产阶级为了冲破帝国主义、封建主义的桎梏，发展资本主义，需要自己政治利益的代言人和经济利益的维护者。这正是资产阶级革命派形成的阶级基础。资产阶级革命派的骨干是一批资产阶级、小资产阶级知识分子。这个知识分子群体的出现与戊戌维新运动及20世纪初清政府兴学堂、派留学生的措施有关。这些青年学生接触到近代西方资本主义的思想文化，其中不少人在民族危难加深、群众自发斗争高涨形势的推动下，开始摸索救国救民的新道路。这些赴欧美、日本留学的青年知识分子，成为辛亥革命的中坚力量。那么，这些人在编辑出版领域都做了哪些探索呢？

#### 2.文化产业管理专业教师讲授翻译出版成为文化启蒙的桥梁

从19世纪六七十年代一直到20世纪初，特别是1900年至1911年间，国内出版了大量西方政治、社会、哲学著作，为旨在推翻清朝专制帝制、建立共和政体的辛亥革命奠定了广泛的社会文化基础，播撒下民主革命的思想火种。西学传播及其带来的文化启蒙运动正是通过翻译出版这一重要的桥梁来实现的。早在第二次鸦片战争战败以后，以曾国藩、李鸿章、左宗棠等为代表的洋务派为了达到富国强兵的目的，大规模地学习和引进西方先进技术与文化，兴办近代企业。翻译出版介绍西方科技文化书刊的译书机构便在此背景下应运而生。在所有的翻译人员中，严复是近代中国翻译引进西方新学的代表，也是20世纪翻译出版界的风云人物。1895年，中国在中日甲午战争中失败，民族危机深重，严复以无畏的勇气，译述了英国生物学家赫胥黎的《天演论》，提出了"物竞天择，适者生存"的警世命题，犹如星星之火，照亮了当时思想界漆黑的夜空。此后，他又陆续翻译了《群己权界论》《群学肄言》《孟德斯鸠法意》《原富》等西学名著。参加并领导辛亥革命的许多革命者，如黄兴、宋教仁等都深受严复译作的影响。总体来看，这一时期翻译出版主体从开始时仅有的官办出版机构、教会出版机构，到遍布各地的民营出版机构；出版内容由最初注重自然科学，到后来的社会科学与人文科学兼顾，尤其是科学译著在中国得到了广泛传播。可以说，翻译出版事业既成为近代西学东渐运动的信号和民营出版业兴起的前奏，又贯穿于中国近代文化的整个演进过程，更为辛亥革命的发生提供了重要的思想武器。

### （三）对话知识点：书报刊传播如何推动了辛亥革命的思想酝酿

#### 1.思政课教师讲授资产阶级革命派的宣传与组织工作

毛泽东指出："中国反帝反封建的资产阶级民主革命，正规地说起来，是从孙中山先生开始的。"[①] 为什么说是从孙中山先生开始的？从1878年到1892年，孙中山所受到的完全是西方资本主义思想文化的教育。在这段时间内，他学到不少自然科学知识，也接触到一些资本主义的社会政治学说，这对于他的资产阶级民主革命思想的形成有很大作用。1894年10月，孙中山绕道日本再赴檀香山。他积极向华侨宣传反清革命的主张。11月24日，孙中山联合二十多个经营小商店和小农场的华侨，在檀香山组成

① 毛泽东选集：第2卷［M］.北京：人民出版社，1991：563.

“兴中会”，这是近代中国第一个资产阶级革命团体，孙中山被推为会长。兴中会章程明确规定以“驱除鞑虏，恢复中华，创立合众政府”为奋斗目标（革命纲领），号召爱国志士团结起来，“振兴中华”。1904年，孙中山发表《中国问题的真解决》一文，指出只有推翻清朝政府的统治，才能真正解决中国问题。这表明资产阶级革命派在踏上革命道路之时，就高举民主革命的旗帜，并选择了以武装起义推翻清王朝统治的斗争方式。历史进入20世纪，随着一批新兴知识分子的产生，各种宣传革命的书籍报刊纷纷涌现，民主革命思想得到广泛传播。在孙中山宣传民主革命思想的同时，20世纪初，中国出现了一批人数众多的资产阶级、小资产阶级知识分子群。这群知识分子在不同程度上懂得一些自然科学和西方资产阶级的社会政治学说，富于政治敏感，关心国家大事，是一个不同于旧式封建文人的新兴社会阶层。在民族危机深重、社会矛盾尖锐的刺激下，他们中间有许多人迅速觉醒，加入了革命派的行列，从而大大加强了以孙中山为首的革命派的社会基础。

**2.文化产业管理专业教师讲授直接推动革命发生的新类型报刊的诞生和发展**

报刊业为什么会在辛亥革命前后出现如此繁荣的景象？中国近代出版从19世纪中叶起步，经过几十年的缓慢发展，直到辛亥革命前后步入繁荣期。最关键的变化，就是与革命有关、直接推动革命发生的新类型报刊的诞生和发展。它们犹如雨后春笋般遍布各地，不但种类和数量不断增多，而且分布地域持续扩展，时人惊叹“报馆之盛为四千年来未有之事”。仅上海就有几十家报馆，其中不乏《申报》《时报》这样著名的报纸。报刊印刷发行周期比书籍出版周期短，传播的内容一般具有连续性和完整性，能够最大限度地满足人们对某一类信息的动态需求。面对快速变化的社会形势，报刊大量出版和广泛传播，发挥了舆论先导的作用，有力地推动了革命运动的向前发展；反过来，辛亥革命运动也造就了中国近代出版事业的一个新高潮，在中国近代出版发展史上具有里程碑式的意义。

### （四）对话知识点：进步出版如何吹响革命的号角

#### 1. 思政课教师讲授辛亥革命与中华民国建立的报刊舆论阵地

关于究竟是采用革命手段还是改良方式这个问题，革命派与改良派分别以《民报》《新民丛报》为主要舆论阵地，展开了一场大论战。投入这场论战的还有其他十几种报刊。双方主要围绕以下三个方面展开论战：一是要不要以革命手段推翻清王朝；二是要不要推翻帝制，实行共和；三是要不要进行社会革命。其中要不要以革命手段推翻清王朝是双方论战的焦点。改良派认为，革命会引起下层社会暴乱，使中国“流血成河”“亡国灭种”，所以要爱国就不能革命，只能改良、立宪。革命派驳斥了改良派认为因革命要“杀人流血”“破坏一切”而不可革命的说法，强调“革命的目的是为众生谋幸福”，“革命之破坏与更名之建设必相辅而行”。革命本身正是为了建设，破坏与建设是革命的两个方面。这场论战具有重大的意义。通过这场论战，划清了革命与改良的界限，传播了民主革命思想，促进了革命形势的发展。《新民丛报》中记载：“数年以来，革命论盛行于国中，今则得法理论、政治论以为之羽翼，其旗帜益鲜明，其壁垒益森严，其势力益磅礴而郁积，下至贩夫走卒，莫不口谈革命，而身行破坏。”恰恰反映出报刊行业在当时传播民主革命思想所发挥的重要作用。

#### 2. 文化产业管理专业教师讲授中华书局吹响进步出版的革命号角

1912年中华民国在南京成立，标志着清朝封建专制主义的结束。“人民有言论、著作、刊行及集会、结社之自由”载入了《中华民国政府临时约法》。这里的刊行即是出版的旧称，孙中山关于出版的思想是建立在“出版自由”这一思想命题及其实践的基础之上的。“出版自由”是资产阶级革命的一个政治口号，也是资产阶级一个重要的思想命题。民国初年，中国出版业迎来了新的发展局面，革命图书得到自由出版，新的文学书籍大量推出，新编教科书竞相问世。陆费逵创办中华书局的意图，是为了“提振国家”“兴我中华”。他有一句话被奉为民国出版的十大名言之一，他说：“我们希望国家社会进步，不能不希望教育进步；我们希望教育进步，不能不希望书业进步。我们的书业虽然是较小的行业，但是与国家、社会的关系，却比任何行业大些。”回顾中华书局100多年的发展历程，不难发现，它与中国现代文化走向的轨迹一致，与时代历史进程的逻辑合拍，始终与中华民族同呼吸、共命运。今天我们认识中华书局的文化意义，要把握三点：一是中华书局贡献了“教科书革命”的理念，这是在历史上第一次提出的一个概念；二是中华书局以教育为己任，倡行服务民国教育，开启国民智慧的出版理念与实践；三是它提供了一种教育与出版相结合，并且从观念到实践都贯通的经营范式。可以说，陆费逵把中华书局贡献给了近代中国出版与国民教育事业，同时也造就了他自己，成为中国近代文化史上不可替代的角色。

## 七、课程改革总结

辛亥革命推翻了清朝封建腐朽的统治，结束了两千多年的君主专政制度，是20世纪中国的第一次历史性巨变，是中国近代史中重要的转折点。与此同时，辛亥革命也是一次中华文化的大变迁。它上承1898年戊戌维新运动而来，下启1915年五四新文化运动而去，具有十分重要的文明启蒙意义。中国的文明开始由以儒家传统为主体的封建文化，向民主的、以近代科学技术文化为主体的近现代文明转变。出版在其中发挥了无可比拟的重要作用，为新世纪中国文化的革故鼎新创造了条件、积蓄了力量。本次课程是中国传媒大学双师团队在中国近现代史纲要课堂的首次探索，也是积极落实习近平总书记在学校思想政治理论课教师座谈会上的重要讲话精神，推动思政课改革创新的又一举措。以史为鉴，开创未来。双师采取对话教学法，帮助学生掌握辛亥革命知识，通过双师对话引出核心问题，然后用不同学科的解答丰富知识内容，针对学生的思想困惑及时做价值引导，实现了学生主体和教师主导相结合。课堂在平等的氛围下开展详细分析论证。双师对话不仅是分别阐释观点，还是针对一个观点从另一个角度的积极回应。融合教学也是双师就知识点深入沟通交流和广泛凝聚共识的过程。经过双师富有意义地构建辛亥革命的知识图景，通过对话这种艺术性的知识传授方式，课堂形成了敞开精神和彼此接纳的学习氛围，加强了思政课的针对性和实效性。在建党100周年的重要时间节点，缅怀孙中山等革命先驱的历史功勋，深入思考辛亥革命的意义和局限性，有助于引导传媒学子全面认识历史，铸牢中华民族共同体意识，增强道路自信、理论自信、制度自信和文化自信，秉承先驱遗志，共筑复兴伟业。

## 第五节　思政政治教育专业的实践教学活动

习近平总书记在河南考察时强调，“要讲好党的故事、革命的故事、根据地的故事、英雄和烈士的故事”[①]；在全国高校思想政治工作会议上曾指出，“要运用新媒体新技术使工作活起来”[②]；在看望参加全国政协十三届四次会议的医药卫生界、教育界委员并参加联组会时指出，“思政课不仅应该在课堂上讲，也应该在社会生活中来讲”，“‘大思政课’我们要善用之，一定要跟现实结合起来。上思政课不能拿着文件宣读，没有生命、干巴巴的。”[③]因此，我们要用好鲜活的思政课素材，用好最新的技术工具，呈现出富有价值的思政金课。2021年3月23日上午，马克思主义学院思想

① 习近平在河南考察时强调　坚定信心埋头苦干奋勇争先　谱写新时代中原更加出彩的绚丽篇章［N］.人民日报，2019-09-19(1).

② 习近平在全国高校思想政治工作会议上强调　把思想政治工作贯穿教育教学全过程　开创我国高等教育事业发展新局面［N］.人民日报，2016-12-09(1).

③ 杜尚泽.微镜头·习近平总书记两会“下团组”“‘大思政课’我们要善用之”［N］.人民日报，2021-03-07(1).

政治教育专业8名硕士研究生来到明德楼播音主持艺术学院虚拟演播室，在播音主持艺术学院实验中心涂中文老师的指导下录制了8集系列微课“研究生讲党史”，这也是由马克思主义学院赵波老师主讲的中国共产党思想政治教育史专题课程的结课成果。

（来源：中国传媒大学白杨网）

**图 2-9　播音主持艺术学院实验中心教师（后排左三）和思政课教师（后排右二）授课后与学院领导和学生合影**

## 一、教学主题

中国共产党思想政治教育史之长征专题主要聚焦红军长征中的思想政治教育，包括贯彻遵义会议精神、革命英雄主义教育、争取群众支持、播下革命的种子，以及加强团结教育的系列举措。长征中，红军的思想政治工作发挥了巨大威力，也经受住了严峻的考验，无愧于“红军的生命线”。长征精神，是中国共产党人和人民军队革命风范的生动反映，是中华民族自强不息的民族品格的集中展示，是以爱国主义为核心的民族精神的最高体现。

## 二、教学知识点

（1）红军的思想政治工作是红军的生命线。

（2）红军长征中的思想政治教育的经验和启示。

（3）长征精神的深远影响。

## 三、学生关注点

（1）长征中的思想政治教育有何特点？

（2）党的领导与长征中的思想政治教育的关系是怎样的？

（3）从红军长征中的思想政治教育可以汲取哪些思想资源？

## 四、双师融合点

（1）虚拟演播室的沉浸式学习激发师生深入解读长征精神。

（2）长征中的思想政治教育是进行大学生价值引导的鲜活素材。

（3）长征精神有机融入日常学习和工作实践。

## 五、授课流程

把研究生思政专业课搬进专业实验室，这在我校尚属首次。由思政课教师赵波和播音主持艺术学院实验中心教师涂中文共同协作，依托两个学院的专业优势，整合学校资源，发挥播音主持艺术学院虚拟演播室的思政育人功能，双方深度合作，开展双师指导下的研究生专业课课内实践。这一合作模式是一次成功的深度融合，具有可操作、可借鉴、可复制、可推广的实际意义。本次录制的系列微课主题为“聚焦长征精神　礼赞建党伟业”。赵波老师带领学生在微课内容上进行了深耕细作。从框架的确立到内容的完善再到演示文稿的制作以及最后的彩排及录制过程，赵波老师都对学生进行了全程悉心指导。涂中文老师则在微课展现形式上进行了创新加工，针对学生们的发音、姿态、着装等问题进行了详尽的指导，既为学生们讲解了演播室系统的运作流程，又负责牵头完成了微课的录制及后期包装工作。

## 六、双师实践教学活动

本次双师融合的教学探索赓续了学党史传统，践行了思政课立德树人的根本任务。在理论学习环节后由学生自己来讲微课，发挥了学生的主体作用。学生们针对所选专题进行详尽而深入的研究，感悟长征精神，致敬英雄人物，在知与行中树立了正确党史观，在学与做中坚定了“四个自信”，汲取了党史中的奋进力量。

### （一）思政课教师指导学生确定长征专题

思政课教师围绕长征中的思想政治教育内容请学生们申报选题，针对课上讨论过的长征在中国共产党思想政治教育史上的重要作用，从宣传和传播角度提出长征是宣传队和播种机专题；从宏观讨论长征中党的领导作用和长征精神的凝练问题到微观探讨长征相关作品和会议的思政功能；从历史和现代的思维审视长征路的问题。课程内容凝练成8个选题，学生们积极申报，查阅资料，撰写了逐字稿，然后发给思政课教师。思政课教师针对内容、逻辑和思想性进行深入引导，最后确定系列微课共分为8集。8个主讲专题分别为“长征是宣传队：长征路上的激昂乐章”“长征是播种机”“遵义会议的思想政治教育功能”“《草地夜行》的思想政治教育意义”“从长征看中国共产党凝聚力的历史积淀”“赓续广元红色血脉　共铸长征精神丰碑”“走好新时代的长征路”“学习长征精神，感悟领袖力量——走近毛泽东与红军长征”。

### （二）播音主持艺术学院实验中心教师从微课录制加强沉浸育人体验

播音主持艺术学院实验中心教师围绕长征专题专门设计了实验室背景

元素，包括长征精神的解读文字、体现长征那段历史的人物形象、追寻红色记忆的标语等。这种沉浸式体验具有强烈的历史代入感，本身就是对学生的历史意识的唤醒和积极引导。在这样的背景下，学生们围绕专题制作微课课件，在实验室一边演示一边讲解。师生沉浸在历史体验中，共同探讨思政教育核心问题，将学生的注意力和专业热情都凝聚了起来，有力提升了思政课的课堂教学效果。

### （三）学生讲教师评的方式实现了翻转课堂教学改革

学生讲微课，学生成了课堂的主体，充分发挥了学生在问题研究中的主体作用。在学生讲的过程中，思政课教师围绕核心问题的内在逻辑做进一步的指导，专业课教师围绕声音的感染力和讲课的综合表现力给予有针对性的引导。这样，学生不仅对专业知识有了更加深入的理解，还学习了恰当表达思想观点的方式方法，同时还掌握了实验室操作和视频制作的专业技能。一堂双师课，实现了多学科的碰撞和多角度的育人效果。

## 七、课程改革总结

本次双师教学新探索深化了研究生专业课教学改革，将党史学习效果和成果可视化，发挥了传媒优势，展现了学校特色，也为学生们带来了一次新的学习体验。参与微课录制的苏悦同学认为，这种创新的教学形式，真正做到了将学理论和重实践结合起来，在一定程度上实现了“一专多能”的培养目标。同时，她也表示在建党百年之际，学习党史、讲述党史，并以微课的形式来展示自己学习、思考的内容是一件十分有意义的事情。刘方辉同学认为，本次双师课使党史知识展示插上了先进科技的翅膀，又发挥了专业实验室教书育人的功能，使同学们受益匪浅。雒昱同学表示，这种创新教学形式为今后学好、讲好、用好思政课积累了宝贵的经验，同时也很感激能有这样一份作品来点亮自己的学习生活。

## 拓展资料

### 长征出发地讲党史，双师实践思政新探索

2021年4月13日上午，马克思主义学院思想政治教育教研部主任赵波与播音主持艺术学院实验中心主任涂中文来到红四方面军长征出发地——四川广元开展双师教学实践，重走长征路。马克思主义学院研究生刘方辉在两位老师的指导下录制了“研究生讲党史之赓续广元红色血脉　共铸长征精神丰碑”微课，这是继双师指导“研究生讲党史”8集系列微课之后的一个社会实践专题。

（来源：中国传媒大学白杨网）

图2-10　双师指导思想政治教育专业研究生在长征出发地讲党史

广元是一片红色的热土，无数革命先烈在这里抛头颅、洒热血，留下了广为流传的红色故事，是党史学习鲜活的素材。2021年恰逢中国共产党

百年华诞的重大时刻，以习近平同志为核心的党中央作出了在全党开展党史学习教育的重大决策，习近平总书记指出，"'大思政课'我们要善用之，一定要跟现实结合起来"，"思政课不仅应该在课堂上讲，也应该在社会生活中来讲"①。此次广元之行致力于通过双师课教学模式的打磨创新，在长征出发地广元讲党史，探索实践思政具体模式。这是两位教师就目前双师教学模式的进一步合作，是课程思政与思政课程同向同行的新探索。深挖课堂内容，走向社会实践，双师反复磨课，开展双师融合教学。

此次双师课从强渡嘉陵江战役的遗址——红军渡开始。在红军渡广场上的标志雕像前，可以看到徐向前元帅挥毫题写的"红军渡"三个大字镶嵌在黑色大理石上，底座上是三名红军战士和二名赤卫队员的半身塑像。怒目圆睁，双唇紧闭，淋漓尽致地表现了红军战士大无畏的英雄气概。双师及时引入本次"研究生讲党史"微课主题，赵波老师讲述红军渡雕像体现的军民团结强渡嘉陵江的意义，重点提炼党史的历史意义与时代价值；涂中文老师在讲稿呈现、播音技巧、讲述表现力方面给予了充分指导。这种沉浸式双师教学拉近了双师与专业和学生的距离，引导学生用专业实践来讲述红色故事。

广场旁边是红四方面军长征出发地纪念馆。纪念馆由五个厅构成，分别为长征前夕、激战嘉陵、挥师长征、苏区奉献、将帅风采，讲述了广元人民积极支持红四方面军开展革命斗争的故事。广元人民不仅为红军提供物质保障，积极加入红军，而且在反动派的血腥屠杀下英勇保护革命文物，全力保障"红色交通"。在这里诞生了红四方面军妇女独立师，这是红军第一支正规妇女武装，也是红军历史上规模最大的妇女武装。党的百年历史，是党与人民心连心同呼吸共命运的历史。双师以人民拥护红军渡江为红色素材，引导学生用生动的话语阐明人民是历史的创造者，是决定党和国家前途命运的根本力量。

① 杜尚泽.微镜头·习近平总书记两会"下团组""'大思政课'我们要善用之"[N].人民日报，2021-03-07(1).

（来源：中国传媒大学白杨网）

**图 2–11　双师指导思想政治教育专业研究生在长征出发地讲党史**

走进强渡嘉陵江战役总指挥部遗址，徐向前曾经办公与起居共用的简陋房间映入眼帘。习近平总书记说过，“要把红色资源作为坚定理想信念、加强党性修养的生动教材”。双师引导学生着重关注广元市为深入挖掘长征精神、凝聚社会共识作出的重要贡献，不仅将渡江指挥部等红色遗址保护完好，还积极将“红色广元”纳入文化旅游品牌创建中，努力兼顾革命老区红色资源的历史价值、教育价值与经济价值，使红色资源成为爱国主义教育的“大课堂”、旅游产业发展的“排头兵”、群众受益的“致富路”。

走到红色旅游火炬传递火种采集地标建筑前，双师引导学生忆起广元革命老区经历过的2008年汶川地震。这座烙满红色印记的城市积极发扬红军精神和抗震救灾精神，在震后的满目疮痍中坚强地站了起来。关于这片红色热土上孕育出的“智勇坚定、排难创新、团结奋斗、不胜不休”的红军精神，两位教师从不同角度讲解，不但使学生从党的发展史中了解了马克思主义的生命力，而且在专业实践学习中获得了许多鲜活的素材。

（来源：中国传媒大学白杨网）

图 2-12　双师指导思想政治教育专业研究生在长征出发地讲党史

（来源：中国传媒大学白杨网）

图 2-13　双师指导思想政治教育专业研究生在长征出发地讲党史

马克思主义学院院长表示，做好新时代的思政课，一定要和现实结合起来，统筹好校内外丰富的课程资源，使课堂小思政与社会大思政发挥协同效应。因此，双师课程走进广元，是实践思政课程创新、打造中国传媒大学特色思政育人体系的有益尝试。

播音主持艺术学院副院长表示，双师实践思政的新探索，是新文科、新工科交叉融合建设的尝试，发挥了传媒特色，整合了校内资源，丰富了实践育人案例。在2021年，建党百年之际，该项目积极借助学院特色，讲好新时代红色故事，助力红色资源转化。

刘方辉同学表示，在这次双师课实践中收获满满，不仅客观、准确、全面地认识了党史，而且得到了全方位的锻炼，感悟了红色精神，坚定了做有理想、有本领、有担当的新时代传媒人的理想信念。

# 第三章

# 高校双师课程思政协同育人模式与实践

提升高校思想政治教育实效性，必须充分发挥课堂育人主渠道作用，按照“办好中国特色社会主义大学，要坚持立德树人，把培育和践行社会主义核心价值观融入教书育人全过程”的根本要求，将学科资源、学术资源转化为育人资源，实现知识传授和价值引领有机统一，推动思政课程向课程思政的立体化育人转型。[①]“双师思政课”从创立开始一直探索在思政教育领域融合创新升级。在实现了思政课上的“双师思政课”后，双师团队还实现了在专业课上的融合，也就是思政课教师来到专业课课堂的“双师课程思政”。根据专业课程的特点和育人实际，“双师课程思政”创新了多样的模式，也在某种意义上实现了精准思政。它精准了学生的诉求和教师的需要，精准了思政教育与专业课程的深度融合，精准了党史学习教育常态化融入专业课的日常教学。

## 第一节　播音主持专业的双师融合教学实践

《教育信息化十年发展规划（2011—2020年）》提出要推动信息技术与

① 高德毅，宗爱东.课程思政：有效发挥课堂育人主渠道作用的必然选择［J］.思想理论教育导刊，2017(1)：31.

高等教育深度融合，就是要积极探索信息化在教学领域的实践，提升信息技术助力个性化互动教学水平，适应信息化社会，创新人才培养模式。知识传授阶段在课前由学生独立、协作完成，知识内化阶段在课上由教师按不同教学设计策略安排。个性化学习尊重个体的差异性，满足个性的学习需求，如学习策略、资源等，已经成为教育的发展趋势之一。[①]随着时代的发展、科学技术的进步，人类已经进入了信息技术广泛应用的时代。目前我国数字教育的发展和教育信息化的推进，为双师教学改革提供了崭新的理念。双师不仅致力于课堂教学模式探索，还应用虚拟演播室技术加强数字思政建设，让学生体验到一种亲自参与掌握知识的情感示范和激发知识兴趣的特定情境，从而把这种体验转化为自主学习的动机。双师教学模式是中国传媒大学在国内首创。在思政课程方面，马克思主义学院与音乐与录音艺术学院的双师教学已经探索了两年。这一次，播音主持艺术学院在我校首次推出课程思政“双师课”，将双师模式进一步运用至专业课中。课程思政“双师课”以专业课为主体，融入思政元素，并由专业课教师和思政课教师同堂授课，融合专业教学与党史学习，助力课程思政发展。此次课程思政“双师课”在播音主持艺术学院2018级本科班的新闻报道与采访课程中嵌入“回望1936年的传奇采访”双师专题。以点切入，连点成线，以课堂双师、访谈呈现的方式，既突出播音主持专业特色，又达到党史元素、思政精华融入效果。

## 一、教学主题

在新闻报道与采访课程中嵌入“回望1936年的传奇采访”双师专题，以美国记者埃德加·斯诺的《红星照耀中国》为切入点，基于党史背景，再现新闻采访与报道的知识。既讲授采访与报道的专业技能，也讲授中国的红色政权存在的原因和中国共产党主动外宣的故事。引导学生树立大历

① 吴洪艳.个性化学习理念与翻转课堂教学模式的融合［J］.现代教育技术，2015，25（8）：46.

史观，分析专业里的核心问题，用马克思主义立场、观点和方法增强讲好中国故事的本领。

（来源：中国传媒大学白杨网）

图 3-1　播音专业教师（左一和右一）和思政课教师（中）授课情况

## 二、教学知识点

（1）专业与思政融合，再现1936年的采访传奇。

（2）《红星照耀中国》里重要人物和重要史实的客观解读。

（3）新闻采访与报道和中国共产党主动外宣的深入阐释。

## 三、学生关注点

（1）新闻报道和采访专业理论如何与思想政治理论巧妙融合？

（2）如何融合历史故事和影像资料讲述中国共产党的风貌和增强政治素养？

（3）思政元素如何助力播音专业学子讲好中国故事？

## 四、双师融合点

（1）将党史融入新闻采访与报道案例。

（2）将党史教育融入红色经典的深入解读。

（3）将红色精神的传承与播音专业学子的使命感和责任感联系起来。

## 五、授课流程

2021年3月26日，2018级播音主持本科班的同学们首次走进“双师访谈1+1”课堂，以“回望1936年的传奇采访”为专题，在党史学习中回顾峥嵘百年，得到情感升华。为了打造“双师访谈1+1”这一全新的教学模式，老师们潜心研究，集体备课。为了让课程精彩呈现，他们搜集了珍贵的历史图片、生动形象的影像资料、丰富翔实的文献资料，并将自己的采访经历融入课堂内容。课堂上，播音主持专业教师从专业角度提问，思政课教师结合党史回答，双方进一步深入交流，在一问一答中启发思考，引发研讨。同学们表示，在课堂上既学到了播音主持专业的访谈技巧，又深入汲取了党史中的思政精华，可谓是收获多多、干货满满。课堂上还安排了师生共读经典的分享环节，在琅琅读书声中，同学们有感而发，对这段传奇采访兴味盎然，并展开积极讨论。

图3-2　播音主持艺术学院副院长李洪岩（左一）、马克思主义学院院长刘东建（左四）与两位双师课老师合影

## 六、双师实践教学活动

习近平总书记指出，“一切向前走，都不能忘记走过的路；走得再远、走到再光辉的未来，也不能忘记走过的过去，不能忘记为什么出发”[①]。2021年是中国共产党成立100周年，师生共同学党史、悟党史、讲党史，在对历史的深入思考中汲取智慧、走向未来。本次双师思政课通过“双师+融合”的模式立足于专业教学与价值导向双重视野，坚持知识性与价值性相统一、理论性与实践性相统一，积极探索课程思政与思政课程同向同行的运行机制，在“大思政”格局下，助力学校课程思政发展。

### （一）双师融合专业课程核心问题

#### 1. 珍贵历史资料再现红色经典

双师为了达到更好的教学效果，专门购买了30余张珍贵历史照片，剪辑介绍斯诺的经历和《红星照耀中国》出版的视频，录制拍摄了独臂将军蔡树藩的女儿——播音专业退休教师蔡乃雅的第一手资料，展现出以点切入、连点成线，如盐入水、悄然破圈，播音特色、思政融入，课堂双师、访谈呈现的课程特色。

例如，通过斯诺的照片引出斯诺其人。斯诺是中国人民也是世界人民和平友好的使者。他曾参与了中国青年学生的“一二·九”运动、抗日战争中的中国工业合作运动等，是第一个冒险进入红色苏区报道中国革命的西方记者，是第一个采访毛泽东并撰写《毛泽东自传》的人，是第一个将皖南事变的真实情况公布于世的人，是第一个报道新中国的美国记者，也是新中国成立后第一个被邀请登上天安门城楼和毛泽东一起参加国庆大典的外国记者……引导学生认识从事新闻采访与报道的记者斯诺与中国革命的关系，通过斯诺的经历审视中国共产党在红色苏区的政策，以斯

---

① 习近平. 习近平谈治国理政：第2卷［M］. 北京：外文出版社，2017：32.

诺在《红星照耀中国》的视角讲解红色政权与群众之间的关系。双师展示红小鬼的照片引出斯诺的描写，播音主持专业教师声情并茂地朗诵了这一段：他穿着网球鞋、灰色短裤，戴着一顶褪了色的灰色帽子，上面有一颗模模糊糊的红星。但是，帽子下面那个号手可一点也不是褪色的：红彤彤的脸，闪闪发光的明亮眼睛，这样的一个小孩子你一看到心就软了下来，就像遇到一个需要友情和安慰的流浪儿一样。我想，他一定是非常想家的吧。可是很快我就发现自己估计错了。他可不是妈妈的小宝贝，而已经是位老红军了。他告诉我，他今年十五岁，四年前在南方参加了红军。思政课教师分析革命乐观主义精神以及红色政权深得民心的政策依据和理论基础。

**2. 案例教学体验激发学习热情**

这次我们共同打造的“双师访谈1+1”模式有四个特点：一是以点切入，连点成线；二是如盐入水，悄然破圈；三是播音特色，思政融入；四是课堂双师，访谈呈现。教育是一门艺术，是艺术就讲究体验。播音主持专业教师讲自己多年前阅读《红星照耀中国》的时候就获得了既沉浸又穿越的体验。埃德加·斯诺写道：“独臂将军蔡树藩是个有趣、很可爱、很英俊的青年，头脑机灵、容易冲动，善于辞令，妙趣横生的红军将领。”蔡将军是播音主持艺术学院退休老教师蔡乃雅的父亲，播音主持专业的教师曾经带学生采访过蔡老师，这种有感染力的传承非常动人，她也一直想把这种体验带给学生。

通过斯诺在《红星照耀中国》中对独臂将军蔡树藩的描写，再现了红色人物的生活化场景，引导学生体验历史的真实性。通过专业教师蔡乃雅对父亲独臂将军的回忆，让我们看到党史就是真实发生过的历史，是无数个革命先辈为革命事业奉献一生的历史。这种革命精神是中国精神的重要表现形式，它的传承对后人和新时代的大学生都有重要的教育意义。当播放采访蔡老师的第一手视频资料的时候，那种历史再现的冲击感和沉浸教学体验的共鸣感融合在教学实践中，师生都在温暖的故事中感受到了红色经典人物坚毅乐观的精神和鲜活的形象。这种生动的教学案例通过双师融入教学访谈和精神解读环节，激发了学生学习的热情和对革命人物的敬仰之情。

## （二）双师融合党史学习教育知识

### 1.访谈呈现师生的时代共鸣

今天的新闻是明天的历史。作为传媒人，如果你不了解历史，怎么记录现在，怎么去展望未来？因此，双师授课致力于带领学生深入生活，与大时代的人心共鸣，了解过去，记录现在，为国家的未来发展作出自己的贡献。从课堂之初的背景介绍，到对传奇采访的深入探讨，再到师生之间的相互分享，三位教师深入浅出地引导，润物细无声地将时代价值和背后意蕴糅合在一个个问题、故事和访谈中，实现了对初心使命和家国情怀的再次呼唤。课程通过鲜活的案例，为同学们阐释了中国共产党为什么“能”、马克思主义为什么“行”、中国特色社会主义为什么“好”，引导青年学生坚定道路自信、理论自信、制度自信、文化自信，把党的历史学习好、总结好、传承好、发扬好。“双师访谈1+1”的模式一方面发挥了各自的专业优势，另一方面也营造了良好的课堂氛围，让教学内容在访谈形式中具体化、场景化，从传媒专业角度重温党史，带着故事与情感回望中国共产党的奋斗历程。

播音主持艺术学院的翁佳和王青老师轮流访谈马克思主义学院的赵波老师，让同学们深入了解85年前中国共产党在陕北的社会生活和对外传播故事，在访谈与交流中实现知识传授、价值引领、思想交流和情感升华。1936年，中国正酝酿着由长期的内战转变为对日本帝国主义的全面抗战。这是中国共产党领导下的工农兵群众和革命知识分子艰苦斗争所取得的丰硕成果。在这样的背景下，斯诺进入了苏区。专业课教师提问思政课教师当时的历史背景和进入苏区的具体形式，同时讲授采访毛泽东、周恩来等领导人的具体细节。思政课教师讲授斯诺进入红色苏区是我党主动外宣的过程。例如，安排专人接待斯诺并就斯诺提出的问题召开专门的会议，通过斯诺的采访报道来宣传我党的各项政策。同时，这也是我党争取外援和国际社会理解的过程。随着斯诺对我党的认识不断深入，其对红色苏区的传播也发挥了重要作用。比如，斯诺不止一次强调毛泽东是一位非常伟大的人物，他对毛泽东非常敬佩。他认为毛泽东在中国共产党的领导人中是举足轻重的人物，是毛泽东带领中国共产党获得了抗日战争的胜利。斯诺认为毛泽东是一位非常聪明的人。他说毛泽东博览群书，对哲学和历史有深入的研究；有演讲和写作的才能，记忆力异乎常人，专心致志的能力不同寻常；个人习惯和外表落拓不羁，但是对于工作却事无巨细、一丝不苟；他精力过人，不知疲倦，是一个天才的军事和政治战略家。

2. 专业元素与党史元素融会贯通

斯诺公正、客观地向世界人民介绍了中国革命和中国共产党的抗日主张、战略、方针和提出建立抗日民族统一战线的政策，使国际上了解到中国共产党及其领导下的抗日军民是中国抗日战争的中流砥柱和世界反法西斯战线的重要力量。抗日战争全面爆发后，许多外国新闻记者、作家、学者，甚至美国军官，由于斯诺的影响或介绍纷纷到延安和各敌后抗日根据地访问，了解和报道中国人民的抗战。诸如白求恩、柯棣华等许多国际反法西斯战士，都是读了《红星照耀中国》后，不远万里，到中国支援抗战的。《红星照耀中国》被译成6种语言，在全世界传播。千千万万的大后方和沦陷区青年，在看了胡愈之1938年4月翻译的中文版《红星照耀中国》后，义无反顾地加入陕北，加入中国人民的抗日武装。思政课教师讲授这些内容，引发学生阐释对新闻采访报道的党史背景的深刻认识，加强其用专业语言讲好中国故事的自信心和自豪感。

中国传媒大学是以新闻传播和艺术为特色，以围绕信息传播时代所需要的能力建设为核心的学校。课程思政和思政课程是课程建设重点，思政课程与课程思政同向同行也是党史学习教育的重要形式。专业课程不仅要教给学生知识、赋予他们能力，更重要的还是价值引领。课程思政“双师课”是我们目前正在着力推进的一种类型、一种模式。播音主持艺术学院推出课程思政“双师课”，以专业课为主线打造党史专题、融入思政元素。这堂课程思政双师课的播音专业元素与党史元素融会贯通，不是简单相加、“两张皮”，而是真正意义上的有机融合。不同学科背景的教师共同赋能学生、引领学生，这对教师来讲也是一种教学观念上的提升。专业课教师以往讲授新闻采访与报道课程主要从采访报道的方法和注意事项展开，当双师思政课实践活动开展之后，专业课教师发生了明显的变化。他们可以主动选取党史经典文献、案例和人物等角度开展主动的课程思政探索，自觉在专业课程中融入党史元素，在专业教育中加强价值引领。思政课教师讲授《红星照耀中国》，主要从党史角度进行案例分析，播音主持专业的学生看似只是在学习党史知识，可现在一堂课实现了思政专业和播音主持专业的融合碰撞，学生们的获得感更强烈了，实现了专业知识和党史知识融会贯通。思政课教师与专业课的融合度更高了。双师集体备课过程中加强了学科沟通和相互理解，思政课教师可以结合专业问题讲授思政理论，加强了思政课教学的针对性。在双师融合、专业融合、教师与课程融合的多角度实践中，双师思政课实现了思政课建设目标和课程思政建设实践，同时也实现了思政课程与课程思政的协同创新发展。

### （三）双师融合虚拟演播室技术

#### 1.融合教学法激发学习兴趣

虚拟演播室教学具有直观性、形象性的特点，应用多技术融合，媒体创设情景时，出现观念具体化是加强理解课程的核心问题。双师课程在播音主持艺术学院的实验室授课，通过实况录制的形式，双师访谈和师生对话相结合，将知识传授和能力培养融为一体。在双师答疑解惑和学生播报实践中实现润物细无声的价值引导。此次“双师+融合”教学实践，连接了历史、当下与未来。播音主持艺术学院实验中心智能传媒资源库和百年播音史料精品库全程记录，把这个宝贵的影像资料留存下来，让历史告诉未来。虚拟演播室呈现关于《红星照耀中国》的封面图片和出版的版本图片等信息，明确课程的主题，凝练课程教学共识。引发师生思考斯诺为什么这样报道红色中国？通过史料分析，我们发现斯诺不仅是中国人民也是世界人民和平友好的使者。1928年，斯诺从美国来到上海，目睹了遭受列强瓜分和日本帝国主义蹂躏的中国，亲身体验了中国人民水深火热的苦难生活，从而理解、同情并支持中国革命。在虚拟演播室的访谈过程中，通过再现采访传奇的直观资料，激发了学生们探究问题的学习兴趣，从而思考新闻采访报道的中国立场，认识到讲好中国故事离不开专业素养和党史知识的有机融合。

### 2.沉浸教学提升教学感染力

双师购买了关于《红星照耀中国》的高清照片，并非常用心地拍摄了教学视频，发挥了播音主持专业优势，加强了各种课堂教学互动。师生共读《红星照耀中国》，大家读自己喜欢的片段或者印象深刻的情节，同时结合自己的感受提出问题，由双师答疑解惑。演播室里传来阵阵读书声，也传来教师的专业指导声，大家沉浸在1936年的采访专题研究中。讲述家人亲身经历的故事同样激发了大家的情感共鸣。杜宜桓同学分享，她的姥爷就曾是抗战时期的儿童团团长，埃德加·斯诺在《红星照耀中国》中对当地儿童的描写十分打动她。翁佳老师则深情介绍了埃德加·斯诺笔下“很可爱、很有趣、很英俊”的独臂将军蔡树藩，以及蔡将军的女儿——播音主持艺术学院退休教师蔡乃雅的故事。赵波老师谈到“讲好中国故事，发出中国强音”的时代使命和召唤；王青老师勉励大家，作为新时代的传媒人，“小白杨”们应朝着这个方向不懈奋斗。这个教学设计又鲜活又接地气，大家觉得历史故事就在身边，榜样就在身边，历史里蕴含的丰富知识和精神力量是可以传承的。演播室里除了双师还有教学督导，他们大部分是退休的老教授，他们在全程听课后，从专业的角度提出有针对性的建议，让学生在课程教学和课程评价环节中都能收获专家指导，形成建设双师思政课协同力量。演播室有联系校外专家的功能，双师可以在课堂教学中连线杰出校友、专家学者，通过解读师生共同关心的核心问题，组建教学共同体，让学生沉浸在各方力量多角度阐释同一话题的教学育人氛围中。大思政的育人格局也逐渐发挥了育人效果。

## 七、课程改革总结

双师思政课探索的“双师+融合”模式是一次重要的创新，引导高校形成重视思政课程和课程思政的氛围，发挥思政课程作为关键课程和思政课教师作为育人主力的作用，通过双师合作，协同发力、协同育人、向上而行，形成大思政育人的氛围，实现了思政课程和课程思政的创新升级。双师思政课是融合创新的挑战性工作，在融合过程中双师设计了三步走计划。第一步是双师交流，互相了解各自的专业领域、专业特点；第二步是集体备课，播音主持专业教师提出专业中的核心问题、收集学生的党史困惑，思政课教师从专业的角度给出答案要点；第三步是课程的具体设计，最终确定以访谈的形式开展双师课，带着问题意识关注学生的思想实际，先讲党史人物故事，再启发道理。双师访谈的教学形式实现了思政引领专业教学，专业教学渗透思政课程的双向结合、同向同行。师生们对课程思政双师课探索给予了充分肯定，对“双师访谈1+1”模式高度认可，认为这是一次成功的深度融合，具有可操作、可借鉴、可复制、可推广的实际意义。

## 拓展资料

### 播音主持艺术学院升级课程思政“双师+融合”教学模式

2021年10月21日上午，播音主持艺术学院2019级播音主持本科班的同学们在新闻播音主持（时政国际）专业小课中体验了全新的“双师+融合”教学模式。6位播音主持艺术学院新闻播音主持系的专业教师在各自的小课中分别与马克思主义学院教师赵波就“乡村振兴”主题进行了双师访谈、师生研讨、播报展示、互动点评等教学活动，将课程思政深入专业小课中。

课堂上，播音主持艺术学院李洪岩、翁佳、刘楠、成倍、廉伟、章晓杰等老师与赵波老师组成深入小课组的双师团队。他们默契配合，深入解析“乡村振兴”这一2021年中央一号文件的重大主题，围绕“农民丰收节”“农民收入”“全面小康”“同步小康”“中国方案”“制度优势”6个主题展开互动研讨式教学。同学们纷纷表示：这样的课程让自己更懂中国、更知世界、更善传播；“乡村振兴”不仅是稿件中的重点、播音中的重音，更是有温度和深度的中国故事。

为了上好这一课，马克思主义学院赵波老师来到播音主持艺术学院，与新闻播音主持教学团队集体备课，并请来CGTN特约评论员吴泽献参与备课。中国传媒大学播音主持艺术学院校友、央视《东方时空》主持人沙晨也为课程教学出谋划策，进行了前期讲座。通过把优秀校友请回来、与外交官谈起来等方式，双师团队充分准备，进行思想碰撞、团队互育，使思政精华与专业特色充分交融。

全新升级的课程思政“双师课”还将虚拟演播室技术融入播音主持专业小课，并开启师生共创新闻短视频等活动，使“乡村振兴”主题的呈现更具专业魅力。

2021年4月，新闻播音主持课程曾以“回望1936年的传奇采访”为题，推出中国传媒大学首个课程思政“双师课”。《中国教育报》2021年5月10日以《为思政教育寻找专业落点——中国传媒大学课程思政“双师课”探析》为题进行了报道。升级后的“双师+融合”模式正在努力让思政教育在专业土壤中落地生根、开花结果。

# 播音主持专业双师融合课程“乡村振兴”资料

## 1.双师关于“同步小康论”的备课资料

党的十八大以来，习近平总书记对我国民族地区的扶贫脱贫工作作出了一系列重要论断和决策，其中最重要、最核心的一条就是“全面实现小康，一个民族都不能少”[①]（简称“同步小康论”）。同步小康论是基于我国多民族国情以及民族地区多“区”汇集、是对外开放的前沿、脱贫攻坚的主战场等现实状况而提出的，其内涵丰富，具有很强的时代特征与价值意义。同步小康的实现，是新时代民族地区发展的重大历史使命，是铸牢中华民族共同体意识的重要途径，是中华各民族平等团结、美美与共的生动展现，为各族干部群众展现了美好的生活前景。

同步小康论还具有浓郁的哲学思维，主要表现在三个方面。第一，运用唯物辩证思维的科学方法推进同步小康实践。贫困民族地区不是国家发展的包袱，而是有待发掘的金矿。不能把对少数民族和民族地区的帮扶看作是单方面的“恩赐”。汉族和少数民族之间、东部和中西部地区之间互相需要，相互帮助；国家支持民族地区的发展，民族地区也为国家建设作出了重大贡献。以后随着全国性的城镇化推进，山清水秀的生态环境将成为越来越稀缺的资源。民族地区可以充分利用自身在自然地理区域分工上的特殊性，发挥天然资源的优势，扬长避短、以长补短，摆脱贫困，实现可持续性发展。第二，注重实施差别化政策，在实现同步小康中彰显国家力量。同全国人民一道奔小康是少数民族的合法权益，是实现各族人民团结平等、共同富裕的具体体现。对民族地区提供切实的帮助是国家和政府的分内之事。在计划实施过程中，国家多个部委共同打组合拳，对民族地区的脱贫发挥了很好的政策叠加效应。国家力量的介入是民族地区实现

---

① 习近平.习近平谈治国理政：第3卷［M］.北京：外文出版社，2020：66.

后发赶超、跨越式发展的有力保证。第三，强调“纵向要到底，横向要到边”，以党坚强有力的领导确保同步小康如期实现。党的集中统一领导是党和国家各项事业不断发展的“定海神针”，“共产党说到就要做到，也一定能够做到”。同步小康论体现了“全国一盘棋”的全局眼光和政治高度。同步小康论体现了我国各民族一律平等的显著制度优势。同步小康论有力促进了民族地区的脱贫工作。同步小康论是实践中华民族共同体意识的生动诠释。

### 2. 双师关于全面小康的备课资料

2021年9月28日，国务院新闻办公室发表《中国的全面小康》白皮书，并举行发布会。白皮书介绍，全面小康，重在全面。中国的全面小康体现发展的平衡性、协调性和可持续性，是物质文明、政治文明、精神文明、社会文明、生态文明协调发展的小康；是不断满足人民日益增长的多样化、多层次、多方面需求，不断促进人的全面发展的小康；是国家富强、民族振兴、人民幸福，多维度、全方位的小康。越来越多的人有“钱”有“闲”，“说走就走”成为现实，“诗与远方”触手可及，人们在旅游中领略大好河山、感悟中国之美。2019年，国内旅游总人次超过60亿，旅游总收入达到约5.7万亿元。国家的发展强大、精神文明建设的持续推进，深刻改变了中国人民的精神面貌，显著增强了中国人民的精神力量。中国全面建成小康社会，正在朝着共同富裕的目标扎实迈进，人民群众对精神文化生活有了更多的期盼和更好的要求。共同富裕既是物质上富有，也是精神上富足。我们将坚持以人民为中心的发展思想，紧紧围绕文化领域发展不平衡、不充分的问题，着力在普惠性、多样化、品质化三方面下功夫，不断提升人民的文化获得感和幸福感。

### 3. 双师关于小康梦的备课资料

千年梦想，百年奋斗，小康夙愿，一朝实现。2021年7月1日，在庆祝中国共产党成立100周年大会上，习近平总书记代表党和人民庄严宣告，

“经过全党全国各族人民持续奋斗，我们实现了第一个百年奋斗目标，在中华大地上全面建成了小康社会，历史性地解决了绝对贫困问题”[①]。历史潮流奔涌向前，千年夙愿亘古不变。“民亦劳止，汔可小康”。“小康”一词源于《诗经》，承载了中华民族几千年来对幸福美好生活的期盼。从“解决温饱”到“小康水平”，从“总体小康”到“全面小康”，从“全面建设”到“全面建成”，锚定小康目标，我们党团结带领全国各族人民接续奋斗、接力奔跑。“全面小康路上一个都不能少”，习近平总书记对14亿多中国人民许下的庄严承诺一朝实现！“小康不小康，关键看老乡”，广西作为全国脱贫攻坚的主战场，在党的正确领导下，举全区之力攻坚脱贫，最终向全区各族人民交出了一份亮丽的答卷——全区54个贫困县全部脱贫摘帽，全区106个有扶贫开发工作任务的县（市、区）的建档立卡贫困人口全部脱贫。至此，广西也实现了“脱贫路上，一个民族都不能少，一个都不能掉队”的郑重承诺！雄关漫道真如铁，而今阔步谱新篇。“小康梦”是中国梦的阶段性目标，站在“两个一百年”奋斗目标历史交汇点上，乡村振兴又指引着我们踏上新的征程。初心如磐、使命在肩，我们要深入学习贯彻好习近平总书记视察广西时的重要讲话和重要指示精神，在凝心聚力建设新时代中国特色社会主义壮美广西中，继续创造无愧于党和人民、无愧于时代的新业绩。

#### 4.双师关于中国农民丰收节的备课资料

2021年9月23日，农历秋分，这一天是第四个中国农民丰收节！今年的中国农民丰收节意义重大——今年是中国共产党成立100周年，同时也是我国脱贫攻坚取得决定性胜利，全面建成小康社会的第一年。不仅是对我国农业生产能力的一次检验，更是全面实施乡村振兴战略，加快农业农村现代化的一次新动员。党的十九大以来，经过不懈奋斗，重庆

① 习近平.在庆祝中国共产党成立100周年大会上的讲话[N].人民日报，2021-07-02(2).

农业、农村、农民面貌焕然一新，农业生产实现由量的发展向质的提升转变，农民生活实现由追求温饱到全面小康的转变，农村发展由城乡分割向城乡融合迈进。乡村的发展、家园的变化转化为农民实实在在的获得感和幸福感。

### 5.双师关于农民收入的备课资料

中国农业农村所面临的问题很多，且多数涉及深层次的改革难题，而农民收入是一个具有较多交集点的核心问题。近十年来，中国农村居民人均收入快速增长，且其增长速度超过城镇居民，并摆脱了现收入标准下的农村绝对贫困问题。但仍有一些问题需要进一步关注和重视，主要包括农村居民收入总体水平依然很低，城乡收入差额、地区收入差额、农村居民组间收入差额均不断扩大，以及农民主要收入并非来自农业等。其实，作为经济单位主体的农民的具体行为对自身增收起着主要作用，但城乡关系和农村产业环境对农民增收具有同等重要的作用。由此着眼，减少农民、扩大农场经营规模、提高土地生产率、提质增效、调优生产结构、降低生产成本当为农民增收的重要途径，而如果放眼农业外的领域来寻求增收途径，兼业经营、政府补贴、产业融合等也为重要之选择。

### 6.双师关于减贫治理的备课资料

2021年，中国取得脱贫攻坚的全面胜利，全面建成小康社会。这不但是中国发展进程中具有里程碑意义的历史节点，而且是具有深远世界历史意义的大事件，彰显了中国共产党领导和中国特色社会主义制度的显著优势，实现了人民群众物质和精神两个层面的“千年之变”，擦亮了中华大地全面建成小康社会的成色。以中国全面小康加快人类减贫进程，增强世界各国减贫脱贫信心，打造世界减贫治理的中国样本，为各国贡献中国经验和方法，助力全球减贫事业是全面建成小康社会的世界减贫意义。以中国经济持续稳定增长提振世界经济，促进世界经济包容性增长，引领新型全球化进程，注入世界经济发展的中国动力是全面建成小康社会的世界经济意义。拓宽发展中国家现代化道路选择，推动国际关系民主化进程，加快国际格局深度调整和全球治理体系变革是全面建成小康社会的世界政治意义。彰显中国特色社会主义制度优越性，扩大科学社会主义影响力和感召力，推动国际制度格局变革和21世纪世界社会主义复兴是全面建成小康社会的国际制度意蕴。中国朝着全体人民共同富裕的目标扎实迈进，将继续为维护世界和平、促进共同发展作出新贡献，不断书写推动构建人类命运共同体的新篇章。中国始终把自身发展置于人类发展的坐标系中，始终把中国人民利益同各国人民共同利益结合起来，始终做世界和平的建设者、全球发展的贡献者、国际秩序的维护者、公共产品的提供者。

2021年9月28日，国务院新闻办公室发表《中国的全面小康》白皮书，深刻阐释全面建成小康社会是迈向中华民族伟大复兴的关键一步，为构建人类命运共同体贡献了中国智慧和中国力量。世界好，中国才能更好；中国好，世界才会更好。作为全球人口最多的国家和最大的发展中国家，中国全面建成小康社会，本身就是对世界和平与发展的巨大贡献。1979年至2020年，中国国内生产总值年均增长9.2%，成为世界经济增长的重要引擎。自2006年起，中国连续15年成为世界经济增长的最大贡献国，对世界经济增长的平均贡献率超过30%。正如国际人士所指出的，全面建成小康社会等辉煌成就，标志着“中国阔步走在繁荣发展的道路上”，“世界可以从中国的发展中获益”。中国全面建成小康社会，谱写了人类反贫困历史新篇章，创造了减贫治理的中国样本，为加速世界减贫进程贡献了重要力量。贫困是困扰人类社会的一大顽疾，消除贫困是各国人民梦寐以求的共同理想。改革开放以来，按照现行贫困标准计算，中国7.7亿农村贫困人口摆脱贫困；按照世界银行标准，中国减贫人口占同期全球减贫人口70%以上，提前10年实现联合国2030年可持续发展议程减贫目标。占世界近20%人口的14亿多中国人民踏上全面建设社会主义现代化国家新征程，这是人类历史上前所未有的大变革、大事件。中国消除绝对贫困的成功实践和宝贵经验，深化了各国对减贫规律的认识，丰富发展了反贫困理论，提振了各国特别是广大发展中国家消除绝对贫困的信心。中国的发展离不开世界，世界的繁荣也需要中国。全面建成小康社会，不断释放中国的发展活力，为世界发展提供新机遇。中国全面建成小康社会得益于持续扩大对外开放，中国全方位对外开放有效促进了合作共赢。近年来，面对逆全球化思潮，中国坚定不移奉行互利共赢的开放战略，坚持发展更高层次的开放型经济，推动形成全面开放新格局。

中国持续优化营商环境，实行高水平的贸易和投资自由化、便利化政策，成为50多个国家和地区的最大贸易伙伴、120多个国家和地区的前三大贸易伙伴，在国际大循环中的地位日益突出……开放大门越开越大的中国不断为各国提供更多的市场机遇、投资机遇、增长机遇。中国全面建成小康社会，为人类走向现代化探索了新路径。中国共产党立足中国国情，把握经济社会发展规律，在中国大地上探寻适合自己的道路和方法，走出了一条中国式现代化新道路，创造了人类文明新形态。中国式现代化是人口规模巨大的现代化，是全体人民共同富裕的现代化，是物质文明和精神文明相协调的现代化，是人与自然和谐共生的现代化，是走和平发展道路的现代化。在全球仍面临严重发展困境的当下，中国的探索和实践不仅深化了广大发展中国家对国家治理、现代化建设的认识，也为世界上那些既希望加快发展又希望保持自身独立性的国家和民族提供了全新选择，对人类社会发展具有深远影响。治国之道，富民为始。中国全面建成小康社会，是对世界的伟大贡献。中国朝着全体人民共同富裕的目标扎实迈进，将继续为维护世界和平、促进共同发展作出新贡献，不断书写推动构建人类命运共同体的新篇章。

### 7. 双师关于共同富裕的备课资料

“共同富裕是社会主义的本质要求，是中国式现代化的重要特征，要坚持以人民为中心的发展思想，在高质量发展中促进共同富裕。”中共中央总书记、国家主席、中央军委主席、中央财经委员会主任习近平在中央财经委员会第十次会议上的讲话成为诸多媒体关注的重点。中国的“共同富裕”是一个发展质量方面的问题，而不是名义GDP（国内生产总值）能否快速增长的问题。有了明确的目标，有了清晰的路径，还需要实打实的落实。对于中国说到做到的能力，世界十分看好。中国将鼓励高收入人群和企业通过慈善捐赠等方式更多地回报社会。中国追求的共同富裕是呼吁更好的治理和更平衡的经济，妥善处理效率和公平关系。减少不平等，是当今世界面临的全球性问题。作为世界最大的发展中国家，中国对共同富裕的探索无疑具有世界意义。减少社会不平等和促进共同富裕正是一直以来一些西方进步人士所呼吁的。不过，这些主张将在中国得到更好的落实。

## 第二节　影视摄影与制作专业的双师慕课教学实践

慕课教学模式呈现免费、同伴互评、不受时空限制和学习体系完整等特点，越来越受到大学生的喜爱。大规模的免费在线开放课程接踵而来，数字化创新变革了人们的学习方式。如何激发大学生主动学习慕课的热情，并积极设置慕课专题加强大学生的思想引领和价值引导是双师慕课建设的初心和使命。人们对慕课的抗拒和怀疑恰恰体现了慕课对人际关系、大学教育和社会的革命性影响。虽然如此，慕课也只是人们思想观念发生变化的自然延伸而已，即对于教育工具化、知识商品化、大学的角色和功能及其开放性的新认识。[①]双师通过模块化教学，专门制定慕课思政讨论区，将思政元素融入人像摄影课程的素材选择、资源建设和课程讲授整个教学环节，激励学生用摄影专业知识讲述生动的党史故事。

## 一、教学主题

选取摄影史上的经典人像摄影作品作为分析素材，从建党时期讲到新时代疫情防控时期，再现党史学习教育脉络。通过解读经典摄影作品，讲授作品背后的党史故事与专业拍摄技巧，挖掘人像摄影课程的思政元素，呈现伟大建党精神的时代意义。双师在专业录音棚录制不同时期摄影经典中的党史慕课，探索慕课思政专题的价值引导功能。

## 二、教学知识点

（1）讲授经典人像摄影作品背后的党史故事。

（2）分析人像摄影拍摄技巧对党史解读的重要作用。

（3）阐释“摄影经典中的党史”蕴含的丰富精神力量。

## 三、学生关注点

（1）如何用人像摄影课程的专业知识讲授党史故事？

（2）如何选择党史素材作为课程的分析对象？

（3）摄影专业的学生能为思想政治教育作出什么贡献？

## 四、双师融合点

（1）将人像摄影资源融入党史学习教育。

① 吴万伟.“慕课热”的冷思考［J］.复旦教育论坛，2014，12(1)：10.

（2）用摄影专业知识助力红色经典作品解读。

（3）将思政元素如盐入水般融入人像摄影课程教学。

（4）设立慕课思政讨论区加强专业课程的价值引导功能。

## 五、授课流程

2021年4月28日下午，中国传媒大学戏剧影视学院王真副教授与马克思主义学院赵波副教授带领2019级影视摄影与制作专业学生来到中国传媒大学D5演播室，进行了人像摄影课程的学习，共同开展了“摄影经典中的党史”双师课程思政新探索。校党委副书记王达品、马克思主义学院院长刘东建、继续教育学院院长屈善孝莅临现场观看授课并进行了指导。本次“摄影经典中的党史”双师课程思政新探索是在王真老师所教授的人像摄影课程中进行的，以双师专题形式展开。王真老师与赵波老师进行了深度合作，充分挖掘人像摄影课程中的思政元素，设置了“从红船精神看我党的初心与使命”“《白求恩大夫》与红色政权”“《1942年毛泽东在延安窑洞前的报告》中的延安精神”“《开国大典》中的领袖形象”“《雷锋》摄影作品中的雷锋精神”“从劳动者的形象看改革开放”“奥运会的国家形象传播”“‘一带一路’的国家文化传播”“解码摄影作品《最美逆行者》”9个专题，将波澜壮阔的百年党史以生动形象的摄影作品形式展现出来，做到了党史学习教育与专业技术学习的有机结合，契合建党百年的时代背景，积极响应了习近平总书记开展党史学习教育的号召。此次双师课程在线下、线上同步进行。专题在线课程由继续教育学院负责录制，通过互联网联系社会、面向大众，在成人继续教育中发挥了重要作用，也推动了双师在线教育的探索。在教学过程中，赵波老师就摄影作品的时代背景、历史意义、现实价值及其蕴含的红色基因、红色精神展开了深度解读，而王真老师则就摄影作品的构图、光线、色彩等专业知识进行了详细讲解。

（来源：中国传媒大学白杨网）

图 3–3　双师和影视摄影与制作专业学生合影

## 六、双师慕课教学实践

双师带领学生来到专业录音棚录制“摄影经典中的党史”双师慕课。思政课教师首先阐释，双师课程是通过思政课教师与专业课教师融合授课，讲授人像摄影作品背后的党史故事，通过作品连点成线讲授党史发展脉络及其背后的伟大建党精神力量。专业课教师选取人像摄影经典作品中体现党史发展的典型代表作，重点通过摄影专业知识深入讲授党史故事，引导学生了解，只有深入理解党史才能拍摄出符合时代特点和引领时代发展的优秀人像摄影作品。

### （一）从红船精神看我党的初心与使命

#### 1. 思政课教师解读红船精神见证了我党的初心与使命

《红船》是一张见证历史的图片。1921 年 8 月初，中国共产党第一次全国代表大会在浙江嘉兴南湖的一条游船上胜利闭幕，庄严宣告中国共产党的诞生，这条游船因而获得了一个永载中国革命史册的名字——红船。2005年，习近平同志在《光明日报》发表文章《弘扬“红船精神” 走在时代前列》，系统阐述了“红船精神”，他将“红船精神”的内涵高度提炼为“开天辟地、敢为人先的首创精神，坚定理想、百折不挠的奋斗精神，立党为公、忠诚为民的奉献精神”[①]。红色文化是革命基因和民族复兴的精神坐标，我们在拍摄的时候，也要让红色精神往心里走，往实在里走。

#### 2. 专业课教师解读摄影作品《红船》与主题思想的关系

《红船》这一张历史图片，涵盖了一个知识点——前景。前景是摄影构图的重要因素，具有明显突前的特点。前景在画面中主要起三个作用：一是渲染主题；二是增强空间感，强化主观地位；三是均衡画面，加强装饰性。我们在构图时运用前景要掌握好尺度，不要为了单纯追求前景的效果，而忘了我们应该注意的主体形象和画面要表现的主题思想。我们讲“摄影经典中的党史”也是在研究红色资源，是今天党史学习教育的重要组成部分。

### （二）《白求恩大夫》与红色政权

#### 1. 思政课教师解读拍摄者深受红色政权影响的故事

通过摄影作品《白求恩大夫》，我们看到了白求恩大夫的形象，也让我们开始思考当时我们的红色政权和民众之间的关系。1938年吴印咸奔赴革命圣地延安。进入解放区后，他看到八路军抗日救国的英勇献身、共产党政府的英明廉洁，于是由为艺术美而摄影转变为为反映现实和表达民意而摄影。经受抗日战火的考验，其政治信念更加坚定。从抗战时期传衍至今，白求恩形象彰显出中国共产党对时代变迁的深刻体察和灵活应对。白求恩作为全面抗战之初即援助中国的国际友人，对中国的抗战贡献卓著，故他的逝世也产生了巨大反响。为表达对白求恩援华的感激之情，同时让边区人民永远铭记他的卓越贡献，中国共产党举行了形式多样的纪念活

---

① 习近平. 习近平谈治国理政：第3卷［M］. 北京：外文出版社，2020：497.

动，增进了党内团结意识，并广泛动员民众。这幅作品也见证了红色政权的国内国际形势。

#### 2. 专业课教师用专业再现红色经典的拍摄意义

这张照片是吴印咸拍摄的《白求恩大夫》。1939年10月，在八路军晋察冀军区部队的一次反“扫荡”战斗中，吴印咸随战队采访来到保定市孙家庄村，正赶上白求恩做手术。在画面当中，可看见一缕阳光从左侧方向照在白求恩大夫身上。吴印咸所选择的角度对处理照片主体非常有利，光线的巧妙运用使白求恩的形象从其他人物中凸显出来。照片有了较强的生命力和厚重的历史感。吴印咸拿起照相机便按下了快门。画面中所运用的光线为直射光，直射自然光条件下具有丰富的光线变化，给摄影师带来了很大的创作空间。白求恩大夫系着白围裙，穿着草鞋，站在简陋的“手术台”前，全神贯注抢救伤员的情景，铭刻在大众心中，使人永难忘怀。直射光照射到被摄体上会形成明显的受光面和背光面，有利于刻画被摄体的质感，增加空间纵深和透视感。也正是通过这幅作品，白求恩大夫救死扶伤的事迹得到了广泛传播，他的形象吹响了鼓舞人民进行战斗的号角。

### （三）《1942年毛泽东在延安窑洞前的报告》中的延安精神

#### 1. 专业课教师讲授作品拍摄细节体现的精神价值

在延安时期，摄影作品对发扬延安精神、鼓舞军民士气以获得抗战胜利，有着不可估量的效果。这是一幅全景人像，以表现被摄对象的全貌及其所处的环境为目的，有较明确的内容中心，包括了人物全身，同时画面能容纳相当的环境。所以，拍摄全景人像时，在构图上要特别注意人物和背景的结合，以及被摄者姿势的处理，从而使人物的形象举止与背景环境相互结合、相互映衬。在这幅作品中，毛泽东的衣着和当时的环境都体现了延安生活的场景，也细致地展示了其艰苦奋斗的精神状态。

#### 2. 思政课教师介绍作品拍摄时的场景和延安精神的作用

1942年，毛泽东在延安窑洞前给120师的干部们作报告，这是中国共产党重要的“整风运动”中的一个事件。为了记录下这历史性的时刻，著名摄影家吴印咸拍摄了这张经典照片。照片中的毛泽东站在一个小方凳前，以殷切诚挚的目光注视着广大干部，身体稍向前倾，打着富有表情的手势。虽然只拍了一个人物形象，却使人觉得广大干部就在画面之外，与主席的眼神相互交流，正在全神贯注地听报告。这张照片也是受毛泽东褒扬的一幅环境肖像作品。

正确的思想路线和强大的思想力量使得延安成为中国革命灯塔。2020年4月，习近平总书记在陕西考察时指出：“延安精神培育了一代代中国共产党人，是我们党的宝贵精神财富。要坚持不懈用延安精神教育广大党员、干部，用以滋养初心、淬炼灵魂，从中汲取信仰的力量、查找党性的差距、校准前进的方向。”[①] 这一重要论述为我们在新时代新征程中弘扬延安精神、服务党和国家工作大局指明了方向。

### （四）《开国大典》中的领袖形象

#### 1. 思政课教师引导学生认识作品融入人民的公共记忆

这是1949年10月1日摄影师侯波拍摄的影史经典《开国大典》。这张照片经常在出版物中使用，如今早已融入了中国人的公共记忆。这张照片为仰拍的中景画面，毛主席处在黄金分割线上，人物面部的前方留有较大空间。摄影师侯波为毛泽东和党中央的领导同志专职摄影达12年之久，她用镜头记录了叱咤风云的共和国伟人们，尤其是毛泽东工作和生活的点点滴滴，留下许多永恒而珍贵的历史瞬间，后被誉为“红墙摄影师”。在她为毛泽东拍摄的几千张照片中，《开国大典》成了侯波本人最钟爱的作品。从严格的摄影意义看，这张照片无论从构图还是光效，可能都不算是她的佳作，然而却是最具政治意义的一幅作品。

#### 2. 专业课教师解读摄影知识再现经典领袖形象的作用

侯波为了找到最佳角度，拍到毛主席的面部表情以及让人物形象显得

---

① 赵耀宏. 延安精神概论［M］. 北京：人民出版社，2021：277.

较为雄伟，采用了仰拍角度。仰拍人像，即相机位置低于被摄主体的水平高度，有助于表现人物高昂向上的精神面貌，表现拍摄者对人物的仰慕之情，使被摄者的形象显得较为雄伟和高大。在室外采用仰拍角度还能最大限度地把被摄体衬托在天空之中，从而使画面具有一种豪放之情。

### （五）《雷锋》摄影作品中的雷锋精神

#### 1. 专业课教师解读作品拍摄过程和摄影技巧塑造雷锋性格

这张照片是周军在《东北民兵》杂志任记者时所拍摄的。周军是在1961年冬第一次见到雷锋的。当时，沈阳军区召开学习毛主席著作积极分子会议，雷锋也来参加。于是编辑部决定邀请雷锋写一篇文章，拍摄一张雷锋的照片当封面，这个任务交给周军来完成。随后，周军将雷锋带到政治部院内，准备拍张照片。雷锋听说要拍照，立即检查军容。周军发现雷锋戴的那顶亚寒区配发的剪绒帽与创作意图不协调，好像洗过多次，还有点小，看起来不大气。编辑部李奎根急忙将自己的皮毛帽子拿来，给雷锋换上，结果比例适当，出现了预想中的效果。当时天气很冷，多次换帽子，又不能戴手套，雷锋却一直耐心地配合着，手和脸都冻红了，仍一遍遍地配合着拍摄。为了突出雷锋的形象，周军采用了适度的仰拍角度，拍下了这张永恒的照片。仰拍会让画面中的主体散发出高耸、庄严、伟大或上升的视觉效果。采用直射光拍摄人像，大光比的光效适合表现男性，使得皮肤立体、有质感，能够体现男性的气概。当时是要塑造雷锋这位东北战士坚定的阶级立场，所以拍摄时选择了反差比较大的光影，而不是很柔和的光，这样突出了立体感。

#### 2. 思政课教师阐释雷锋精神的时代价值

这幅摄影作品为1960年刊登在《民兵之友》杂志第18期封面上的雷锋肖像。摄影家周军拍摄的这张雷锋照片，是中国家喻户晓的影像。雷锋时刻执行着毛主席提倡的“为人民服务”，帮助人民，雪中送炭。雷锋精神，是以雷锋的名字命名，以雷锋的精神为基本内涵，在实践中不断丰富和发展着的革命精神。2013年3月6日，习近平总书记参加十二届全国人大一次会议辽宁代表团的审议，他强调雷锋精神的核心是信念的能量、大爱的胸怀、忘我的精神、进取的锐气，这也正是我们民族精神的最好写照。[①]雷锋精神的时代内涵，归结起来，可以表述为两个字："上"和"善"。在工作上"向上"，发扬忠于职守的敬业精神。在学习上"向上"，发扬刻苦钻研的"钉子"精神。在生活上"向上"，发扬艰苦奋斗的创业精神。雷锋精神体现了一种"向善"的价值追求。在理想信念上"向善"，发扬匹夫有责的爱国精神。在价值取向上"向善"，发扬大爱无疆的奉献精神。在人际关系上"向善"，发扬助人为乐的合作精神。

### （六）从劳动者的形象看改革开放

#### 1.思政课教师通过作品的背景致敬劳动者

《全民英语》拍摄于1979年1月，当时济南市第二十三中学的英语教师范际美通过学校的闭路电视设备给7个班的学生上英语课。作品记录历史，我们从作品中感知到普通劳动者的形象。致敬劳动者，就是向人民致敬，因为只有人民才是创造世界历史的动力。江山就是人民，人民就是江山。为人民写真、为历史存照、为时代讴歌，是摄影艺术的生命所在。这幅作品表现了改革开放初期的"英语热"，表达了民众认识世界和国际交往的需要，也看到了当时教育的改革和变化，带我们回到那个时代感知民众的变化。当前，国内外有些舆论质疑和曲解中国改革开放的性质和方向，提出改革开放是"国家资本主义"等说法，这是完全错误、不符合事实的。中国实行改革开放，绝非历史的"偶然"，而是中国人民"穷则思变"的伟大觉醒，是中国人民在党的领导下摆脱贫困、走向富裕的主动变革。

#### 2.专业课教师解读摄影作品记录历史的重要功能

《全民英语》这幅作品运用了中景，拍摄了英语教师授课时的画面。

① 中共中央文献研究室.习近平关于实现中华民族伟大复兴的中国梦论述摘编［M］.北京：中央文献出版社，2013：34.

中景强调场景与人物的关系、人物与人物之间的关系，虽然艺术表现冲击力可能不如特写人像，但更具生活气息，更贴近人眼平常的视角。这类照片，画面中一般截取人物上半身，或者截取人物膝盖以上的部分，主要表现人物上半身的姿态与动作，但同时也会考虑环境。构图的着重点更多地放在人物半身形体关系、情绪交流、人与人交流的关系上，能让观者通过图片了解到正在进行的事件。摄影作品就是这样记录了历史。通过图片，我们感受到劳动是伟大的、光荣的、神圣的。图中，英语教师与黑板上的文字具有点明主题的作用，人物主体融入环境之中，从而形成了趣味性的记录效果。把镜头对准劳动者，以高度的责任心和使命感，为时代存照，为人民抒怀，体现出劳动者题材作品恒久的生命力，以及图片所具有的深刻内涵和时代意义。

### （七）奥运会的国家形象传播

#### 1. 专业课教师解读作品的跨文化传播功能

这张图片记录的是2008年8月8日晚举行的北京奥运会开幕式上，在点火环节，由“体操王子”李宁以“空中飞人”的方式点燃了设在国家体育场的北京奥运会主火炬台的情景。这是视觉文化的表达，是通过影像媒介传播信息的新传播形态。在全球化的语境下，视觉文化开始具有了跨文化传播的特征。这张照片中的图像、色彩、人物都传达着中国的国家形象。这是一幅全景人像，摄影师使用长焦镜头拍摄。除了空间压缩，长焦镜头还具有很强的背景虚化能力，这也使得它特别适合户外人像的拍摄。长焦镜头的透视变形小，即便是人物距离镜头很近，已经靠近了画面边缘，也不容易出现面部的变形。摄影者采用对称构图，这种构图方式的最大优点就在于主体突出、明确，而且画面容易取得左右平衡的效果。由于人物的服装和背景色调偏暖，画面为暖调构成作品。

#### 2. 思政课教师阐释奥运会凝聚民族认同感的作用

2008年北京奥运会不仅是一场辉煌的体育赛事，还是凝聚民族认同感的盛会。通过图片和视频方式建构记忆，使特定的记忆主题在直观生动的图像中被唤醒，使集体记忆更加形象化。2008年北京奥运会推动中西方体育文化的交流，这一点正如中国申奥时的一个重要口号“在十几亿人口的东方文明古国，宣传奥林匹克精神”。奥运会强调了人文文化与科学文化相融合，顺应了“以人为本，构建和谐社会”的社会发展趋势，是对人与体育的关系最有力的诠释。

### （八）“一带一路”的国家文化传播

#### 1.专业课教师解读摄影知识呈现文化纽带的效果

古代丝绸之路不仅是经济贸易之路，更是连接亚欧大陆的文化纽带，滋养了各国文明与发展。2017年5月14日，“一带一路”国际合作高峰论坛高级别会议在北京国家会议中心举行了6场平行主题会议。这张图片拍摄于“推进贸易畅通”平行主题会议会场。图片作为视觉符号选择能够凝结种族、国别、超越个体性的原型符号群弥合国别差异，以“人”为主题，体现爱、友善、和平、正义、无私、发展等全人类共同追求。我们可以看到这是一幅拍摄会议现场的照片，摄影师王建华采用了鱼眼镜头拍摄会议。在摄影镜头中，鱼眼镜头的视角为180°—220°，拍摄范围极大，能使景物的透视感得到极大的夸张。鱼眼镜头一般用来拍摄广阔的风景或用于室内拍摄，对于近距离拍摄大范围景物非常有用，并且容易得到视觉冲击力强烈的画面。要注意的是，使用鱼眼镜头拍摄的画面，使景物畸变十分严重，让整个画面成圆形视觉效果。

#### 2.思政课教师带领学生领悟人类命运共同体理念

“一带一路”沿线国家在漫长的历史长河中，创造了精美的建筑杰作和灿烂的文明成果。历史地把握个性与共性的关系，是理解个人与社会关系的关键，也是理解人类命运共同体的重要方法。人类命运共同体思想超越对立思维，坚持个体与共同体的辩证统一，坚持发展自己的同时让世界共享发展，为世界未来走向指明了发展方向。人类命运共同体所蕴含的利益，就是一种融个体利益与共同利益于一体的共赢理念。实现中国与相关国家的共同发展、联动发展，进而推动世界实现开放发展、合作发展。

### （九）解码摄影作品《最美逆行者》

#### 1.思政课教师引导学生从作品看抗疫精神

这是摄影作品《最美逆行者》。面对突如其来的新冠肺炎疫情，在党中央坚强领导下，14亿中国人同舟共济、守望相助，每个人都用不同的方式，共同战疫。大家用自己的实际行动，展现了中国力量、中国精神，也彰显了我们国家的制度优势、治理能力。战疫一线，记者是逆行者，他们用手中的笔和镜头，记录真相，传递信心。南都特派武汉报道组数名记者，扎根前线，他们作品中呈现出了鲜为人知的幕后故事。在摄影过程中，摄影师对于故事及人物的凝视，能够唤起观者强烈的情感甚至抚慰其心理。这些图片所描绘的是真实的存在，摄影师肩负着巨大的使命和责任。法国哲学家萨特关于“看与见证”曾有一个著名的论断，他强调“见证”，认为被见证的东西才是存在的。这些图片可以帮助我们见证与铭记。作品中那一条条“疫痕”是这些抗疫英雄为国家和人民奉献的见证。2020年9月8日，在全国抗击新冠肺炎疫情表彰大会上，党和国家向作出杰出贡献的功勋模范人物颁授了共和国勋章和国家荣誉称号奖章，表彰了抗疫先进个人和先进集体，弘扬了伟大抗疫精神。现阶段，聚焦中国抗疫实践，在跨文化语境下讲好中国抗疫故事是讲好中国故事的重要组成部分。

#### 2.专业课教师阐释运用专业技术致敬抗疫榜样

图片中是钟锐钧拍摄的暨南大学第一附属医院护师曾冬玉，她在采访中谈道：“即使是额头被压出痕，脸上针扎一样难受，但是我们依然要坚持下去。脱下衣服的时候，有种如释重负的感觉。嗯，我又战胜了我自己！”我们可以看到摄影师以平拍的视角去拍摄，不煽情不炫技，传递了“同心同德、共克时艰”的抗疫精神。图片中坚毅的目光、晶莹的汗水、泛红的勒痕都深深地打动了受众。在进行人像摄影专题组照时，要从若干个不同侧面、不同视点对一个主题思想进行多方位的、立体的记录和展示。近景画面容易给观众留下具体而深刻的印象，可以拉近被摄人物与受众之间的距离，容易产生交流感。近景可以表现被摄对象更多的细节，从而达到通过对人物细节的刻画，表现人物性格特点的目的。在这幅照片中，我们看到了医务人员顽强拼搏、积极乐观的生活态度。摄影师拍摄的这组照片，吸引民众去观看并理解和感悟。在抗疫过程中，最美逆行者就是我们身边的榜样。疫痕铭刻战役记忆，重振中华民族精神。这些图片表达了对为全球命运共同体之福祉、为人类健康作出贡献的人们的敬意。图片展现的人物事迹之精神气质、智慧勇气和悲悯大爱，正是抗疫英雄的榜样教育意义。这种讲述抗疫故事的方式，潜移默化地弘扬了伟大的抗疫精神。

## 七、课程改革总结

本次双师课程将人像摄影课程与党史学习教育相结合，在丰富党史学习教育载体、创新党史学习教育形式的同时，也为摄影专业技术学习注入了精神内核，增强了红色根脉力量。此次双师课程坚持理论教育和实践活动有机结合，助力了影视摄影与制作专业作为国家一流本科专业建设的发展与完善，增强了知识传授与价值引领的有机融合，更好地实现了润物细无声的育人效果。此次探索也深化了各学院的交流与联系，进一步整合了学校资源，促进了“大文科”建设。思政双师课程的引入及建设，有利于提升艺术类专业教师的思想理论水平，以便在未来教学中将思政教育融入专业课程教学中去，润物细无声地开展党史教育、中国传统文化教育，引导学生树立正确价值观。中国传媒大学戏剧影视学院副院长张宗伟表示，“摄影经典中的党史”双师课程思政新探索有助于提升学生的艺术价值观，从而创造出更有思想、更有水平的影视作品，也为培养出更多具有爱国情怀、责任担当，“上手快、筋骨壮、后劲足”的影视人才打下坚实基础。课程结束后，学生们都表示这是一次别开生面的专业课，令人受益匪浅。

刘与白同学认为，双师课程让她看到了课堂内可以发生的无限可能，让她深切感受到了党史深厚的底蕴与影像技术的魅力。付嘉悦同学表示，这节课将党史、新中国史与摄影专业结合起来，使她更深刻地感受到影像记录在历史当中的重要性。

## 拓展资料

### “摄影经典中的党史”线上课程思政专题安排

（1）摄影器材及其使用与新发展理念。习近平总书记强调，新发展理念是一个系统的理论体系，回答了关于发展的目的、动力、方式、路径等一系列理论和实践问题，阐明了我们党关于发展的政治立场、价值导向、发展模式、发展道路等重大政治问题。[①]新发展理念就科学内涵而言，并不是单一的理念，而是由一系列不同的发展理念构成的统一整体，其中创新发展、协调发展、绿色发展、开放发展、共享发展是新发展理念的重要组成部分。创新发展注重的是发展动力，协调发展注重的是发展平衡，绿色发展注重的是人与自然和谐，开放发展注重的是发展内外联动，共享发展注重的是社会公平正义。

新发展理念是一个内在联系、不可分割的整体。进入新发展阶段，必须发挥新发展理念的战略引领作用，坚持以人民为中心的发展思想，坚持在发展中保障和改善民生，自觉主动解决地区差距、城乡差距、收入差距等问题，促进社会公平正义，使发展成果更多、更公平，惠及全体人民。学习人像摄影课程后，请同学们用手机上的照相机记录新发展理念的实际发展成果，捕捉创新、协调、绿色、开放、共享发展的美好瞬间。

（2）用光造型与共同富裕理论。党的十九届五中全会强调“扎实推动

① 本书编写组.中华人民共和国简史［M］.北京：人民出版社，2021：445.

共同富裕”，在描绘2035年基本实现社会主义现代化远景目标时，明确提出“全体人民共同富裕取得更为明显的实质性进展”。共同富裕是社会主义的本质要求，是人民群众的共同期盼。我们推动经济社会发展，归根结底是要实现全体人民共同富裕。

共同富裕不仅是经济问题，还是人民的精神风貌。学习人像摄影课程后，请同学们用手机上的照相机记录人民共同富裕取得的实质性进展，捕捉人民群众获得感、幸福感、安全感的美好瞬间。

（3）构图技巧与精神之“钙”。习近平总书记在十八届中共中央政治局第一次集体学习时的讲话指出，“理想信念就是共产党人精神上的‘钙’，没有理想信念，理想信念不坚定，精神上就会‘缺钙’，就会得‘软骨病’”[①]。

浪漫人生，唯有急流勇进、奋力拼搏，方能中流击水，抵达理想的彼岸。学习了人像摄影课程，请同学们用摄影知识记录那些为了理想信念在实践中努力生活的人们，深刻理解将个人事业融入国家和民族伟大事业，在为祖国和人民真诚奉献中才能更加绚丽多彩的道理。

（4）摆姿技巧与树立正确党史观。2021年2月20日，在党史学习教育动员大会上，习近平总书记首次公开提出“树立正确党史观”的重要论述，为学习党史提供了认识论和方法论的根本遵循。一段时间以来，一些人试图歪曲历史、割裂源流，否定党史的主流和本质。此次动员讲话中，习近平强调：“要旗帜鲜明反对历史虚无主义，加强思想引导和理论辨析，更好正本清源、固本培元。”[②]学好党史，必须树立正确的历史观，要旗帜鲜明反对历史虚无主义。

2021年是中国共产党建党100周年。党中央作出了在全党开展党史学

---

① 习近平.习近平谈治国理政：第1卷［M］.2版.北京：外文出版社，2018：15.

② 习近平在党史学习教育动员大会上强调　学党史悟思想办实事开新局　以优异成绩迎接建党一百周年［N］.人民日报，2021-02-21(1).

习教育的重大决策。历史是最好的教科书，学习了人像摄影课程，理解党史学习的重要性后，请同学们用摄影知识拍摄关于党史学习的照片，深刻理解，继往开来，方能在抵达新的历史方位之际，更好地实现新时代党的历史使命。

（5）色彩、影调的运用与脱贫攻坚战全面胜利。习近平总书记指出：“贫困是人类社会的顽疾。反贫困始终是古今中外治国安邦的一件大事。”[①]党的十八大以来，以习近平同志为核心的党中央，把脱贫攻坚摆在治国理政的突出位置，团结带领全党全国各族人民打响了人类历史上规模最大、力度最强、惠及人口最多的脱贫攻坚战。经过8年持续奋斗，如期完成了新时代脱贫攻坚目标任务，脱贫地区处处呈现山乡巨变、山河锦绣的时代画卷！

脱贫攻坚战全面胜利彰显了真理伟力、制度伟力、政治伟力。学习了人像摄影课程，请同学们用摄影知识记录那些各行各业积极参与脱贫攻坚战的宝贵瞬间，深刻理解正是依靠中国特色社会主义制度优势，脱贫攻坚才形成强大合力，持续高效精准向前推进，创造了人类减贫史上的伟大奇迹。

（6）“奉献、友爱、互助、进步”是志愿服务精神的内涵。学子们要上好2022年北京冬奥会这堂“冰雪上的思政课”，积极践行“请党放心，强国有我”的铮铮誓言，为新时代注入青春之火，彰显青年担当。

志愿精神的火焰永不熄灭，学习人像摄影课程后，请同学们用所学的摄影知识捕捉志愿服务精神的生动写照（也可以就一张2022年北京冬奥会志愿者的照片做评述），用实际行动诠释志愿精神的实质内涵，成为2022年北京冬奥会最温暖的雪花。

（7）2022年3月5日，第十三届全国人民代表大会第五次会议在人民大会堂开幕。国务院总理李克强向大会作政府工作报告，在谈到2022年政

---

① 习近平.在全国脱贫攻坚总结表彰大会上的讲话（2021年2月25日）[N].人民日报，2021-02-26(2).

府工作任务时指出，要继续做好义务教育阶段减负工作。[①]

“双减”也是今年两会代表委员关注度极高的话题。推进“双减”工作的实质是回归学校的育人本位，回归学生的全面发展。学习了人像摄影课程，请同学们用摄影知识记录“双减”政策下教师、家长或学生的变化，客观评析政策带来的系列影响，理解义务教育阶段的发展方向。

（8）为持续深化巩固“党史学习教育”成果，重温党的峥嵘岁月。全国各地都开展了丰富多彩的“党史学习教育”主题活动，学习党的百年奋斗历史和重大成就，树立正确的党史观。

体验建党百年的光辉历程，接受革命传统教育，学习革命前辈坚定的政治信仰、勇往直前的革命豪情，接受革命传统教育的洗礼和心灵净化，传承红色文化，培育爱国主义精神。学习了人像摄影课程，请同学们用摄影知识记录党史学习教育活动，结合所感所想进一步领略革命先辈们探索革命道路时筚路蓝缕、艰辛奋斗的情景，不忘初心、牢记使命，努力以红色精神激荡起新时代的强大信心和强劲动力。

（9）元宇宙是一个平行于现实世界又独立于现实世界的虚拟空间，是映射现实世界的在线虚拟世界，是越来越真实的数字虚拟世界。人们利用脑机接口、VR等科学技术，进入沉浸式体验的数据世界，切换另一种身份，体验第二种生活。

元宇宙落地相关的包括人机交互、3D电子游戏、人工智能、区块链、物理网络搭建、网络内容分发等6个主要技术方向。学习了人像摄影课程，请同学们用摄影知识记录元宇宙发展现状，思考元宇宙引发的问题。我们在展望美好未来的同时，更应警醒技术进步带来的新问题。

（10）短视频是指在各种新媒体平台上播放的、适合在移动状态和短时休闲状态下观看的、高频推送的视频内容，几秒到几分钟不等。内容融合了技能分享、幽默搞怪、时尚潮流、社会热点、街头采访、公益教育、

---

① 李克强.政府工作报告：2022年3月5日在第十三届全国人民代表大会第五次会议上［M］.北京：人民出版社，2022：32.

广告创意、商业定制等主题。由于内容较短，可以单独成片，也可以成为系列栏目。

要营造优质内容生态，平台还应以用户思维做精管理、做精引导。责任应由多方承担，对其治理也应多方合力。学习了人像摄影课程，请同学们用摄影知识记录短视频平台的发展变化，用实际行动担负起维护网络空间的社会责任，共同营造风清气正的网络空间。

（11）中共中央总书记、国家主席、中央军委主席习近平2022年3月5日下午在参加他所在的十三届全国人大五次会议内蒙古代表团审议时强调，民族团结是我国各族人民的生命线，中华民族共同体意识是民族团结之本。①

要紧紧抓住铸牢中华民族共同体意识这条主线，深化民族团结进步教育，引导各族群众牢固树立休戚与共、荣辱与共、生死与共、命运与共的共同体理念，不断巩固中华民族共同体思想基础，促进各民族在中华民族大家庭中像石榴籽一样紧紧抱在一起。学习了人像摄影课程，请同学们用摄影知识记录全国各族人民共同建设伟大祖国、共同创造美好生活的美好瞬间，以实际行动迎接党的二十大胜利召开。

# “摄影经典中的党史”双师专题课后习题

## 专题一：“从红船精神看我党的初心与使命”单元测试题

### 一、多选题

“红船精神”的内涵高度提炼为（    ）。

A. 开天辟地、敢为人先的首创精神

① 习近平. 习近平在参加内蒙古代表团审议时强调　不断巩固中华民族共同体思想基础　共同建设伟大祖国　共同创造美好生活［N］. 人民日报，2022-03-06（1）.

B.坚定理想、百折不挠的奋斗精神

C.立党为公、忠诚为民的奉献精神

D.勤俭节约、忠于革命的开拓精神

答案：ABC

## 二、判断题

1.《红船》是一张见证历史的图片，反映了当时的开会情景，摄影师运用前景表现透视。

答案：正确

2.“摄影经典中的党史”也是在研究红色资源，是今天党史学习教育的重要组成部分。

答案：正确

# 专题二：“《白求恩大夫》与红色政权”单元测试题

## 一、单选题

摄影作品《白求恩大夫》的作者是（　）。

A.袁牧之　　B.吴印咸　　C.侯波　　D.徐肖冰

答案：B

## 二、判断题

1.《白求恩大夫》形象地表述了中华民族那场艰苦卓绝的反法西斯战争的时代景象和历史氛围，同时也为诠释白求恩的高贵人格发挥了注解作用。

答案：正确

2.《妇女独立师》是一张远景人像。

答案：错误

# 专题三：“《1942年毛泽东在延安窑洞前的报告》中的延安精神”单元测试题

## 一、单选题

1942年5月2日，延安文艺座谈会第一次会议召开，中共中央宣传部部长凯丰主持会议，毛泽东在会上发表了讲话，他指出：“今天邀集大家来开座谈会，目的是要和大家交换意见，研究文艺工作和一般革命工作的关系，求得（　）文艺的正确发展。”①

A.革命　B.人民　C.社会　D.时代

答案：A

## 二、判断题

1.如果合影人数较多，站成几排，我们需要缩小光圈，以获得大景深，并对焦最中间的一排。拍摄团体照时，一般选择平均测光模式就能达到不错的效果，但有时我们需要根据现场状况调整曝光补偿。

答案：正确

2.《1942年毛泽东在延安窑洞前的报告》是受毛泽东褒扬的一幅环境肖像作品，记录了毛泽东给120师的干部讲话的瞬间。除了对人物外形特点的细致表现，摄影师拍摄了毛泽东讲话时的手势，精确地反映出领袖的睿智、清晰和有条理的思维模式，可谓是一张典型的成功记录了领袖风采的照片。毛主席前倾的身形在画面中显得生动、潇洒，又充满均衡的庄重感。

答案：正确

① 毛泽东选集：第3卷[M].2版.北京：人民出版社，1991：847.

## 专题四：“《开国大典》中的领袖形象”单元测试题

### 一、单选题

《开国大典》摄影作品的作者是（　）。

A.袁牧之　B.吴印咸　C.侯波　D.徐肖

答案：C

### 二、判断题

1.毛泽东视察黄河时在邙山留影。这是一幅全景人像，摄影者拍摄了毛主席的侧面。从这个角度拍摄，其最大的特点就是能够使人物主体的侧面轮廓得到最大限度的体现，尤其是额头、鼻子、嘴、下巴的侧面轮廓。侧面人像主要用来表现人物侧面轮廓形象的健美或秀美。此外，摄影者采用二分法构图，这种构图形式能够在视觉上带给人愉悦和生动的感受，避免主体居中而产生的呆板感。

答案：错误

2.《开国大典》所延展开来的广阔空间实际上还涉及新中国成立初期一整套的围绕国家形象的视觉设计。

答案：正确

## 专题五：“《雷锋》摄影作品中的雷锋精神”单元测试题

### 一、单选题

1960年，刊登在《民兵之友》杂志第18期封面上的雷锋肖像是（　）拍摄的，是中国家喻户晓的影像，是1998年入选国际权威艺术摄影组织“GAPA”评选的、全球20世纪最有影响的百幅图片中的重要影像。

A.侯波　B.吴印咸　C.周军　D.张峻

答案：C

## 二、判断题

1.《雷锋在保养和维修汽车》这幅照片是在晴天拍摄的外景人像，大光圈虚化背景，让人物在画面中更加突出。

答案：正确

2. 雷锋精神是新中国成立以来无时无刻不熏陶鼓舞中国人祖祖辈辈的做人法则，深入贯彻了以爱国主义为核心的团结统一、爱好和平、勤劳勇敢、自强不息的伟大民族精神，中国梦的实现，需要雷锋精神才能在两个百年之际怦然落地。

答案：正确

# 专题六：“从劳动者的形象看改革开放”单元测试题

## 一、单选题

《全民英语》是一幅（　）人像。由于人物在景别中处在一个半身出镜的状态，人物手部的动作会显得更加重要。在图中英语教师与黑板上的文字具有点明主题的作用，人物主体融入环境之中，从而形成了趣味性的记录效果。

A. 远景　　B. 中景　　C. 近景　　D. 全景

答案：B

## 二、判断题

1. 中国实行改革开放，绝非历史的“偶然”，而是中国人民“穷则思变”的伟大觉醒，是中国人民摆脱贫困、走向富裕的主动变革。

答案：错误

2.《自行车王国》虽然捕捉的都是普通人的生活瞬间和常见的社会面

貌，但在摄影师的镜头中显得那么意味深长。这幅照片以俯拍的角度使人物的姿态得到展现。这样的拍摄角度，可以得到视野的扩展和丰富的信息量。

答案：正确

## 专题七：“奥运会的国家形象传播”单元测试题

### 一、单选题

2008年8月8日晚举行的北京奥运会开幕式上，在点火环节，由“体操王子”李宁以“空中飞人”的方式点燃了设在国家体育场“鸟巢”的北京奥运会主火炬台。这是一幅全景人像，摄影师使用（　）镜头拍摄。

A.广角镜头　　B.长焦镜头　　C.中焦镜头　　D.变焦镜头

答案：B

### 二、判断题

1.在拍摄体育人像作品时，可以创意运用对角线构图，以打破中规中矩的构图，体现出立体感、延伸感、运动感和时尚感。

答案：正确

2. 2008年北京奥运会不仅是一场辉煌的体育赛事，还是凝聚民族认同感的盛会。2008年北京奥运会对于中国人的意义，早就超越了奥运会本身，而是成为一个民族的符号，形成了这一代人的集体记忆。

答案：正确

## 专题八：“‘一带一路’的国家文化传播”单元测试题

### 一、单选题

2017年5月14日，“一带一路”国际合作高峰论坛高级别会议在北京国家会议中心举行了6场平行主题会议。这是一幅在“推进贸易畅通”平行主题会议会场拍摄的会议现场照片。摄影师采用了（　）镜头拍摄会议。

A.超广角　B.鱼眼　C.远景　D.中景

答案：B

## 二、判断题

1. 2017年5月15日，“一带一路”国际合作高峰论坛在北京雁栖湖国际会议中心举行圆桌峰会，国家主席习近平主持会议并致辞。这是在“一带一路”国际合作高峰论坛拍摄的照片。摄影者在拍摄这幅画面时，选择了广角镜头。

答案：正确

2.《陇上皮影》的摄影师不仅拍摄了在白色幕布后面操作皮影道具的艺人，而且还拍摄了幕布前的观众在观看皮影演出时的画面。人物的受光完全来自钨丝灯，钨丝灯所发出的光色温较低，表现为暖色调。这种光线下，可以勾勒出人物的面庞，如轮廓、线条，形成油画般的色彩和质感。

答案：正确

# 专题九：“解码摄影作品《最美逆行者》”单元测试题

## 一、单选题

作为南方都市报摄影记者，（　）在采访中谈道：“在武汉，我每天都往返在医院和医疗队所住的酒店之间，肖像拍摄之余在体力允许的情况下，我都争取能够多进几次病房，因为汉口医院是这次武汉疫情的最核心区域之一。”

A.钟锐钧　B.曾冬玉　C.李利　D.吴掌明

答案：A

## 二、判断题

1.面对突如其来的新冠肺炎疫情，在习近平总书记、党中央坚强领导下，14亿中国人同舟共济、守望相助，每个人都用不同的方式，共同战疫。大家用自己的实际行动，展现了中国力量、中国精神，也彰显了我们国家的制度优势、治理能力。

答案：正确

2.摄影师以中景的景别拍摄人像。中景可以表现被摄对象更多的细节，从而达到通过对人物细节的刻画表现人物性格特点的目的。用光源不同的照明方向来拍摄近景人像时，会带来不同的画面视觉效果。

答案：错误

3.《最美逆行者》在进行人像摄影专题组照时，从不同角度、不同侧面去表现一个主题思想。单幅照片往往只能表现事物的某个瞬间，而组照可以通过具有一定结构方式和内在逻辑联系的多幅照片来阐明一个主题。它能从若干个不同侧面、不同视点来对一个主题思想进行多方位的、立体的记录和展示。

答案：正确

# 第三节 通信工程专业的双师博物馆教学实践

博物馆是国民教育的特殊资源和阵地，而教育活动则是博物馆发挥教育这一首要功能的主要手段。博物馆教育活动是指围绕和配合展览、研究和藏品而开展的一切教育活动，这些活动的开展不应局限于展览本身，而是理应举办一系列延伸教育和拓展服务。[①]通信工程专业是中国传媒大学建校以来

① 郑奕.博物馆教育活动研究［M］.上海：复旦大学出版社，2015：4.

就成立的专业，在传媒大学博物馆里有丰富的文物和史料可以见证该专业的发展和时代的发展之间的关系。双师来到传媒博物馆，运用沉浸式的教学法，充分实现双师互动和师生互动，实现生动形象的博物馆资源和专业知识、思政理论的深度融合，是中国传媒大学思政教育的创新探索。沉浸式的教学法通过场景再现、情景模拟等方式引导学生立足传媒特色，讲好通信人的爱国故事和强国梦想。这是中国传媒大学第一次尝试将双师课程思政教学课堂开进传媒博物馆，在党史学习教育深入开展的当下，这堂沉浸体验式的双师课程思政教学意义重大。这也是我校在推动党史学习教育走进专业课程，深挖校史馆、传媒博物馆中的红色育人资源，打造立体生动、身临其境的红色课堂，讲好党的百年故事，发挥党史校史育人作用方面作出的一次有益探索。

## 一、教学主题

从延安新华广播电台的播报历史说起，引导学生认识通信工程专业在“四史”发展中的重要作用。从专业出发，运用生动的历史故事，深入浅出地讲授延安精神的时代意义。激励学生善用专业技能为国家和人民作贡献，在理论与实践结合的过程中领悟党史学习的重要作用。

（来源：中国传媒大学白杨网）

图 3–4　双师授课情况

## 二、教学知识点

（1）结合博物馆资源讲授广播电视技术发展史。

（2）结合春晚发展的通信技术力量来讲授国家形象传播。

（3）从广播电视发展史讲授改革开放的伟大成就。

## 三、学生关注点

（1）通信工程专业与党史学习有什么关系？

（2）通信技术的发展如何与国家发展同向同行？

（3）国家形象传播和网络强国与通信人有什么关系？

## 四、双师融合点

（1）广播电视发展的历程离不开党领导下的改革创新精神。

（2）通信技术发展离不开学生的努力学习。

（3）网络强国的实现离不开每位通信人的客观认识和不懈努力。

（4）引导学生将党史与校史结合起来，激发学生将爱校荣校的情感转化为学习动力。

## 五、授课流程

2021年4月2日上午，信息与通信工程学院李彬副教授和马克思主义学院赵波副教授在我校传媒博物馆为2018级通信工程（无线多媒体广播技术方向）专业30名同学联合讲授广播电视网络技术专业课，通过带领大家参观博物馆里的展览，给予学生身临其境的课堂体验，让课堂上的党史学习教育做到“润物细无声”，让党史知识真正入脑入心。

本次课程由信息与通信工程学院和马克思主义学院联合完成，针对中国广播电视网络技术的发展史，结合传媒博物馆的展览陈列内容，进行博物馆课程思政双师教学实践。在课程筹备阶段，教师们经过三次集体备课、两次现场备课，充分考虑了教学对象的实际学情及信息与通信工程的学科特点，最终决定在传媒博物馆进行广播电视网络技术课程的双师教学。考虑到教学效果和场地要求，课程分成两场进行教学，每场一个学时。学生前期已完成第一章“广播电视网络的发展”和其他专业基础课的学习，对广播电视网络基础架构比较明晰，具备一定的知识基础。博物馆教学有助于他们深刻理解博物馆的展陈内容，将所学内容梳理为系统的知识架构。同时，广播电视技术的发展历史，本身就蕴含了丰富的红色基因、红色资源，与校史馆、传媒博物馆现场教学相融合，开展思政教育和党史学习，既生动又形象。通过双师课程思政的协同育人实践，进行大学生使命感、责任感教育，实现价值性和知识性相统一，让思政教育更有内容，让专业教育更有方向。

（来源：中国传媒大学白杨网）

图 3–5　双师授课情况

## 六、双师博物馆教学实践

两位教师带领同学们走进传媒博物馆，通过传媒博物馆的广播馆、电视馆、传输馆的展览陈列内容，追寻传媒人的历史足迹，见证传媒发展的历程。知行合一的实践教学，帮助同学们更好地理解传媒人的初心与使命。

### （一）通过延安新华广播电台的故事讲授延安精神

走进广播1厅和广播2厅，见证延安新华广播电台的诞生和壮大，了解广播对重大事件的直播报道。1940年12月30日，延安新华广播电台从陕西王皮湾村的窑洞里向世界发出第一次呼号："铛……铛……铛……刚才最后一响是上海时间19点整，延安新华广播电台XNCR现在开始播音，请记住，我们的频率是波长61米，周率4940千周……"1947年3月中旬至1948年5月下旬，延安新华广播电台曾有过三次大的转移。尽管跋山涉水、条件艰苦，但三次战斗转移中，新华广播电台的播音一天也没有中断，为瓦解国民党军队，夺取全国最后胜利作出了重要贡献。

李彬老师从技术角度讲解了延安新华广播电台首次播音的细节，以及广播在可靠性方面具备的不可比拟的优势，引发学生将专业学习和党史结合起来，强化学生学习服务国家的使命感和责任感；赵波老师讲到延安新华广播电台的重要历史意义和现实价值，引导同学们在专业学习中感悟和践行自力更生、艰苦奋斗的延安精神，感受传媒人的初心与使命。延安新华广播电台的故事见证了通信人所体现出的延安精神，这是一种革命精神。2021年9月，党中央批准了中央宣传部梳理的第一批纳入中国共产党人精神谱系的伟大精神，延安精神被纳入。在新时代，我们更要思考延安精神的现实意义。延安新华广播电台为全国胜利作出了卓越贡献，其关键在于坚持正确的政治方向，这是延安精神的灵魂。如今我们坚持"两个维护"就是新时代延安精神的体现。延安作为中国革命的圣地，是孕育延安精神的摇篮，是当代共产党人的精神家园。

### （二）结合电视技术发展讲授媒介素养问题

走进电视1厅和电视3厅，重温中国电视事业的初创，回顾1983年第一届春晚。两位教师带同学们参观了被誉为“华夏第一屏”的北京牌黑白电视机，分别从技术和思政的层面讲解了基础电路的技术演进、媒介素养问题。在观看1983年第一届春晚时，李彬老师谈到春晚是我国技术的风向标，2021年的总台春晚实现了“5G+4K/8K+AI”技术的综合呈现，引导学生思考新技术在春晚舞台应用中产生的传播效果。

赵波老师从春晚是国家形象建构的过程、春晚的政治传播功能、技术春晚的影响力三个方面带大家感受了广播电视技术对国家发展的重要作用。国家形象是一种复杂的综合性表达，央视春晚不同主题的节目关照不同受众群体的需要恰恰也是综合性表达，多角度建构国家形象。春晚弘扬中华优秀传统文化的同时，也展示了新时代的面貌，倡导了社会主义道德风尚，具有一定的政治传播功能。我们从春晚节目感受到了家和国融为一体的理念、欢乐的节日氛围与国家繁荣融为一体的现实，以及人民的社会生活与生活观念融为一体的特征。春晚整个过程应用了最新的技术，可以称之为技术春晚，技术赋能增强视听新体验。每年的春晚舞台都是最新科技的示范地，也是当下媒体融合创新的一次有益尝试。

### （三）融合传输知识引导学生认识网络强国的战略意义

走进传输厅，学习有线传输和无线传输。李彬老师介绍了有线传输和无线传输如何构成网络架构。技术的发展见证了国家的发展和强大，传输的广泛应用见证并调动了学生们学以致用的学习热情。传媒博物馆里关于传输光缆的展品让同学们从比较角度感受到技术革命的艰难和振奋。网络强国建设不是口号，需要踏踏实实做好每个环节，这离不开每位通信学子的不懈努力。

赵波老师则从有线传输和无线传输的发展现状讲起，带领同学们了解“宽带中国”战略，理解网络强国对国家发展的重要意义，感悟广播电视技术人才对于建设创新型国家的重要性。网络强国战略包括网络基础设施建设、信息通信业新的发展和网络信息安全三个方面。2018年4月，在全国网络安全和信息化工作会议上，习近平总书记系统阐述了网络强国战略思想。网络强国战略思想，是习近平新时代中国特色社会主义思想的重要组成部分。从全球范围看，网络化对经济、政治、文化和社会等领域的渗透趋势越来越明显，成为推动经济社会转型、实现可持续发展、提升国家综合竞争力的强大动力。通信人不仅要关注通信技术和基础设施建设，更要关注通信业新的发展与国家战略的关系，意识到网络安全的重要性，为网络强国战略作出积极贡献。

### 七、课程改革总结

我国广播电视技术的发展本身就蕴含了丰富的红色资源。这次信息与通信工程学院联合马克思主义学院选择在学校传媒博物馆开展现场教学，将党史学习教育与校史、校情、传媒史教育有机结合，融入专业课堂教学，有助于同学们进一步坚定理想信念，做优秀的传媒人。学生们从这堂课感受到了广播电视事业蓬勃发展取得的巨大成就，更感受到了中国共产党人矢志不渝地为国家富强、人民幸福、民族复兴而不懈奋斗的初心与使命。他们表示要发扬老一辈共产党人坚守执着的革命信仰和矢志不渝的奋斗精神，做一个有理想信念的传媒人。历史是最好的教科书，认真学习党的百年历史是青年学子们的一门“必修课”；将党史教育融入专业课程中，两位老师发挥各自的特长，以最自然的方式向同学们讲解知识，让党史教育与专业知识的融合显得既生动又形象。

## 第四节　经济管理专业的双师圆桌论坛教学实践

圆桌论坛其实主要是对话教学法和访谈教学法的综合运用。思政课教师和专业课教师两种类型的教师共同设置核心议题，并从专业角度解读核心议题，授课前收集学生困惑，有的放矢地将答案设计到讨论议题中来。圆桌论坛的双师不是指两位教师，而是指多位两种类型的教师为学生现场呈现多学科融合教学，为学生提供丰富的学习视角。论坛还专门设计了学生辩论环节，学生辩论的焦点问题还是双师解答和回应核心议题时的重要内容。这样的圆桌论坛实现了有效的双师互动和师生互动，在有限的课堂教学时间内加强了专业知识的答疑解惑功能和思政元素融入专业课堂的效果。

## 一、教学主题

双师圆桌论坛教学实践以专题辩论赛、师生问答、圆桌论坛等教学形式，共同探讨共同富裕和收入分配问题，让传媒经济系学生在活泼有趣的课程学习中树立大历史观和正确党史观，肩负起新时代经济学人的责任与使命。

（来源：中国传媒大学白杨网）

图 3–6　思政课教师（左一和左二）和经济与管理学院教师（左三、左四、左五、左六）授课情况

## 二、教学知识点

（1）共同富裕理论作为中国特色社会主义理论的深入解读。

（2）共同富裕体现了伟大建党精神。

（3）新时代实现共同富裕要澄清认识误区。

## 三、学生关注点

（1）共同富裕是藏富于民还是藏富于国?

（2）共同富裕理论从经济学和思政专业角度的差别在哪里?

（3）思政视野对解读专业问题的重要作用如何体现?

## 四、双师融合点

（1）共同富裕理论是中国特色社会主义理论的重要内容。

（2）共同富裕与收入分配问题体现了国家治理体系和治理能力现代化。

（3）共同富裕的提出体现了伟大建党精神的重要影响。

（4）经济专业学子肩负建设国家的使命和责任。

## 五、授课流程

为深入学习贯彻党的十九届六中全会精神，深刻理解《中共中央关于党的百年奋斗重大成就和历史经验的决议》，2021年11月17日，我校双师教学团队来到经济与管理学院传媒经济系财政学课堂，以“共同富裕之路”为主题开展双师课堂圆桌论坛，探讨我国向第二个百年奋斗目标进军的共同富裕之路，为2019级传媒经济、国际文化贸易、数字经济专业的同学们带来了一堂生动新颖的专题思政课。此次双师课由经济与管理学院党委书记薛永斌、副院长李珍晖组织指导，马克思主义学院赵波老师、须大为老师、魏飞老师和经济与管理学院程静薇老师、方英老师、刘静忆老师共同讲授。通过专题辩论赛、师生问答、圆桌论坛等教学形式，共同探讨共同富裕和收入分配问题，让传媒经济系学生在活泼有趣的课程学习中树立大历史观和正确党史观，肩负起新时代经济学人的责任与使命。本次课堂以学生辩论赛为热场活动，设置陈述、攻辩等多个环节。甲乙双方辩手就“藏富于国还是藏富于民”问题展开激烈辩论，并就收入分配、贫富差距等问题进行自由辩论，课堂氛围十分活跃。

（来源：中国传媒大学白杨网）

图 3–7　双师授课情况

## 六、双师圆桌论坛教学实践

### （一）在师生问答环节，双师就辩论赛呈现的问题展开有针对性的指导

赵波老师通过线上方式，从制度差异角度进行讲授，她表示，不同的国家制度存在根本性差异。就我国而言，共同富裕和收入分配是由文化传统、经济发展水平、人民利益等多个因素综合决定的。所以，同学们在辩论“藏富于国还是藏富于民”问题时要关注具体国家的文化传统渊源和

国家政策的性质问题。比如，我国是社会主义国家，“以人民为中心”贯穿我国治国理政全过程，在疫情防控时期脱贫攻坚战取得决定性胜利充分证明了这一点。须大为老师就“黄宗羲定律”的缘由进行了博古通今的阐释，并就其现代意义给出解决策略。他引导学生认识到，在引用历史根据时要注意当时社会政治环境的局限性，在党的领导下我国一定能够走出“黄宗羲定律”的怪圈，从而坚定学生的“四个自信”。

### （二）在双师对谈环节，授课教师从各自学科角度出发进行了深入交流

大家就做大“蛋糕”与分好“蛋糕”、反对资本无序扩张和调动企业家积极性之间的关系等问题进行探讨。李珍晖副院长从数字经济的研究前沿出发，融合传播政治经济学视角，说明“网红经济”现象背后的文化与经济实质，挖掘社交媒体中网络劳动形式的新变化，与思政课老师的观点相呼应，引导学生注意数字经济前沿发展，掌握分析问题的科学方法。程静薇老师从学生切身感受出发，对劳动回报和资本回报的差异进行了阐释，解读了通过数据要素实现价值增值的数据资本在资源配置中发挥的新作用，引导学生注意形成观点的科学依据。方英老师通过翔实的数据，说明了随着社会发展和科技进步，人们收入财富差距的变化趋势，鼓励同学们紧紧抓住数字经济发展趋势。不同学科体系的观点碰撞与深层次思维的交叉融合，展现了政经相映的良好效果，充分肯定了思政学科与经济学科融合授课的强烈获得感。

## 七、课程改革总结

本次双师课围绕财政专业问题与共同富裕话题加强课程思政建设，在加强理论教育的同时，注重提升学生参与感，体现了“润物细无声”的教学效果，为传媒经济专业发展注入了新鲜血液与精神内核。作为经济与管理学院双师课的首次尝试，本课程起到了深化学院协同育人、推进教学改

革进程的良好示范作用。同学们表示，本次课堂形式新颖，经过思想交流碰撞，自身受益匪浅，加深了对学科专业的理解。

## 第五节　汉语国际教育专业的双师访谈教学实践

高校的思政课堂要注重新型的教学方式，教师要及时更新旧的教学思路，要把思政课建设成一门有文化内容、教学意义的高校必修课。访谈教学法是一种比较利于抓住课堂重点、深入学生心中的教学模式。访谈教学法充分调动了师生的积极性，通过设置专业核心问题，引导学生树立公共外交意识。双师通过设计留学生在线接受双师访谈和双师互相访谈的方式，充分发挥了思政学科和专业学科的融合教学功能。双师访谈教学不仅培育学生，更培育教师。专业课教师通过深入理解思政元素和国际传播的重要意义，在专业教学过程中，主动加强学生的价值引导，成为课程思政建设的重要力量。思政课教师在讲授形势与政策相关专题时，能更多地融入鲜活的汉语国际教育案例，尤其是课堂在线访谈留学生时获得的不同国家对中国国际中文教育的观点，更是为进一步研究提供了鲜活的素材。双师访谈在科学设计和深入沟通基础上，加强了师生学习的获得感，强化了思政育人的效果。

### 一、教学主题

双师结合自身的教学经历和热点问题的研究成果，为学生讲授国际中文教育与国际传播战略的关系，讲解汉语国际教育专业师生的公共外交意识的重要性，引导学生认识国家形象传播过程中专业知识和政治素养的重要作用。

（来源：中国传媒大学白杨网）

图 3–8　双师授课情况

## 二、教学知识点

（1）孔子学院是中国的，也是世界的。

（2）新形势下国际中文教师面临的新挑战。

（3）新时代国际中文教师的新使命：如何讲好中国故事。

## 三、学生关注点

（1）孔子学院是否可以代表中华优秀传统文化？

（2）孔子学院为何是中国的也是世界的？

（3）国际中文教师如何完成国际传播使命？

（4）如何向世界呈现客观、立体、真实的中国？

## 四、双师融合点

（1）国际中文教师的公共外交意识有助于加强国家传播工作。

（2）汉语国际教育专业的师生讲好中国故事的中国立场要恰当表达。

（3）汉语国际教育专业的师生都是中国国家形象传播的名片。

（4）中华文化的独特魅力和承载的丰富功能可以加强国际传播效果。

（5）汉语作为一种桥梁和纽带能够促进中西方文化交流。

## 五、授课流程

为进一步贯彻落实习近平总书记关于国际传播重要讲话精神，2021年6月22日上午，中国传媒大学人文学院与马克思主义学院共同推出了面向汉语国际教育专业学生的中传双师思政对话课，共话“国际中文教师的国际传播使命”。双师思政课是中国传媒大学在国内率先开展的将专业知识与思政教育融为一体的课程探索，实现了思政课程与课程思政相结合，发挥了不同学科的协同育人功能。本次双师课创新性地以对话形式进行，人文学院许蕾副教授、张未然老师和马克思主义学院赵波副教授、武闽副教授共同走进汉语国际教育概论课堂，与2019级汉语国际教育专业本科生深

（来源：中国传媒大学白杨网）

图 3-9　双师授课情况

度对话，部分留学生在线参与讨论。本次双师课结合当前加强和改进国际传播工作的重要背景，从中文国际传播的角度切入，内容涵盖三大板块："孔子学院是中国的，也是世界的"、"新形势下国际中文教师面临的新挑战"和"新时代国际中文教师的新使命：如何讲好中国故事"。针对新时代国际中文教师的新使命问题，赵馨兰（尼日利亚）、刘志晨（泰国）、宋明（巴西）分享了他们与汉语和中国结缘的故事。

## 六、双师访谈教学实践

汉语国际教育专业的学生，未来将成为承担我国国际传播使命的重要有生力量，思政课教师与汉语国际教育专业教师围绕重点主题开展共同备课、双师授课，必将为同学们的专业学习打牢政治底色，帮助同学们从整体世界政治经济的角度去理解和思考如何讲好中国故事。

### （一）孔子学院是中国的，也是世界的

#### 1. 思政课教师解读孔子学院的人类命运共同体意识

2004年，全球首家孔子学院在韩国首尔挂牌。作为国家战略工程的孔子学院，总部设在北京，其他的孔子学院都是其分支机构，主要采用中外合作的形式开办。孔子学院除了教授汉语和中国文化外，还举办学术讲座、文化演出、中文比赛、汉语水平考试、师资培训、国际中文教师资格证考试等。除了常规类型的孔子学院，我们应海外的需求，承办了中医、武术、戏剧等特色孔子学院，很受海外欢迎。孔子学院是中外大学，是孔子学院总部与国外大学合作举办的语言文化传播机构，一般5年一届合作期，到期双方商议续签或停办。这是孔子学院办学的一大特色与亮点，也是孔子学院快速发展成为全球最大的语言文化传播机构的一大法宝。因为是中外合作办学，体现了共商、共建、共享、合作共赢等精神，体现了人类命运共同体等意识，更容易生存发展，更容易为世界所欢迎与接受。国际上其他的语言文化传播机构，如法国的法兰西学院和英国的英国文化委

员会等都是本国独享海外建造的。因此，我们说孔子学院既是中国的，也是世界的。

### 2. 专业课教师解读孔子学院是我国国际传播的名片

在加强中国国际传播能力建设的进程中，国际中文教育应当是其中重要的组成部分。语言是中外文化交流的桥梁，我们当然可以用世界语言讲中国故事，但用中文讲好中国故事，提升中文的国际传播能力同样关键。中文作为我们的母语，国际中文教育已经成为中国提供给世界的重要语言文化公共产品。教授汉语的孔子学院从这个意义上说承担了国际传播的功能，也是世界认识中国的窗口。用中文讲好中国故事同样也是孔子学院的重要功能。从1950年算起，新中国的国际中文教育事业已经走过了70多年。2004年之后，对外汉语教学逐步发展为汉语国际教育，工作重心由把外国人“请进来”学汉语转变为汉语走出去，孔子学院和孔子课堂开启了全球布局之路；2020年，我们进入了国际中文教育新纪元，中国国际中文教育基金会和教育部中外语言交流合作中心相继成立，标志着国际中文教育向市场化、民间化和国际化迈出了关键的一步。更加开放、包容和规范的国际中文教育体系正在构建中。随着中国与世界各国合作的不断深化，中文正以其蕴含的独特魅力和承载的丰富功能受到越来越多人的喜爱，世界范围内学习中文的热情不断高涨。与最初来中国学习汉语的留学生大多是大学生或者未来的汉学家或外交官不同的是，现在国际中文教育的对象可能是两岁的小朋友、中学生、华人大学生、刚刚参加工作的年轻人，还有可能是三岁孩子的爸爸妈妈，或者是已经退休的老爷爷老奶奶。总之，世界上每一个人都可能是中文学习者，或者在未来成为中文学习者。孔子学院成为中国国际传播的重要名片。

## （二）新形势下国际中文教师面临的机遇与挑战

### 1. 思政课教师阐释孔子学院关停的意识形态因素

2012年5月，美国审查孔子学院学术资质，要求部分教师离境，此举引发舆论热议。要知道，孔子学院并不是为了传教孔子的儒家思想。凡是一味说孔子学院就是传播儒家文化的言论都是有意的歪曲。孔子学院是一个学习汉语的语言学校，当然其中免不了会接触一些中国文化的内容，但这跟学习英语肯定会了解英美文化一样，没有什么值得指责的。现在美国等一些西方国家对孔子学院进行攻击，反映了西方对中国影响力日益增长的恐惧和排斥。几乎没有发达国家真的认为中国崛起是他们更加强盛的机会，相反认为中国是他们最大的威胁。这就是国际中文教师面临的国际形势挑战。面对新形势下的负面国际舆论，国际中文教师更要分清是非曲直，客观认识中国发展面临的国内国际挑战，客观评估国际中文教育面临的舆论压力，增强作为国际中文教师的使命感和责任感。

### 2. 专业课教师讲述国家发展激发国际中文教师的使命感和责任感

一个国家语言的传播效果归根结底还是与所在国家的综合实力密切相关。中文的国际传播目前就处在一个很好的机遇期。改革开放以来，尤其是党的十八大以来，我国的综合国力快速提升，人类命运共同体理念为全球越来越多的国家接受，“一带一路”倡议的实施，使广大发展中国家得到了实惠。中国的国际认同度正日益提高，“朋友圈”变得越来越大。这就为中文的国际传播营造了非常有利的国际政治环境。重大标志性活动的举办也可以为中文国际传播带来新的机遇。比如2022年北京冬奥会和冬残奥会的举办，再一次让世界聚焦中国。各国政要、运动员、随队人员、媒体记者等来到北京，不仅带动了他们对2022年北京冬奥会、对中国文化、对中文的关注，通过各国媒体的报道也进一步带动了各国人民对2022年北京冬奥会、对中国，以及中国文化的关注，所以这就为中文的国际传播提供了一次很好的机会。中文作为联合国的官方语言之一，从2010年开始，在每年的4月20日我们都会庆祝自己的国际中文日，除此之外，一些国际中文教育品牌活动的举办也提高了中文的国际影响力，为中文国际传播带来新的机遇。其中我们比较熟悉的就是“汉语桥”系列比赛，以“汉语为桥，天下一家”为主题的“汉语桥”比赛自2002年首次举办以来，累计覆盖160多个国家，邀请了17万多名青少年参加夏令营，组团来华体验中国语言文化，吸引了150多万名青少年参加被誉为“中文奥林匹克”的世界大、中学生中文比赛，每年更有超过1亿名海外观众关注比赛盛况。这些都激发了国际中文教师的使命感和责任感。

### （三）讲好中国故事是国际中文教师的使命

#### 1.思政课教师提出公共外交意识对讲好中国故事的重要性

公共外交是指国家通过文化交流、信息项目等形式，了解、熟悉情况并影响国外公众，以提高本国国家形象和国际影响力，进而增加本国国家利益的外交形式。新时代的公共外交早已不是集中化的大众传媒手段和政策宣传单一目的，而是强调双向对话，将公众视为意义的共同创造者与信息的共同传递者，是国家“软实力”的重要体现。国际中文教师可以通过信息和语言强化公共外交意识，让更多的外国公众了解真实、客观和立体的中国。中国与世界的关系发生了深刻的变化：讲好中国故事的重要性凸显；国际中文教师的国际传播使命也突出表现为向世界说明中国方案、中国立场、中国声音。

#### 2.专业课教师讲授结合专业讲好中国故事的要求

中文国际传播能力的提升，需要每一位中文国际传播人才的共同努力。对于国际中文教师来说，首先，要热爱祖国，热爱自己的母语，提高政治站位。只有我们自己热爱中文，并且发自内心地热爱它，才能更好地把它讲给别人听。其次，要加强专业学习，努力做到专业化、职业化。除了要有扎实的语言知识外，还要有过硬的教学能力。最后，要学会用外国学习者“乐于接受和易于理解”的方式讲述中国故事。外国人讲中国故事有自己的独特优势，他们往往更能贴近观众的心理，会让观众有亲近感。因此我们作为一名国际中文教师，也要注意讲故事的方式方法，要学会用外国学习者乐于接受和易于理解的方式讲述中国故事、传播中国声音。

课堂上，同学们也就如何讲好中国故事提出自己的观点。他们纷纷表示，中国故事有趣又有味儿，他们都是中国文化的爱好者，愿意作为桥梁和使者，加强国际交流，向外国人讲述精彩的中国经验和中国方案。

### 七、课程改革总结

这次双师课就是一次很生动的实践，既把专业学习与思政教育融为一体，又契合了当下加强和改进国际传播工作的重要形势。这是一次很好的双师对话课，具有示范意义。双师精心设计，从不同学科角度对教学内容进行解读和深度对话。中外学生线上线下积极参与互动交流，内容连接历史、当下与未来，成功将课程思政和国际中文教育、国际传播有机结合。此次双师思政对话课既是用专业语言和创新形式在国际传播领域深耕细作，也是将习近平总书记给北京大学留学生们的回信精神融入课程设计的积极探索，以润物细无声式的教学筑牢学生思想根基。这为汉语国际教育专业的学生提供了跨学科的理论视角，提高了同学们的政治素养和政治参与能力，在学思践悟中激发了同学们助力国际传播的使命感和责任感。

## 第六节　现当代文学专业的双师专题教学实践

专题教学法是高校思政课教学经常使用的教学方法，这种教学方法的基本特点是：授课方式的全面变革和教务安排的革新，教学专题设计的独立性、现实性和针对性。根据学生学习特点，树立以学生为中心的教学管理理念和以学生为主体组织教学活动的教学管理体制，是实施专题教学法的要点。针对思想政治理论课教学改革不断提出的新问题与要求，专题教学法凭借其理论性、科学性、系统性与思想性、现实性、针对性集一身的特征，对思想政治理论课的教学产生了全方位的影响。它将调动教学主体的主观能动性，激发教学客体的学习欲望与兴趣，增强教学内容的说服力和感染力，促进思政课教学效果的提升。所谓专题教学实践就是在不改变现有教学体系的前提下，就课程教学中学生感兴趣的问题和教师认为可以加强价值引导的内容，设置的一堂教学改革探索课程。专题教学具有研究性和探索性课程的特点，双师发挥学科优势，对核心问题开展专业研究，并将研究成果在课堂教学中按照专业课程体系充分讲授出来。同时，专题教学是非常凝练的观点表达过程，在有限的课堂教学时间内，双师就重要议题分别表达观点并互相提问，形成观点碰撞和深入交流表达的效果。

## 一、教学主题

有政治和历史专业背景的思政课教师和文学专业背景的专业课教师组成双师教学团队，探讨文史互补和文史互证的效果。双师以新时期文学中的“改革文学”为切入点，既讲授“改革文学”代表作品的生动故事画面，又梳理改革开放发展史，还充分阐释改革开放精神的时代价值。双师课充分发挥了文学经典作品跨越时空的对话功能。思政课教师通过对改革开放的解读获得了鲜活的教学素材和深刻的情感升华，专业课教师提升了专业学习的政治站位和专业教学的价值引领本领。

## 二、教学知识点

（1）“改革文学”背后的改革开放史。

（2）“改革文学”作品里改革开放政策对文学故事的影响。

（3）“改革文学”体现了改革开放精神的时代意义。

## 三、学生关注点

（1）“改革文学”创作的历史背景是什么？

（2）“改革文学”作品形成的历史因素和制度因素是什么？

（3）改革开放精神与“改革文学”发展有何关系？

（来源：中国传媒大学白杨网）

图 3–10　双师授课情况

## 四、双师融合点

（1）文史互补和文史互证激发了“改革文学”中历史和政治因素的探索。

（2）改革发展史是“改革文学”作品形成的重要内容。

（3）通过“改革文学”作品解读深入认识改革开放问题。

## 五、授课流程

2021年11月30日晚，专业课教师胡洪春和马克思主义学院的赵波老师、曹晓伟老师走进中国当代文学与文化课堂，从文学和历史维度讲授

“改革文学”和改革开放史，探讨课程思政新路径。胡洪春老师从改革开放的历史背景引出课程内容——新时期文学中的“改革文学”。他说，每个人都是历史的参与者和见证者，希望通过文学、历史双重视角培养大家的立体化思维，打破学科边界，实现融合发展。面对享受改革红利但与改革开放年代有一定历史距离的年轻人，胡洪春老师从文学角度阐述了“文学能够通过语言记录时代、跨越时空与不同时代对话”的独特意义，引发同学们的深度思考。曹晓伟老师认真梳理了改革文学背后的改革开放史，向大家阐明推行改革开放政策的历史必然性。他运用文学与历史相结合的研究方法，说明既要关注改革文学作品的历史精神价值，又要关注历史发展进程和逻辑，以实现“文史互补和文史互证”，从而加强对文学作品的理解，也从一个侧面增强对“四史”的领会洞察。赵波老师则从政治、社会、文化角度思考“改革文学”，着重讲解了中国共产党在改革开放实践中形成的开拓创新、勇于担当、开放包容、兼容并蓄的精神。她建议大家在文学学习过程中树立正确党史观，思考文学的历史价值。具体而言，就是要从文学史出发研究文学，从中国发展史出发看待文学，深刻领悟党的领导是中国特色社会主义最大的制度优势，在专业学习中增强历史自信。胡洪春老师在梳理总结中启发大家，要学会运用不同视角思考分析问题，通过学科碰撞和观点分享强化文学专业学习的思想高度和理论深度。

（来源：中国传媒大学白杨网）

图 3–11　双师授课情况

## 六、双师专题教学实践

双师充分利用历史学、政治学和文学知识，分析“改革文学”出现的历史原因，深入解读“改革文学”作品，呈现改革开放史发展脉络。引导学生客观认识改革开放问题，加强历史自信和道路自信。三位老师运用不同学科知识，对同一学术问题进行了多维度解读，启发同学们通过学科碰撞和观点分享加强文学专业学习的思想高度和理论深度。

### （一）专业课教师从改革开放历史背景引出新时期“改革文学”话题

上课之初，胡洪春老师便从改革开放的历史背景引出课程内容——新时期文学中的“改革文学”。“每个人都是历史的参与者和历史的见证者”，并希望通过文学和历史的视角培养大家的立体化思维，以打破学科之间的界限，实现学科融合发展。针对能够享受改革红利但又与改革开放年代有一定历史距离的年轻人们，胡老师从文学角度阐述了“文学能够通过语言记录时代、跨越时空与不同时代对话”的独特意义，让大家对文学反映时代主题的独特魅力产生了深刻的思考。“改革文学”作品反映个体的真实和时代的真实，因此，它们可以作为分析改革开放的鲜活素材。作品的时代局限性和作者的个体局限性都要求我们在分析改革开放问题时要秉持客观的立场，回到作品的具体情节，但是又不能以个别否定总体的发展形势，要注意马克思主义辩证法在认识作品意义上的运用。

### （二）历史学背景的思政课教师解读文学背后的改革开放史

曹晓伟老师从历史的角度探索“改革文学”背后的改革开放史，讲到改革开放政策的历史必然性。介绍了文学研究与历史研究相结合的方法，强调既要关注“改革文学”作品的历史精神价值，又要关注历史发展进程和逻辑，以实现“文史互补和文史互证”，从而加强对文学作品的理解，也增强“四史”学习中对具体社会生态的领会洞察。她指出，改革开放是历史发展的客观需要，但思想僵化、经济发展不均衡、人才断层等因素影响了改革开放进程，这些在改革文学作品里都有所体现。1981年之后农村改革开放中农村、农民的变化可以从大包干前后农村和农民生活变化对比数据得出结论：改革开放解放了生产力。以凤阳大包干为例，农民精神的积极变化，可以看出改革开放对农村的影响力。

### （三）政治学背景的思政课教师评析“改革文学”体现的改革开放实践

赵波老师侧重从政治、社会、文化角度去思考“改革文学”，着重讲解中国共产党在改革开放实践中形成的开拓创新、勇于担当、开放包容、兼容并蓄的改革开放精神。她建议在学习文学时应树立正确的党史观，思考文学的历史价值，从整个文学史去研究文学，从中国整个发展史去看待文学，更深刻地领悟党的领导是中国特色社会主义制度的最大优势，引导传媒学子在专业学习中加强历史自信。“改革文学”作品再现了改革开放时期不同身份人物的特征，这既有作者认识问题的局限性，也受限于当时的历史条件。我们可以通过鲜活的人物和生动的故事理解改革开放时期的社会状况，但是也要注意系统地把握改革开放发展史，而不是断裂的、散点化的，要从历史唯物主义的角度客观认识“改革文学”的重要地位和作用。

## 七、课程改革总结

本次课程的特点是多视角授课，三位教师结合各自专业，分别从文学、历史、政治、社会等方面透彻讲解了新时期文学中的“改革文学”，这样的学科交叉式教学是课程思政建设中又一次积极探索。学生获得了丰富的知识，拓宽了分析问题的视野。三位教师在解读“改革文学”作品时还提出了进一步研究的角度，启发学生思考。马克思主义的立场、观点和方法融入专业课教学，也培育了专业课教师主动对学生进行价值引导的方式和方法。在课程教学中，如何回应对改革开放的质疑，如何将“改革文学”发展与国家治理能力现代化结合起来，这些都具有重要的价值引导作用。因此，这是一堂深刻的课程思政示范课。

## 第七节　少数民族预科生的双师互动教学实践

思想政治理论课互动教学法具有互动对象更广、空间更宽阔、时间更灵活、方式更多样等特点。互动教学法顺利实施的基本条件包括：良好的氛围，有一支精干的思政课教学队伍，相关教学管理部门的支持配合，等等。少数民族预科生是高校思想政治教育的重要对象。双师互动教学实践在教务处和双师所在学院的大力支持下进行。双师同时授课获得同样的学时，这就有了绩效保障。互动教学包括师生的课前准备、课内互动、小组讨论，形成共识、课堂发言，讨论交流、总结归纳，内化提升、师生的课后反思等步骤。问题法、讨论法、案例法、情景模拟法等都属于互动教学法的范畴。在具体应用过程中正确理解和运用互动式教学，充分体现教师在互动式教学中的主导作用，有效发挥学生在互动式教学中的主体作用，注重案例素材的积累并及时进行教材更新等问题。双师互动教学主要通过生动的作品解读和现场互动教学来营造师生共同感知作品和研究问题的教学氛围。互动话题贴近少数民族预科生的生活实际，贴近大家共同关心的民族理论与民族政策问题。

### 一、教学主题

结合丰富的历史资料和生动的历史实践，以音乐文化为切入点，通过双师有效课堂互动，阐释中国统一的多民族国家形成的历史脉络。在思考“一”与“多”的辩证统一关系和中华民族多元一体化格局的特定内涵基础上，引导少数民族预科生树立正确的历史观、民族观、国家观和文化观。

## 二、教学知识点

（1）不同历史时期各族人民交往交流交融的历史。

（2）音乐的碰撞与共存是民族文化特色与民族交融的具体表现。

（3）党对民族工作的高度重视。

（4）客观认识统一的多民族国家基本国情对学生树立正确的历史观、民族观、国家观和文化观的作用。

## 三、学生关注点

（1）少数民族的音乐作品与国家的文化发展有什么关系？

（2）各民族有自己的特点，如何理解一体化格局？

（3）多民族国家如何加强各民族之间的相互理解？

（4）在民族理论与民族政策中如何体现坚持党的领导重要性？

## 四、双师融合点

（1）具有少数民族特点的优秀音乐作品反映了民族理论与民族政策的内容。

（2）同唱一首歌可以激发学生对统一的多民族国家基本国情的认识。

（3）优秀的民族地区纪录片能够加深各民族之间的理解和包容。

（4）引导学生认识到优秀的少数民族文化是中华优秀传统文化的重要组成部分。

（5）民族融合和民族发展是中国特色社会主义制度优越性的体现。

## 五、授课流程

2021年9月23日，我校双师教学团队首次走进2021级少数民族预科班的民族理论与民族政策课堂，以“中国统一的多民族国家的基本国情”为专题，讲授中国统一的多民族国家的基本国情的理论逻辑和民族特色。作为由思政课教师与专业课教师共同教授的双师教学实践探索，此次课程由马克思主义学院赵波老师、李威颖老师和音乐与录音艺术学院的张超老师同堂讲授。教学团队组织了多次线上和线下集体备课会，综合运用对话、访谈、情境和专题教学方法，用心打造了一堂有趣又有料的民族理论与民族政策课程。课堂上，李威颖老师首先让同学们在丰富的史料中感受不同历史时期各族人民交往交流交融的历史。接着，张超老师结合音乐创作经历，以音乐为切入点，为同学们带来了纪录片《走进和田》《西藏医事》、歌曲《嘎达梅林》以及西部歌王王洛宾的创作故事。双师互动讲解了音乐的碰撞与共存是民族文化特色与民族交融的具体表现。赵波老师则深度解读了党对民族工作的高度重视，引导学生树立正确的历史观、民族观、国家观和文化观。

## 六、双师互动教学实践

“中央民族工作会议8月27日至28日在北京召开。中共中央总书记、国家主席、中央军委主席习近平出席会议并发表重要讲话，强调要准确把握和全面贯彻我们党关于加强和改进民族工作的重要思想，以铸牢中华民族共同体意识为主线，坚定不移走中国特色解决民族问题的正确道路，构筑中华民族共有精神家园，促进各民族交往交流交融”[①]。习近平总书记关于民族工作系列重要讲话精神是习近平新时代中国特色社会主义思想的重要组成部分，科学回答了新时代民族工作的一系列重大理论和实践难题，是我们做好新时代民族工作的根本遵循和行动指南。此次双师课程实践正是落实中央民族工作会议精神的新举措，通过课程改革，发挥传媒特色和育人合力，生动诠释新时代民族理论与民族政策。

① 习近平在中央民族工作会议上强调 以铸牢中华民族共同体意识为主线 推动新时代党的民族工作高质量发展［N］.人民日报，2021-08-29（1）.

### （一）认识我国民族构成的“多与一”

统一的多民族国家是我国的基本国情。全面认识这一“家底”是正确理解民族问题、做好民族工作的基本前提。多民族的中国，也是多文化的中国。思政课教师讲授了从维吾尔木卡姆艺术到回族花儿，从蒙古族的那达慕到藏族的雪顿节，从鄂温克族传统民居撮罗子到黎族的船形屋。这些无不反映民族文化上的差异。少数民族文化和汉族文化的发展过程不是两条平行线，从“胡服骑射”的典故到漫瀚调的形成，从旗袍的盛行到蒙汉词汇的借鉴，再到多民族内部共同传承大禹精神的习俗，无不印证各民族文化上的互动痕迹。统一的多民族国家是各民族共同缔造的。音乐专业教师讲授悠久灿烂的中华文化是各民族共同创造的，琳琅满目的乐器、形态各异的大小石窟，都与少数民族的贡献密不可分。唐朝的“十部乐”中，就有多部是属于西域各民族如龟兹、疏勒和高昌等的音乐。中华民族和各民族的关系是一个大家庭和家庭成员的关系。各个民族是多元，中华民族是一体；一体包含多元，多元组成一体；一体离不开多元，多元也离不开一体。“一”是主线、是方向，“多”是要素、是动力。这给我们的启示是，多民族的大一统，各民族多元一体，是老祖宗留给我们的重要财富，也是我们国家的重要优势。新时代需发挥好统一多民族这一特色、优势，为中华民族伟大复兴贡献更多的智慧和力量。

### （二）品读民族交往交流的音乐盛宴

在歌曲《嘎达梅林》的分享案例中，李威颖老师首先向同学们介绍了蒙古族英雄嘎达梅林为反对封建王公和封建军阀的压迫与统治，带领人民发动多次起义的英雄事迹。张超老师从民族音乐传唱和鉴赏角度，深入分析了蒙古族民歌的音乐特色。为了让同学们从音乐的角度更好地理解嘎达梅林为蒙古人民作出的贡献，张超老师现场亲自教同学们学唱了这首歌曲。赵波老师结合嘎达梅林的事迹深刻阐释了树立正确的历史观、民族观、国家观和文化观的思想内涵。此外，张超老师还为同学们播放了西部歌王王洛宾先生的《达坂城的姑娘》《青春舞曲》等具有民族特色的经典歌曲，带领同学们领略了一场民族交往交流交融背景下的音乐盛宴。赵波老师充分讲解了注重从少数民族文化中汲取营养、创新载体和方式的重要价值。

### （三）师生互动筑牢中华民族共同体意识

我国是一个统一的多民族国家，这是一个既定的事实。民族地区是文化特色区，在党和国家工作全局中具有重要地位。这是我们的家底，也是我国的基本国情。多民族是我国的一大特色，也是我国发展的一大有利因素。多元一体是祖先留给我们的一笔重要财富，也是我们国家的一个重要优势。中国的历史是中华各族人民共同创造的。各族人民开拓了疆域，并以疆域为舞台，以中华文化为纽带，开拓进取，共同创造了祖国的灿烂文化，共同奠定了伟大祖国的千秋基业，建设了一个稳定的中华民族共同体。各民族共同推动了统一多民族国家的发展，并在发展过程中加速了与汉族文化的融合，加强了民族文化认同。

思政课教师表示：中华民族一家亲，同心共筑中国梦。为少数民族预科生开设双师课的目的是做好习近平总书记关于民族工作重要论述“三进”工作。双师课堂实现了双师深度融合互化、师生生动活泼对话。中国传媒大学马克思主义学院和音乐与录音艺术学院共同探索双师教学改革已有两年的时间，双师授课默契十足，效果颇佳，接下来还会积极推动双师教学改革融合创新升级。实践证明，我校双师协同育人模式可复制、易传播、善推广，为少数民族预科生的价值引导工作作出了积极探索。音乐教师表示，国无德不兴，民无德不立。社会主义核心价值观决定着各民族共有精神家园的发展方向，一定要在全社会、各民族中大力培育和践行，注重从少数民族文化中汲取营养，创新载体和方式，搞好网上和网下结合。民族团结是各族人民的生命线，树立正确的历史观、民族观、国家观、文化观，使各族人民像保护眼睛一样保护民族团结，像珍视生命一样珍视民族团结，像石榴籽一样紧紧抱在一起，只有这样才能为实现中华民族伟大复兴的中国梦凝心聚力。

2021级少数民族预科班壮族的吴贞杉同学表示：今天有幸在中国传媒大学聆听了一堂双师授课，这节课老师们给我们讲授了我国统一的多民族国家的国情、中华民族多元一体的格局。作为一名少数民族学生，对此深有感触。双师授课颇有相得益彰之效果，不同的老师优势互补，让我们在同一节课上收获到不同方面的知识。每位老师从不同的方向和角度挖掘教学资源、整合教学资源，从而在教学的过程中，能够更好地授课。课堂上，我感受到了老师们对课程的认真准备，以及他们先进的教学理念和教学思想。学习的过程中我也明白了自己作为少数民族学生的责任，我要始终热爱自己的祖国，不断学习优秀的民族文化，传承、弘扬中华民族优秀传统文化。

2021级少数民族预科班蒙古族的马帅同学表示：在中华民族这样一个多元统一的大民族家庭里，五十六个民族从差异性个体的局面到现如今民族大融合的盛况，少不了国家以及全民族强烈的中华民族共同体意识。在今天的民族理论与民族政策课上，倾听完老师们的主题讲授后，作为一名少数民族学生，真切地感受到了国家对于人民群众的关心及爱戴。作为蒙古族学生，我不仅深刻地了解了其他民族的很多风俗习惯，而且又一次全面认识了蒙古族英雄嘎达梅林，了解了他的事迹以及人民对他的传唱。民族团结、人民欢乐，是从国家到每个家庭的共同心愿。我希望各民族团结一心，像石榴籽一样紧紧抱在一起，绽放出民族绚烂之花。

2021级少数民族预科班维吾尔族的依力扎提同学谈道：今天的民族理论与民族政策课，是我人生中体验的第一节双师课，老师们在台上边教学边交流，让课堂不再枯燥。同时，三位不同专业的老师跟着我们一起听课，也提高了我们学习的兴趣和效率。那么多优秀的教师都去了解真正的新疆、传播真正的新疆，我也会积极学习本领，更好地介绍新疆。通过这节课我也重新认识了传媒，了解了传媒人的使命感和责任感。

2021级少数民族预科班彝族的罗璟怡同学认为：初进中国传媒大学，我有幸参与了一场精彩的双师课，感受到了不一样的课堂氛围。三位老师精彩的讲授使我印象深刻。其中，李威颖老师先向大家介绍了我国统一多民族国家的传统，用翔实的事例，沿历史脉络梳理，让我明白了中华文化是各族人民共同创造的。张超老师的讲述同样生动有趣。张老师谈及他为少数民族相关的纪录片配乐的经历，分享了自己工作中的体会与感悟。他以音乐的形式来展示少数民族地区的风情，以多彩旋律谱写多样的民族文化，这也让我从另外一个角度体会到了各民族“多”与“一”的紧密关系。我同样能够体会到赵波老师的用心。整堂课上，赵老师详细而生动地为我们讲解、启发我们思考，让大家对课堂教学的主题有了更深层次的理解。双师课是一种别样的体验，老师们从各自的角度出发，为我们理解我国统一多民族国家的文化传统提供了多种思路。希望将来还能有机会体验双师课，拓宽自己的眼界，获取更多的知识。

## 七、课程改革总结

民族理论与民族政策是抽象的理论问题，双师通过生动的课堂案例讲解民族理论与民族政策的知识要点，通过贴近学生生活实际的歌曲激发学生的学习热情，通过反映民族地方特色的纪录片解读再现民族地方的发展变革情况，深入浅出地讲解了我党的民族理论与民族地区实践的融合、党的民族政策对民族地方的发展变化作出的积极影响。这是一次生动的双师教学实践课，不仅加强了少数民族预科班同学对民族共同体的深刻认识，还让他们对新时代中华民族一体化格局与党的领导的密切关系有了直观而深入的认识。

# 第四章

# 构建高校“双师思政课”协同育人新格局

“双师思政课”是思政课教师和专业课教师共同讲授思政课，是高校美育与思想政治教育的深度融合，通过思政课的知识性、审美性与价值性的统一，实现以美育人、以美化人的目标；既要求以美育转变教育观念，又要求优化教学内容、创新教学方法，从思政课教师主导与专业课教师主动、历史与现实、理论与实践、专业与行业多维度，使学生获得丰富的审美体验，培养审美能力和道德情操，建立了同向同行、协同育人的立德树人机制，发挥了高校思政课对美育的指导作用，是高校美育人才培养模式的全新探索和积极尝试。

## 第一节　立足美育成效的“双师思政课”涵化育人模式

美育是高校教育中的重要组成部分，是指培养学生认识美、欣赏美和创造美的能力的教育。习近平总书记在全国教育大会上强调：“要全面加强和改进学校美育，坚持以美育人、以文化人，提高学生审美和人文素养。”①

① 张烁.坚持中国特色社会主义教育发展道路　培养德智体美劳全面发展的社会主义建设者和接班人［N］.人民日报，2018-09-11(1).

高校要牢牢把握学校美育的正确方向，整合力量，加强美育的育人导向。高校思政课是保证党和国家事业长远发展的关键课程，将美育融入高校思政课，可以发挥思政课对美育的指导作用。为此，中国传媒大学推出“双师思政课”育人模式，针对思想道德与法治课程，和音乐与录音艺术学院通力合作，致力于实现同向同行、协同育人的工作目标；试图通过“双师思政课”的示范形成高校美育的模板效应，加强人才培养的“立德”基础。

## 一、“双师思政课”育人模式的美育价值强化

“双师思政课”，围绕思政教育功能和美育教育功能两大工作重点，切实发挥思政课和专业课两大学科优势，挖掘思政课程的美育因素，致力于形成美育与德育充分融合的育人模式。

### （一）“双师思政课”实现立德树人根本任务

在给中央美术学院的八位老教授的回信中，习近平总书记指出：“做好美育工作，要坚持立德树人，扎根时代生活，遵循美育特点，弘扬中华美育精神，让祖国青年一代身心都健康成长。”① “双师思政课”以遵循教育规律、优化教学内容为核心，以加强顶层设计、创新教学方法为抓手，以加强资源共享，促进融合互补为重点，形成思政课与专业学科特色协同育人的联动课程设计体系，全面落实立德树人根本任务。基于思想道德与法治课程体系，以潜移默化、生动有趣的美育特点，达到知识传授、审美能力提升和价值引领的有机统一，从而建立把立德树人贯穿到教育教学各环节的有效机制。

### （二）“双师思政课”增强高校美育的亲和力

“美育固然是学校教育，但也是一种特殊的人本精神教育。即通过催

① 习近平.做好美育工作弘扬中华美育精神　让祖国青年一代身心都健康成长[N].人民日报，2018-08-31(1).

发人的本质情感，而实现自发追求美善的目的。”[①] 如果没有学生的积极参与，那么课程功能的发挥也会成为无源之水、无本之木。因此，“双师思政课”注重对人的关注以及对美育精神的培养。在内容上，“双师思政课”切实遵循思政课的客观规律，挖掘音乐专业的美育要素，针对学生的诉求点对点、面对面地设计双师课程，及时更新教学内容；在形式上，“双师思政课”通过思政课教师和音乐专业教师共同备课、共同研发以及共同授课，在课后共同总结和探讨，力求通过生动、形象和丰富的方式实现思政知识和专业知识的有效融合。对于学生而言，双师是帮助者和对话者，而非讲授者。

### （三）“双师思政课”增强高校美育的实效性

教学目标是课程设置的领航者，“双师思政课”凸显思政课程价值引领的重要作用，实现知识、能力、情感态度与价值观的有机统一。在知识方面，根据音乐理论和实践，以案例讲解、亲身体验、观点解析等方式，使学生主动理解个人与社会的辩证关系、理想信念是精神之“钙”等内容，帮助学生将思政知识与自己的专业知识衔接起来；在能力方面，培养学生运用马克思主义的基本立场、观点和方法看问题，让音乐专业学生能够对音乐领域的实践作出科学的解释、正确的判断和合理的选择，最终以锐意进取的态度和负责任的行动融入行业行为；在价值观方面，帮助学生树立正确的世界观、人生观和价值观，理解马克思主义信仰，在音乐创作领域以科学的态度进行法治实践。此外，“双师思政课”也注重教师的成长和发展，鼓励教师在教学过程中不断完善自身的审美水平。教育者和受教育者教学相长，共同进步。

## 二、“双师思政课”育人模式的实施方案

课程设置是开展教学活动的组织方式，它可以将双师授课的诸多变

① 李心峰，王廷信，朱庆.中国艺术学的传统资源与当代建构：第十一届全国艺术学年会论文摘要［M］.北京：中国文联出版社，2016：79.

量整合重组并高效运用。“双师思政课”教学坚持价值性和知识性相统一，寓价值引导于知识传授之中。基于融入美育的思想道德与法治课程的六章内容，双师开发了6个专题教学内容：“传媒大学的音乐人”“音乐人的人生观”“音乐人的理想信念”“音乐人的家国情怀”“传统音乐作品的创造性转化”“音乐行业的法治问题”。为更好地展示“双师思政课”的方案及流程，以音乐人的爱国观一课为例进行梳理。

### （一）以美育的态度准备“双师思政课”

“双师思政课”注重以美育的态度引入传播学理论融入教学全过程。“思想政治教育活动作为一种传播思想观念、政治观点和道德规范的社会实践活动，具有与一般传播过程相对应的构成要素以及一般传播过程的基本特征。”[①]高校思政课教学与广义上的传播活动存在着相似性，传播学经典理论能够用来推动“双师思政课”优化和升级。在设置课程内容时，双师充当“把关人”，设置与学生关联度高且符合课程标准的议题供课堂师生探讨，如多次组织音乐专业学生传唱红色歌曲、分享著名音乐家的故事等。既营造美育氛围，又注重从审美的角度产生情感共鸣。

学生既是传播的对象，也是传播的目的和归宿。双师参考传播学家拉扎斯菲尔德等人提出的“预存立场”假说，注意到学生可能存在选择性理解、选择性接触以及选择性注意，他们对于信息的接收和认同度不仅受制于自己原本的价值体系，也会受到官方舆论场和民间舆论场的影响。因此，双师秉持“以学生为主体、以教师为主导”的原则，注重学生能动作用的发挥，教育学生去追求美，追求更高的人格，不断地去实现自己的价值。“双师思政课”教学团队专门吸纳辅导员，向学生实时搜集课程建议，着重分析学生的选择性心理、逆反心理以及从众心理等，联合学院、班级和家庭，进行长期、滚动式调研，全面立体地了解学生特点。经调查发

① 王贤卿.论传播学受众理论与思想政治教育创新［J］.思想理论教育导刊，2009（11）：99-103.

现，音乐专业学生思维活跃，具有一定的审美体验，获取信息的能力强，但他们判断和筛选有效信息的能力较弱，不同程度地存在政治信仰迷茫、理想信念模糊、社会责任感缺乏、艰苦奋斗精神淡化等问题。

通常的高校思政课进行案例教学只是从案例遴选角度切入，然而双师遴选案例教学以审美的态度遵循“以例激趣，以例分析，以例说理，以例导行”的原则。为解决就事论事造成理论穿透力不足、混淆案例和举例、案例展示和案例教学的实质差异造成教学混乱以及理论落点不清等问题，双师凝练课程的逻辑问题链，充分挖掘音乐领域的思政要素，深入解读中西方音乐发展史、音乐家或音乐作品的故事、音乐的作用和功能、音乐文化传承等，凝练成与教材知识点融合的案例，并在此基础上进行理论解读。在双师集体备课时，首先确定了授课的理论点，根据案例设置问题；在课堂的案例教学中则采取“讨论——提问——点评”的流程。坚持灌输性和启发性相统一，体现了美育融入思政课，与时俱进、守正创新的客观要求。

高校思政课通常是一位教师主导课堂，为调动学生积极性，学校进行了相应的教学改革。“双师思政课”上双师同时出现在课堂上，营造课程教学的场域效应，创新教学方法将“被动”地灌输转变为“主动”地交互学习，设计发现美的课堂互动。双师运用大单元教学法，基于内在逻辑，由浅入深讲解知识点，根据教学内容和学生特点选择合适的教学方法。例如，使用案例教学法和情境教学法讲解音乐中的家国情怀；利用榜样教学法和实践教学法，阐释爱国与中国精神、核心价值观的内在关联；渗透式和融合式教学方法的综合使用，使教育影响从课堂延展到课下，形成良性循环。

### （二）以美育的内容融入“双师思政课”

#### 1.新课导入：学校特色与音乐实践相结合

新课导入是教学授课的基础环节。传统的新课导入环节会比较注重语言的使用，而“双师思政课”则基于中国传媒大学特色，通过全媒体展示来沉浸式解读音乐学生实践。从代表学校参加3000人广场国庆合唱到受邀录制中央广播电视总台音乐频道·《合唱先锋》栏目，音乐专业学生亲身诠释了个人的爱国观与爱国心之间的关系；双师授课时组织学生合唱歌曲《不忘初心》，借以讲授不忘初心和爱国主义的内在关联。这两种新颖的导入方式与传统的语言导入相比，能够更好地强化学生的审美体验，具有强大的感染力，帮助他们迅速进入学习状态。通过双师讲授加强学生对于音乐实践的问题意识：音乐人有什么样的爱国观？新时代的爱国主义是什么样的？如何做忠诚的爱国者？这是“双师思政课”学生主体原则的重要体现。亲身经历、媒体再现和现场合唱效果相结合，激发学生学习和思考的兴趣。

**2.主旨讲授：双师融合与多元互动相结合**

新课讲授是教学授课的中心环节，直接关系到思政课实效性的发挥。以往思政课的新课讲授环节，大多是思政课教师为主导，采用课件和板书等方式进行。这一方式有利于构建理论知识框架，但对于调动学生的参与度和认同感，影响力显然不够。“双师思政课”则专门设计双师同时出现在讲台上，按照课前制定的授课流程进行授课。由思政课教师主导，把握授课内容的政治性和学理性；音乐课教师积极主动地全面解读案例材料中的专业知识，把握课程的美育内容。在课堂中双师优势互补、相辅相成，实现资源共享，进行有效的双向美的互动。具体来说，音乐人的爱国观一课分为三大方面的内容：爱国主义的基本内涵、新时代的爱国主义以及做忠诚的爱国者。双师在教学过程中重视利用案例辅助教材，将“输入式”教学转变为“参与式”教学，使学生对美好事物有更强的洞察力，提高对美好事物的欣赏力，对于美好事物有更强的创造力。

（1）结合音乐作品阐释爱国主义的基本内涵。为了帮助音乐专业学生联系社会生活的实际情况，音乐专业教师播放并讲解《我的祖国》《春天的故事》《我们的新时代》等音乐作品，带领学生了解具有不同时代特点的音乐背景和音乐风格。解读红色歌曲的经典传唱是植根于中华优秀传统文化中的，只有汲取其中的优秀资源，才能创造出无愧于祖国和人民的文艺作品。“双师思政课”选取的案例既源于生活，又高于生活，帮助学生拥有更加美好的心灵，有更高的思想境界。思政课教师总结：红色歌曲的时代特征和经典传唱证明，爱国主义自古以来就流淌在中华民族血脉之中，去不掉，打不破，灭不了。爱国主义是一个历史范畴，在不同的历史时期音乐所集中表达的关于爱国主义的具体内容是不同的，但其核心内容都有共同的部分，从而概况出爱国主义的基本内涵。为帮助学生理解抽象的概念，双师搭档组织开展“音乐人为家乡代言”活动，鼓励学生们把爱家和爱国结合起来，用歌曲表达对于祖国大好河山、骨肉同胞、灿烂文化等的热爱，从而坚定树立起道路自信，坚信中国特色社会主义道路是人民的正确选择。

（2）结合音乐家的故事思考新时代的爱国主义。音乐专业教师播放并带领学生赏析讲述中国传奇音乐家冼星海生平故事的电影作品《音乐家》的经典片段，从乐曲风格和时代要求等角度阐发爱国主义的时代问题。思政课教师分析冼星海与《黄河大合唱》的时代意义：冼星海在他短暂的40年的生命历程中，完成了从一个普通贫苦船工子弟到音乐家，再到无产阶级革命家的转变，他具有刚毅坚忍、自强不息、志存高远、求真务实的宝贵品质。他的经历恰恰是爱国、爱党和社会主义的高度统一。他用音乐武器为党和人民创作的历程，在今天依旧具有重要的精神价值。音乐家冼星海是音乐专业学生十分熟悉和崇敬的人物，分析其案例可以达到“以案论理、活化教学内容，讨论为主、调动学生的主体性，问题分析、提高学生掌握并应用所学理论分析、解决实际问题的能力”① 的功能。通过各种美的

① 戴艳军.思想政治教育案例分析［M］.北京：高等教育出版社，2001：13-15.

表现塑造出更加完美的人格，带来更多真实美好的情感，使学生能够在自我感知下实现对自我素养的提升。新时代的爱国主义除了立足民族还要面向世界，强调在中国崛起的时代背景下，新时代音乐人开阔视野，应当坚定“大局意识”，感悟建设社会主义国家的使命感和责任感。

（3）结合电影配乐理解如何做忠诚的爱国者。音乐专业教师播放并结合音乐评析《红海行动》《战狼Ⅱ》这两部热门电影，带动课堂互动探讨。思政课教师指出电影对于增强国家安全意识和中华文化价值底蕴的重要启示。两部电影都迎合并满足了中国人急需从国家、民族的复兴中找到自豪感、找到大国归属感的心态，音乐人理解电影配乐和感知故事情节时，更能体会到对国家的深刻情感。我们期待通过音乐的魅力向世界输出我们的文化。两部热议影片的评价不一，双师通过深度解读电影配乐，帮助学生加深对于国家的政治认同和情感认同，提升审美能力。习近平总书记强调：“文化是一个国家、一个民族的灵魂。文化兴国运兴，文化强民族强。没有高度的文化自信，没有文化的繁荣兴盛，就没有中华民族伟大复兴。”[①]忠诚是建立在对国家的深刻理解和真诚实践基础上的，新时代的音乐学子在学好专业知识的基础上，要努力做好中国价值观的国内外恰当表达。

### 3. 提炼总结：启发学习与行业榜样相结合

大学生正处于人生的“拔节孕穗期”，是价值观形成的关键时期。因此，高校美育直接关系到社会主义建设者和接班人的培育问题，要教会学生向善而为。双师不仅将新课的内容以生动的教学形式传授给学生，还要从身边的真实事件出发，让学生感受到什么叫作真正的善意，从而能够从中汲取到更多的力量，转化为约束自己的动力。双师邀请参加国庆合唱团的音乐学子来到课堂宣讲《用最美的声音向祖国告白》，激发音乐类学生

① 习近平.决胜全面建成小康社会　夺取新时代中国特色社会主义伟大胜利：在中国共产党第十九次全国代表大会上的报告［M］.北京：人民出版社，2017：40-41.

对同龄人榜样的向往。音乐专业教师讲解音乐理想和爱国行为的关系，思政课教师强调对新时代音乐人来说热爱祖国是立身之本、成才之基，并解读《新时代爱国主义教育实施纲要》出台的背景、意义，以及新时代爱国主义教育的基本内容。双师鼓励音乐专业学生以音乐为载体，发挥传媒特色，深刻理解爱国主义的内涵，结合伟大音乐家们的经历，理解爱国、爱党和爱社会主义高度统一的问题。爱国既需要情感基础，也需要理性认识，更需要实际行动。最后，双师组织学生讨论音乐人如何做到爱国主义与爱社会主义相统一，爱国主义过时了吗，今天的音乐实践中还需要爱国主义吗，爱国主义用音乐应该怎么表达等现实问题，增强“双师思政课”的启发性。“从‘爱国’到‘爱国主义’，是从事实层面提升到价值层面，从经验层面提升到理论层面，从行为层面提升到精神层面，也是从微观层面提升到宏观层面”①，促使学生能够持续思考音乐人的爱国主义等相关问题。

### （三）以美育精神发挥“双师思政课”育人功能

双师在课后加强探讨，将美育纳入育人的每个环节中，同时发挥思政课的美育价值引导功能。双师将教学视频作为分析素材，邀请思政课和专业课的教学专家和学校各级领导“会诊”，从政治性、思想性、审美性到双师融合、教学环节设计，再到课程的美育功能，全面分析总结。点对点组织开展学生座谈会，搜集学生的听课体会和具体建议。此外，“双师实验课”的评价体系还具有明显的发展性。通过深度调研，双师形成课程经验报告，为下一步授课打好基础。

#### 1. 双师团队积极拓展教研平台，发挥新媒体的思想政治教育引导功能

95后甚至00后大学生是网络时代的“原住民”，只有适应网络新媒体的高速发展，才能将课上的教育效果延续到课下学生们的日常生活中

① 刘建军.“爱国”与“爱国主义”概念辨析：兼谈深化爱国主义研究的路径与要求［J］.思想理论教育，2016（9）：49-53.

去，全面发扬美育精神。因此，“双师思政课”充分利用新媒体便利，开设课程专用微信公众号，鼓励学生将有关课程的思考积极投稿，以供师生交流互动、共同提高。此外，中国传媒大学的官方微博的主要内容经常作为“双师思政课”的分析素材，充分发挥了官方微博的思政功能。双师团队的教学成果在校团委的积极支持下得以在校园网和校报上发布，通过对“双师思政课”的及时报道，实现传统媒体与新媒体共同助力课程实效性发挥，在潜移默化中发挥美育功能。

**2. 双师教研团队联动作战，充分发挥立德树人机制的育人功能**

学校党委书记和辅导员全程参与学生评价体系建构，并作为开展工作的重要参考。音乐专业学生通过“双师思政课”获得专业知识初体验和充分的审美体验，思政课教师更加了解学生实际，专业课教师的价值引导作用凸显，党委提供的学生思想实际成为双师设计课程的重要参照。“双师思政课”为完善学校立德树人机制作出重要贡献。

## 三、“双师思政课”育人模式的建设方向

“双师思政课”育人模式灵活，其推广和普及是一个循序渐进的过程。

### （一）建立“双师思政课”的立德树人机制

“双师思政课”为落实“三全育人”的培养目标，建立了“1234”育人机制，“1”是指一个标准：思政课或专业课建设标准。“2”是指双层互动：双师互动和师生互动相结合。“3”是指三维构建：历史维度、现实维度和理论维度的有机融合。“4”是指四大目标：力争达到双师深度融合的目标、学生深度学习的目标、教师主导和学生主体相结合的目标、思政课程与课程思政协同发展的目标。围绕“一个标准、双层互动、三维构建、四大目标”进行建设。“双师思政课”融合美育元素，既要求转变教育观念，又要求优化教学内容、创新教学方法。因此，必须确保“双师思政课”同向同行、协同育人的立德树人机制真正落到实处。

## （二）探索高校美育与思政课的融合路径

### 1.加强教师主体建设，增强高校美育水平

既要勤恳致学、爱岗敬业，又要立德垂范，同时要求双师对各自的专业领域知识有所涉猎。例如，在“双师思政课”的课堂中，双师更加重视情感力量，善用美育的态度去关心和爱护学生。着力打造一支具备较高专业水准和审美水平的师资队伍，树立教师关于“美”的意识，让高质量的教师队伍以高水平的学识、良好的人格感染并影响学生，真正实现以美育人、寓教于乐，促进学生自我发展和全面成长。

### 2.加强双师融合互化，提升美育的教育效果

教师合作使教师走出孤立的工作状态，破除彼此疏离的隔阂，通过合作走向共同发展。教师通过合作的方式拓展专业理念和视角，激发个体能量，继而推进学校变革。“双师思政课”在常态化备课理念和方法形成后，还需要通过双师融合互化、共同讲授课程内容实现育人目标。在推广该教学模式时需保证双师的教研水平和审美能力处于相对平衡状态，只有通过长期的沟通与磨合才能充分发挥“双师思政课”效能。

### 3.加强学校资源整合，发挥美育资源的涵化作用

“双师思政课”的实施效果受制于资源能否合理配置和安排，它可以通过善用美育资源营造积极向上的环境特征，发挥专业课教师的美育功能，实现美育对思政教育的涵化作用。目前，立德树人机制仍需要进一步完善，普及“双师思政课”育人模式需要各方协同创新，这也是接下来“双师思政课”建设发展的方向和趋势。

综上所述，“双师思政课”育人模式是高校美育与思政教育的结合版，从各方统筹、师资队伍、平台规划、制度建设和课程评价多方面丰富了美育的实践经验。它有效推进了协同的美育实践，致力于规避传统教育短板，充分调用全校资源发挥关键课程的重要作用，为弘扬美育精神和落实立德树人根本任务作出了积极探索和全新尝试。

# 第二节 立足传媒学科的“双师思政课”特色育人模式

“传媒与道德”是在思想道德与法治课程关于道德建设的章节基础上凝练的专题课程（1课时），结合中国传媒大学的传媒专业特色和思想道德与法治课程的课程要求，通过专题式教学与体验式教学相结合的方式，将党的十九大精神，特别是习近平新时代中国特色社会主义思想有机融入课堂讲授。课程建设目标在于引导传媒学子辩证看待中华优秀传统美德的当代价值，探究传媒道德的创造性转化和创新性发展，将完善道德修养与国家发展结合起来，在传媒领域自觉践行社会主义核心价值观。

## 一、立足传媒特色的传媒与道德关系专题讲授

导课：从十九大媒体报道审视传媒与道德之间的关系。

传媒体验呈现：媒体通过各种形式宣传报道十九大精神。①光明日报开展了精神地标活动，互动H5成为广大用户认知新时代中国无法抗拒的邀约。强互动性、娱乐性和趣味性的形式，潜移默化地加深用户对过去五年祖国辉煌成就的认识和了解，激发用户的民族自豪感。②中央电视台推出的人物素描式特稿，以人物故事为主体，用以小见大的方式，多维度、多场景、有故事、有情感地展现中国砥砺奋进的这五年。③各电视台既有微电影叙事式、精品纪录片式短视频，也有记者手记式、人物内心独白式短视频，还有新闻现场实录式、场景＋群像心语式短视频，各类短视频多重呼应，形成全方位报道十九大的短视频矩阵。

传媒体验相关解析：我们处于新旧媒体共存的融媒体时代，这个时代的特点是人人都可发声，人人都可定制自己关注的新闻。报道新闻的第一

目的不再仅限于呈现事实，而在于受众参与。由自上而下的单方宣告式报道到水平方向的互动式传播，由单一的记者报道电视转播形式到渠道多元视角独特的新媒体传播，面对“创新还是消亡”的抉择，传统媒体与新媒体都已经给出了自己的答案。

请学生结合日常体验思考以下问题：传媒报道十九大的案例选择的依据是什么？如何处理技术进步带来的多种传播手段所引发的价值观念和受众熟悉的传统传播手段所引发的价值观念之间的矛盾？传媒需要道德吗？如何看待传统道德与中国道德现状的关系？在人人都可发声的时代，传媒与道德有什么关系？传媒道德如何对传统道德进行创造性转化？我们传媒人应该具备哪些道德修养？

专题主要内容：要深入理解传媒领域的道德问题，我们需要审视中华优秀传统美德。

### （一）不忘本来才能开辟未来：中华优秀美德是传媒道德建设的文化根基和思想资源

#### 1.凝练问题

在当今社会，我们会听到类似“缺德”等字眼，对热点问题我们有时候会引发道德讨论。我们的儒家思想是如何阐述道德标准的呢？引用《论语》中关于君子和小人的论述，课堂提问学生这种道德标准是否适用于当今社会，学生是如何看待这种划分标准的。

学生结合自身经历谈道：“有时候这人是君子，有时候是小人，这是不固定的。”

教师反馈：“我们的道德评价某种意义上受限于我们的经验，但是我们通过理论学习能够深刻审视道德现象。”

学生说：“按照论语的划分，现在我们只要遇事想着自己就是小人了。”

教师反馈：“当今社会我们承认合理合法的个人利益，倡导将个人发展与国家发展结合起来，这是我们社会主义核心价值观的核心内容之一。”

学生说：“《论语》中说个人犯罪全家都丢脸，现在好像也有这种情况。”

教师反馈：“儒家思想中的个人并不是现代意义上的独立个体，在修齐治平和三纲五常等一整套理论框架下，整体的思维处于主导地位，同时那个时代也没有当今依法治国的状态。儒家思想对当今中国是有负面影响的，比如衍生出的国人的厌诉心理，觉得诉诸法律就会丢脸、一人犯罪全家丢脸等，尚未意识到个人的权利、义务和责任的关系。现代的法治观念与传统社会截然不同，因此我们要辩证看待传统道德的论述。”

#### 2.引申论述，总结课堂内容

传媒人应该理解道德对社会经济关系的反映不是消极被动的，而是以能动的方式来把握世界和引导、规范人们的社会实践活动。

我们应该吸收如下中华优秀传统美德：①注重整体利益、国家利益和民族利益，强调对社会、民族、国家的责任意识和奉献精神。②推崇仁爱原则，追求人际和谐。③讲求谦敬礼让，强调克骄防矜。④倡导言行一致，强调恪守诚信。⑤追求精神境界，把道德理想的实现看作是一种高层次的需要。⑥重视道德践履，强调修养的重要性，倡导道德主体要在完善自身中发挥自己的能动作用。中华民族的道德传统是一个矛盾体，具有鲜明的两重性。属于精华的部分，表现出积极、进步、革新的一面；属于糟粕的部分，则表现出消极、保守、落后的一面。坚持马克思主义的立场、观点和方法，坚持以我为主、为我所用的原则，既要反对全盘西化、机械照搬，又要反对全盘否定、盲目排外，要在批判的基础上加以借鉴和吸收。

### （二）善于继承才能更好创新：坚守中华文化立场，加强传媒人道德修养

#### 1.案例引发情感共鸣：传媒人罗京兢兢业业的一生

教师以传媒人罗京为例，为同学们讲述他作为新闻主播兢兢业业的一生，探究传媒人应该具备的优良品质和道德修养。

罗京是中央电视台新闻播音员，《新闻联播》节目最资深的男主播之一。2009年6月5日早晨不幸因淋巴癌去世，终年48岁。在央视任职的26年间，罗京以其过硬的业务素质和沉稳大方庄重的播报风格赢得了业界和广大观众的喜爱和认可，并创造了25年无差错播报的佳绩，给后辈们起到了表率作用（26年无差错究竟有着怎样的意义，新闻主播工作的背后又有着怎样的艰辛？请学生结合传媒实践体验谈谈自己的想法）。在新闻主播室30多个人共享的40平方米的狭小空间里，罗京甚至没有一张自己的办公桌，在他的主播座位底下放着一本已经被翻烂的最新版《现代汉语词典》。最开始由于网络通信并不发达，《新闻联播》主播所念文字稿还是手写稿，稿件上经常会有很多修改痕迹。1979年《新闻联播》引进提示器。之后，又引进了录像设备，这样新闻就可以提前录播，这给主播减轻了不少工作压力。但1996年《新闻联播》又由录播改为直播。这次改革给新闻主播带来了更大的压力。一名央视工作人员回忆说，有一次节目已经开播但有一条新闻的稿子却还没有送到罗京手里，后来工作人员狂奔进演播室把画满了修改符号的稿子送到罗京的播报台前，在场的领导、工作人员全都屏住了呼吸，但罗京依然沉着地将陆续送来的17页半的纸稿一字不差地念完，中间没有皱过一下眉头（教师在讲故事的同时适当加入背景音乐强化体验）。

**2.体验式讨论：如何处理传媒从业人员的角色和自然人角色之间的冲突**

教师发起体验式总结：传媒人的道德修养，不仅是一个理论问题，更是一个实践问题。要使传媒道德规范成为传媒工作者行为的准则，必须依靠自己长期不懈的努力。传媒人要把担负的工作看成是一种崇高的社会事业，看成是一种为国家服务、为社会服务、为人民服务的社会工作，用一种执着的事业追求精神和职业热情努力工作。只有不断提高理论素养，才能把崇高的理想、信念建立在理性的基础之上，学习传媒专业知识，加强相关基础知识修养。传媒人的道德修养正是在汲取中华传统美德的基础上，根据传媒行业的特点，形成爱岗敬业、诚实守信、办事公道、服务群众、奉献社会等内容。传媒人罗京的经历告诉我们：传媒人需要明确职业活动的基本规范和目的，具有较高的职业认知能力、判断能力和正确的价值观念。这种道德修养会内化为自身的素质，提高到自觉意识的层面。

### （三）勇于转化才能真正发展：探究传媒道德的社会主义核心价值意蕴，塑造传媒人的政治认同

#### 1.纸馅包子虚假新闻事件（教师剪辑新闻报道短视频呈现案例）

2007年7月8日，北京电视台生活频道《透明度》栏目播出了《纸做的包子》报道。该栏目编导通过暗访，发现在朝阳区东四环附近的早点铺中出售用废纸箱和肥猪肉做馅的小笼包。北京工商、食品安全部门甚至警方全力核查，最后发现该报道系“透明度”编导炮制的新闻。北京电视台也承认虚假报道。真相是，编导訾北佳为了完成任务，以喂狗为由，要求卫某等人将浸泡后的纸箱板剁碎掺入肉馅，制作了二十余个“纸馅包子”。与此同时，訾北佳秘密拍摄了卫某等人制作“纸馅包子”的过程。在节目后期制作中，訾北佳采用剪辑画面、虚假配音等方法，编辑制作了电视专题片《纸做的包子》播出带。訾北佳被公诉后，法院认定，他捏造事实编制虚假新闻，并隐瞒事实真相，使虚假节目得以播出，造成恶劣影响，作出有罪判决，判后无上诉。

概要性总结:《纸做的包子》是一则典型的假新闻，传播媒介：电视台；消息来源：无；主观过错：故意；失实程度：完全失实。虚假新闻就是信息失真，在新闻传播中表现为虚假信息的传递，形成虚假报道。这不仅侵犯了公众合法的知情权，造成对公众的误导，而且在社会上还会混淆视听，严重损害媒体自身的形象、公信力和影响力。

#### 2. 21世纪网有偿新闻事件

21世纪网涉嫌特大新闻敲诈，专写负面新闻，“给钱就闭嘴”。原21世纪传媒股份有限公司总裁沈颢等人，利用掌握的3家媒体和8家运营、

广告公司，选择正处于敏感期的企业，采取有偿撤稿、删稿、不跟踪报道等方式，逼迫近100家单位签订广告合同收取“保护费”数亿元。2015年12月24日，上海市浦东新区人民法院就广东21世纪传媒股份有限公司及其原总裁沈颢等涉嫌敲诈勒索、强迫交易系列案件作出一审判决，沈颢及其余被告人分别被处以不等的有期徒刑及罚款。

警示性总结：手握公器要心存戒尺。守法是生存的基础，公信是发展的前提。相关涉案人员之所以一步步在违法犯罪的路上渐行渐远，根本原因还是面对生存压力和利益诱惑，心中的“防火墙”逐渐坍塌，将盈利的手伸过红线。从近几年发生的类似案件看，有的媒体利用监督职能为公司或个人谋取利益，将监督变成非法竞争的武器。这不仅违反法律、扰乱市场秩序，而且深深伤害了媒体形象。21世纪传媒股份有限公司一案，当为闻之者戒。新闻媒体作为社会公器，肩负着社会监督和弘扬正气的重大使命，是促进社会公平正义的重要力量。目前，媒体市场竞争越来越激烈，要赢得竞争，就要有打造“百年老店”的坚守，摒弃盲目追求短期利益的冒进心态，将法律和操守常存心中，有力担起信任和重托。有偿新闻是新闻公害之一，它使得本该秉持公平、公开、公正原则的新闻变了味道，传媒失去了在公众心目中应有的形象和社会公信力。

**3.体验式讨论（在“我的微思政”微信公众号发起学生讨论）**

两个案例均阐释了传媒人在面对利益与道德冲突的时候，坚守良知和新闻正义的重要性。我们应该通过对社会主义核心价值观的进一步体认，塑造传媒人的政治认同。那么，我们应该如何处理传媒人的职业理想和本岗位的收视率、点击率之间的关系？

在集中总结中渗入传媒道德的价值意蕴：①社会公正的守护神。大众传媒是社会良心的维系者，根据基本的社会价值来批判社会上不合理的现象，努力推动建立为社会各阶层提供公共性经验的共享空间。②社会道德的教育者。大众传媒承担着社会道德教化者的责任，是社会道德教化的重要载体，通过新闻报道、电视广播、网络节目等在无形中对受众进行潜移默化的影响；寓教于乐的特点，比如《感动中国》、《星光大道》和《我要上春晚》等节目就是典型代表。道德教育对象数量之大、范围之广，也是其他教育方式所不能比的。2011年，我国电视受众覆盖率就达到97.8%，网民人数达5.13亿之多。③社会道德的引导者。每年的11月8日是中国记者节，记者节确立的意义是为了确认新闻从业者的社会地位，鼓舞和激励他们继承优良传统，为正义事业呼吁，做好党和人民的耳目喉舌，通过不懈努力铸造社会道德引领者的形象。脚踏实地的精神、工作的热情、严谨的工作状态，他们对职业的忠诚推动社会道德水平的提升，起到了表率的作用。

4.主要成效

从理论与实践角度探究传媒道德的创造性转化和创新性发展，以中华传统美德滋养传媒道德建设，引导传媒人将完善人格修养与国家发展、社会核心价值观建设结合起来。传媒的运作方针是真、善、美，讲究真、讲究善、讲究美。真实、善良、美好是传媒的生命之所在，是传媒永恒不变的追求；杜绝假恶丑、鞭挞假恶丑则是它永远不可忽视、不可忘记的任务。

引申思考：如何在传媒实践中正确地解读公正、人道、良心、正义、歧视、隐私等道德价值（大家可以通过“我的微思政”微信公众号与老师及时沟通交流）。

## 二、特色做法：专题式教学与体验式教学相结合

凝练专题问题（如，传媒人如何辨析中华优秀传统美德？当前传媒人需要哪些道德修养？传媒人的道德修养和核心价值观的关系？）后适当使用“我的微思政”微信公众号，以微互动和课堂交流体验为主的方式，解析热点、难点问题（如纸馅包子虚假新闻事件和21世纪网有偿新闻事件），开展课内体验式教学。

传媒人的道德修养专题课程借助“我的微思政”微信公众号积极开展了体验式教学，该公众号的使用对课程产生了积极影响。中国传媒大学白杨网的“学习贯彻十九大精神专题网”专栏中的“践行成果”部分发布了《“我的微思政”创新思想政治理论课教学模式》的文章，重点介绍了本学期一款名为“我的微思政”的微信公众号出现在我校许多思想政治理论课的课堂上，帮助教师们进行教学管理和组织教学互动，也引起了同学的兴趣和关注。

中国传媒大学马克思主义学院与计算机学院联合研发的“2018版中传微思政一期”教学软件系统，旨在响应教育部思想政治理论课教学改革的要求，运用互联网技术创新思想政治理论课教学模式，提高课堂教学和教学管理效能，有效实现互动教学。它能帮助教师和学生们使用手机进行签到，快速组织课堂测验。任课教师可以结合课堂讲授内容发起讨论，学生也可以随时向教师提出问题，学生们感到很新鲜也很有趣。许多教师在使用过程中发现，该软件系统为提高教学管理效率、增强大班授课的参与度和互动性提供了帮助，学生课堂到课率、抬头率、参与率均得以提升。大家感受到了在大课堂教学中运用移动互联网新技术所带来的全新效果。这也激发了我们顺应时代变化和新技术发展的要求、积极更新教学理念、改革教学方法的热情。

## 三、课程建设规划

教研室主任将牵头以项目研讨的方式开展体验式教学课题研究，继续探索“我的微思政”微信公众号对课程的辅助作用，及时搜集学生建议和教师授课体验，查缺补漏，加强教学实效性。

### （一）以课题研究带动课程教学

教研室教师加强集体备课，以教研室体验式教学课题为主线，开展体验式教学对传媒人的道德修养的培育研究。围绕体验式教学的相关理论，结合在中国传媒大学的授课实践，积极开展理论与实践方面的研究。通过搜集学生优秀作业、多角度搜集研究资料、多种形式开展课题研讨，预期以专著形式呈现研究成果。此外，我们还将通过整合科研成果深入此专题研究。赵波老师的校级课题是从政治传播困境的角度审视我校思想道德修养与法律基础课教学的具体情况，从理论研究和对策建议的角度提高教学实效性；其教育部思政专项更是以中国传媒大学的思想道德与法治课程为蓝本，开展传媒人的核心价值观教育研究。这些课题研究以及相关成果渗入此专题，都为增强教学实效性作出了重要贡献。

## （二）审慎安排教学环节提升教学效果

传媒人的道德修养专题课程是中国传媒大学思想道德与法治课程授课的重点，通过微信、邮件和办公平台等方式开展集体备课，遇到教研问题时全体教师积极献计献策，致力于开展研究性集体备课。在课程设计的合理性方面，全体教师各抒己见。为上好思想道德与法治课程，大家开展广泛论证，防患于未然，全身心投入教学环节。

## （三）针对学生建议完善专题教学

我们通过课堂匿名写纸条、微信访谈、课间研讨等方式充分搜集了学生对专题课程的建议，并与其他教师就实时性的问题及时开展意见沟通。比如，根据具体专业安排教学。目前我们的师资还达不到针对所有学生的具体专业开展教学，但是我们可以就此专题开展传媒领域的探讨。同时，我们可以针对不同专业学生的特点和兴趣点，开展生动活泼的课堂作业呈现活动。根据学生建议，我们决定从以下几个方面推动教学改革。

### 1. 将热点问题融入课堂教学

学生们提出围绕近期热点问题开展教学，教师们在案例选择方面加入了实时热点。比如三色幼儿园事件，教师们通过回顾事件，分析该事件迅速传播的原因，探索社会不良影响的及时应对方法，结合人生价值部分开展讨论；也可以强调教育环节中传媒职业敬畏感的重点培养。热点问题讨论不能就热点谈热点，必须结合我们的专题进行。同时，讨论也不能一味迎合学生，随意更改教学进度。所有的讲授严格按照教学进度来，在整体把握教学内容基础上开展热点问题讨论。而且，教师需要对热点问题进行全面客观的阐释，不能仅仅呈现主观性的观点。要引导学生理性分析问题，结合传媒专业开展研讨。

**2.开展课堂体验式活动不可只顾形式而忽视内容**

学生们提出，课堂活动形式非常丰富，但是活动与授课内容的衔接需要进一步明确。本专题的体验式活动通过小组讨论、演讲、辩论、心理咨询等方式开展。这些形式深受学生喜爱，但是我们要事先向学生阐明活动与课程的关系。学生的作业完成后教师要结合课程主旨给予专业点评，引导学生正确认识和深入思考专题问题。这个过程中，不能为了迎合学生而占用大量课堂时间来完成活动，要深入浅出地讲解内容，不可本末倒置。

**3.教学资料的遴选需要严肃认真**

学生们提出，个别教学资料比较陈旧。为此，教师在遴选资料的时候要注意贴近时代、贴近学生、贴近课堂，在教学中融入热点新闻视频等内容。要知道，不是所有资料都适用于课堂，因此需要做适当剪辑。有些资料的娱乐性很强，深受学生喜爱，比如《奇葩说》。但是，教师需要引导学生观摩，及时给予恰当点评，和学生一起分析资料内容。

**4.课程作业的具体形式需要进一步研讨**

学生们希望我们的课程作业能够促进他们提高认识问题的能力。为此，我们需要进一步研讨作业形式。比如，布置阅读书目，然后课上分享。不仅指导学生阅读，还可以通过分析内容，加深对相关问题的理解；开展课堂小组讨论，及时掌握学生对相关问题的认识程度，进行有针对性的点评；课堂发放调查问卷，第一时间系统科学地掌握学生的思想动态，及时调整教学方案。教师可以加强教学反馈环节的研讨。为学生作业打分不是目的，帮助学生提高能力和水平是关键。教师可以利用“我的微思政”微信公众号等方式及时为学生答疑解惑。

### （四）总结微信公众号课程应用经验

2018年度传媒人的道德修养专题课程的教学仍将使用“我的微思政”，就此根据学生建议和教师体验，准备做相应的调整。学生认为这种学习方式更加灵活，学习时间利用效率更高了，但是缺少交流讨论和思维的碰撞，许多时候都是应付式的回答教师提出的问题。对此我们将加强线上和线下的交流，通过个人微信和邮箱等方式，加强和学生的沟通交流。针对学生在提问环节热情度不高、提问较少的情况，我们将在学生日常表现考核中加入学生提问的评分考评。学生提出有深度的问题或积极参与讨论将被计入平时成绩。针对学生集中咨询的问题，我们将及时给予总结性回答，并渗入专题教学中。对于学生课上使用手机引发注意力分散的问题，我们将通过设计系列专题问题，引发学生思考，使学生没时间做与课堂无关的事情，加强课堂讨论的参与度。为更好地回答学生问题，我们将加强专题研讨，实时关注学生问题，及时反馈。目前此公众号的内容还需要进一步完善，比如学生建议不能导出、内容较少，因此建议加入体验式教学的相关内容丰富公众号建设。这是积极有益的课程改革尝试，但是增强它的效果的研究需要进一步加强。

综上所述，我们将继续探索专题式与体验式教学方式在传媒人的道德修养专题课程中的应用，充分结合传媒学子的专业特点和传媒领域的问题开展体验式教学活动，为加强此专题的教学针对性、亲和力和实效性不断努力。

## 第三节 立足显隐结合的“双师思政课”沉浸育人模式

如何提高教学效果，增强教育实效，这是当前高校思政课教学必须解决的时代课题。办好学校思政课，是培养一代又一代社会主义建设者和接班人的重要保障。中国传媒大学作为培养传媒人才的摇篮，积极帮助青年学生坚定政治信仰。在习近平总书记主持召开学校思想政治理论课教师座谈会三周年之际，独具特色的中国传媒大学思政模式形成了可供分享的好经验，构建了显性教育与隐性教育相结合的思政育人模式。为打破思政课与专业课“两张皮”现象，中国传媒大学在全国首创思政课程“双师课”和专业课程“双师课”教学模式，由专业课教师和思政课教师同堂授课，实现了思政教育与专业教学的有机融合。不仅为思政教育找寻专业落点，同时挖掘专业课的思政内涵，为思政建设守正创新交上满意答卷。

## 一、“双师思政课”构建显隐结合新模式

习近平总书记高度重视思政课建设，强调“要坚持显性教育与隐性教育相统一，挖掘其他课程和教学方式中蕴含的思想政治教育资源”①。中国传媒大学推出思政课教师与其他学科教师同上一堂课的新教学模式是新时代推动思想政治理论课创新的生动实践。“双师思政课”在教学过程中实现了思政教学内容与艺术类、理工类等学科门类的融合，在其他学科中挖掘思政内容，在一定程度上实现了思政理论与学生兴趣点的有机结合。

### （一）“双师思政课”强化理论知识的显性讲授

因为思想政治教育通过教师的讲授使学生达到理论知识的理解和吸收，所以直接的理论讲授是课程中不可或缺的方式。显性教育是最直接、使用最为普遍的教育方法。传统的课堂往往采用这种教育方式将信息直接传递给受教育者，具有直接性和强制性等特点。教育者根据设计好的目标、内容和计划对受教育者进行单向信息传递。现如今显性教育之所以仍

① 习近平主持召开学校思想政治理论课教师座谈会强调　用新时代中国特色社会主义思想铸魂育人　贯彻党的教育方针落实立德树人根本任务［N］.人民日报，2019-03-19（1）.

然能够在教育方式中占据主导地位，是因为其具备的独特信息传达特征和优势使其在教育中发挥着不可替代的作用。“双师思政课”是融合多种教育载体同时基于显性教育的创新，以显性教育为主的同时又避免了理论灌输的枯燥和生硬。例如，在中国传媒大学播音主持艺术学院推出的首个思政课程“双师课”中，专业课教师与思政课教师各自发挥自身专业优势融合多学科知识，立体而深刻地为同学们讲解了党史知识与播音主持专业知识，增强理论课程趣味性的同时也营造了全方位思政育人的氛围。

### （二）“双师思政课”强化思政课程隐性育人效果

我国从20世纪80年代末开始引入西方隐性课堂的概念。隐性教育是相对于显性教育而言，是一种间接的、无意识的、灵活的教育活动。如今我们强调的隐性教育是指通过与其他方式的结合使受教育者在不知不觉中接受教育，并达到良好的教育效果。传统理论课程一般应用显性教育的模式，教师根据教学内容对学生进行理论灌输。教育的真正目的是“内化于心，外化于行”。思想政治教育理论课的目的，一方面是对教育者进行马克思主义理论、中国特色社会主义理论、社会主义核心价值观等方面的教育；另一方面是使受教育者能够拥有理论中所提出的思维模式以及用核心价值观武装头脑。思想政治教育是理论课程，更是一种具有价值导向的精神交往，所以在教育的过程中更需要注重方式方法，结合理论灌输与隐性教育的优势。“双师思政课”在教学上改变了传统的授课模式，专业课教师与思政课教师共同寻找两门课程的契合点，并结合学生的问题与兴趣进行集中授课。在教学场地的选择上也不仅仅局限于课堂之中，而是充分利用一切教育环境与教育资源进行沉浸式的互动教学。例如，在中国传媒大学信息与通信工程学院与马克思主义学院共同打造的党史课中，两位教师在博物馆授课，使学生真正听到、看到、感受到历史的轨迹与科技的变革，将书中枯燥的理论变得生动立体。这样的教学模式突破了学科之间的界限，也改变了教育信息的单向传播，实现了学科与学科之间、教师与学生之间的双向互动。

“双师思政课”融合显性教育的明确性、直接性与隐性教育的灵活性、持久性营造全方位育人环境。尤其在当今社会，在多元化价值观的冲击下人们的思想更加活跃、更加具有主动意识，单纯的显性教育已经无法适应时代对教育提出的新要求。所以，在教育的过程中探索实现显隐教育方式结合的途径方法对于提升教育的质量与效果具有重要意义。

## 二、“双师思政课”促进课程内涵的丰富完善

高校思政课的内容主要包含马克思主义理论、中国特色社会主义理论、思想道德修养以及党史类内容等。课程的主要任务是传播马克思主义的立场、观点、方法。习近平总书记强调推动思政课改革创新，其中一点是要“坚持价值性和知识性相统一”①，思想政治理论课为教育提供价值指引的同时也要满足受教育者对知识的需求，思政课面向所有的高校青年群体、面向各个门类专业的同学，要增强学生对课程的兴趣感，其中一个重要方面就是在思政课中融入各个专业同学感兴趣的专业内容。

### （一）“双师思政课”对思政课授课内容进行更新与丰富

挖掘其他专业课中思政教育的元素，为思政课教学增添了课程素材，也为学生在学习专业课的同时提供了思想和价值观上的引领，使思政课不再是传统意义上枯燥的理论灌输，让同学们在思政课方面打开了兴趣的突破口。思政课教师与专业课教师在备课的过程中在其他学科中探索本学科的教育内容，实现了思政课教师与专业课教师的知识储备的提升。思政课教师汲取其他专业的知识与技能，更有利于推进思想政治教育工作在其他学科中的价值引导作用。

① 习近平主持召开学校思想政治理论课教师座谈会强调　用新时代中国特色社会主义思想铸魂育人　贯彻党的教育方针落实立德树人根本任务［N］.人民日报，2019-03-19（1）.

### （二）“双师思政课”营造了“三全育人”的立体氛围

“三全育人”是在新形势下对高校思想政治教育工作提出的新要求，即全员育人、全程育人、全方位育人。“三全育人”主要强调在社会、学校、家庭之中为主流价值观的引导提供良好的环境，并且将思政教育融入生活与学习的各个方面，以显性教育与隐性教育相结合的方式进行主流价值观的渗透。在数字技术与新媒体技术高速发展的时代背景下，人的思想也随之活跃，面对多元化的价值选择更需要加强思想方面的引导，推动思想政治教育工作在内容和形式上的革新尤为重要。特别是高校大学生群体，接受信息速度快、思想活跃度高，更加需要发挥各方面的思想政治教育功能，增强对高校大学生在思想层面的指引，用正确的价值观引导大学生群体。思想政治教育是教育者与受教育者之间的精神交往和思想的碰撞。高校急需了解学生对于思政课程所传递价值观的态度，进而调整教育模式、创新教育方式。“双师思政课”将思政内容巧妙地融入专业课内容之中，深度挖掘与思想政治理论相关的教育内容、教育环境，对学生进行思政知识的普及以及价值观的引导，是“全程育人、全方位育人”的生动实践，在教学的过程中拉近了学生与思政课的距离。

## 三、“双师思政课”实现思政课堂润物无声

埃德加·斯诺为什么来中国，又为什么想去陕甘宁边区采访？斯诺看到了红色中国的样子，他的迷惑解开了吗？他对中国共产党的印象发生变化了吗？在中国传媒大学播音主持艺术学院的新闻采访与报道课堂上，一连串有关1936年美国记者埃德加·斯诺前往红色中国采访的问题被抛出。

### （一）双师将红色基因融入课堂教学

与以往课堂不同的是，在中国传媒大学的新闻报道与采访课堂中，问答双方不是师生，而是专业课教师与思政课教师。双师向同学们展示了《红星照耀中国》一书，并以1936年斯诺来中国的采访经历为案例，在课

堂上构建了一个采访场景。由专业课教师提问，思政课教师作答，学生从提问中学会采访报道方法，在回答中领略党史知识和红色中国的样貌。这样的采访式双师教学打破了课程边界，显隐性教育相结合，内容深入浅出，灌输潜移默化，拉近了与学生的距离，将时代价值和背后意蕴糅合在一个个故事和访谈中，实现了对初心使命和家国情怀的再呼唤。

### （二）双师将思政育人始终贯穿专业课堂

在学校思想政治理论课教师座谈会上，习近平总书记提出的“八个统一”为思政课的改革创新指明了方向。其中，“坚持显性教育和隐性教育相统一”[①]既要求在显性层次上利用好思想政治理论课这一主渠道，做到马克思主义理论的入脑入心，又要求在隐性层次上实现思想政治理论课和其他课程同向同行，将思想政治教育贯穿专业课程，做到“润物细无声”。这为双师课提供了强大的战略定力。双师课上通过访谈或对话教学的形式做解决问题示范即是“显性双师”，而“隐性双师”指的是双师融合思政元素和专业元素，制作精品课程，且培育了思政课特色教学团队和专业课课程思政建设团队。双师授课娓娓道来，在讲专业故事的同时，思政元素如盐入水般悄然融入，真正做到了显性教育与隐性教育的统一。

## 四、“双师思政课”强化思政课教师与专业课融合度

在高校推行“双师思政课”教学改革的时候，如果思政课教师和专业课教师深度合作，对专业领域、对核心问题更加熟悉，对学生的兴趣点更加精准把握，有利于提升课程教学的实效性和针对性。

### （一）办好思政课关键在教师

思政课教师和专业课教师经常一起备课，专业课教师掌握思政思维，

① 习近平主持召开学校思想政治理论课教师座谈会强调　用新时代中国特色社会主义思想铸魂育人　贯彻党的教育方针落实立德树人根本任务［N］.人民日报，2019-03-19（1）.

提升思政意识。思政课教师更熟悉专业课的核心问题、更了解学生的学习兴趣点，让思政课更能精准敲击到学生的共鸣点。思政课教师给音乐专业的学生授课，可以结合冼星海和黄河大合唱讲革命道德，结合古琴讲中华传统美德。在新闻报道与采访课上，以往讲新闻报道与采访知识，现在可以融合我党主动外宣的历史和对外传播的故事，解读《红星照耀中国》。在人像摄影课上，摄影专业教师以往只能解读人像摄影的技术和方法，现在可以选择红船、毛泽东、雷锋、抗疫一线工作者等素材，讲出党史发展脉络和伟大精神谱系。我们的摄影专业教师对党史更感兴趣，到党史相关博物馆调研学习，成为党的正确主张的积极传播者。

### （二）教学团队共同进步

一是转变基础课授课模式，发挥名师课模范引领，推进“双师思政课”深度融合，创新拓展对话理念课程，构建“四位一体”即“基础课+名师课+双师课+对话课”教学体系。二是明晰习近平新时代中国特色社会主义思想这一“主旋律”与其他各门思政课之间的联系点和对接点，并将其与其他思政课进行更为系统性地融合。三是加强学校思政课程与课程思政共建，通过联合开展面向专业课教师的课程思政专项讲座、学院理论中心组联学、教职工党支部联学等方式，帮助专业课教师提升课程思政建设能力。四是积极推动思政课大中小学一体化建设，落实本硕博一体化推进，完成思政课学段间教学接力。“双师思政课”专门建立了教学团队，团队内成员围绕思政课程与课程思政集中研讨，不仅一起研磨课程还一起申报课题，组团攻关教研中的重大问题，相互成就，共同进步。

## 五、“双师思政课”助力“大思政”育人格局

2022年3月18日，恰好是习近平总书记主持召开学校思想政治理论课教师座谈会三周年。三年间，高校思政工作发生了巨大的变化，也取得了相应的成绩。

### （一）高校越来越重视思政课

过去是一个人讲授思政课，现在是一个团队共建思政课；过去是一个学科，现在是多个学科碰撞；过去主要是马克思主义学院建设思政课，现在是在校党委的领导下，整合学校资源、发挥学校特色，由学校党委、各学院书记和院长、班主任、辅导员、专业课教师和思政课教师等合力推进课程建设，为思政课保驾护航。具体措施如下：一是完善制度保障机制。学校党委将思政课建设纳入工作总体布局，把思政课建设作为重要政治任务和战略工程，靠前指挥、抓好关键、强化责任。以制度的形式把思政课工作与学校党建工作、行政工作、整体教学工作一同规划，一同安排。二是优化资源支撑机制。在项目设立、评优表彰、升职晋级等方面，适当向思政研究、思政课堂、思政课教师倾斜，加强对马克思主义理论学科建设、思想政治理论课教学改革创新等工作的政策扶持。三是加强督促检查。对照教育部发布的《高等学校思想政治理论课建设标准》，定期、定项组织专家进行督促检查，总结成功经验，查找薄弱环节，及时整改提升。

### （二）增强思政课教师获得感

一是围绕“时代特色、京华特色、传媒特色”，发挥学校在媒体融合领域的专业优势，实现思政课教育精准化。二是占领“报、网、端、微、屏”等教育教学渠道，使思政课传统优势同现代信息技术高度融合，线下思政与线上思政连为一体。三是特色课程建设，开设习近平新时代中国特色社会主义思想概论实验课，继续做好“双师思政课”的建设和推广，集结优势兵力，重兵打造以“白杨班”“国新班”“青马班”为主体的中传“思政大课堂”，拓展中传思政“对话课”建设平台，建立健全北京东部区域高校“手拉手”集体备课机制。以往的专业课教师按照教学大纲要求授课，现在在课程思政的号召下，他们积极主动挖掘专业课中的思政育人元素。思政课教师在这种氛围下授课有幸福感和获得感。当高校各级部门和教师们都开始重视思政课，高校围绕立德树人根本任务，大家劲儿往一处使，这种“大思政”的协同育人格局就形成了。

## 第四节 立足交叉融合的“双师思政课”示范育人模式

为贯彻落实习近平总书记关于教育重要论述特别是在学校思想政治理论课教师座谈会上的重要讲话精神，深入落实中共中央办公厅《关于加强新时代马克思主义学院建设的意见》，中共中央办公厅、国务院办公厅《关于深化新时代学校思想政治理论课改革创新的若干意见》和教育部《普通高等学校马克思主义学院建设标准》《新时代高等学校思想政治理论课教师队伍建设规定》，中共教育部党组《“新时代高校思想政治理论课创优行动”工作方案》，切实建设好立足学校特色的思政课程，落实立德树人根本任务，中国传媒大学开展“双师思政课”协同育人实践。

以“培养马克思主义的传播者、立德树人的模范人”为学校思政课建设总目标，以“时代特色、京华特色、传媒特色”为建设总背景，进一步贯彻落实习近平总书记关于思政课建设重要论述。把办好思政课作为一项重要政治任务，牢固树立“四个意识”，坚定“四个自信”，坚决做到“两个维护”，用习近平新时代中国特色社会主义思想铸魂育人。紧密结合学校“双一流”建设和高素质传媒人才培养中心任务，切实围绕学校“十四五”规划和全面实施“三个跨越”战略任务，勇抓机遇、积极作为，推进思政课改革创新。充分发挥思政课在立德树人中的关键作用，全力推动思政课程与课程思政建设，党政齐抓共管，各有关部门履职尽责、协同配合，多措并举、发挥双师课示范效应，打造中国传媒大学特色双师思政金课。

## 一、着力建设“双师思政课”基层教学组织

为落实全国高校思政会议精神，进一步深化新时代思政育人规律研究，围绕思政教育功能和特色课程建设两大工作重点，结合思政课程和课程思政两大建设体系的特点，发挥思政课和专业课两大学科优势，建设“双师思政课”基层教学组织。组织成员包含校领导、党委教师工作部、教务处、学院领导、思政课教师、专业课教师、辅导员和班主任等。发挥国内首创的“双师思政”育人模式的经验和做法，建立思政课程与课程思政协同育人机制。“双师思政课”基层教学组织发挥合力作用，打造思政金课和课程思政示范课。以课程思政为核心、实践思政为特色、作品思政为抓手、项目思政为载体、活动思政为拓展，用五位一体的思维来推进思政课程与课程思政的融通互进，发挥团队在立德树人中的重要作用。

### （一）确立基层教学组织具体运行机制

校领导和各学院领导班子负责政策保障和机制保障，思政课教师和专业课教师负责集体备课，班主任和辅导员负责掌握学生困惑和思想实际，本科生院负责追踪评价中传思政协同育人团队的教学改革成效，党委教师工作部负责追踪评价中传思政协同育人团队的协同育人工作效果，并反馈给团队做工作完善参考。“双师思政课”基层教学组织设置主任一名、副主任一名。成员根据自愿申报与遴选相结合的原则，由马克思主义学院制定团队章程和成员资格审查条件。建立针对学院不同专业的思政协同育人团队，设置专业负责人，服从中传思政协同育人团队管理，建立具体的议事规则。由教务处以项目的形式资助团队建设。为保障团队运行，“双师思政课”基层教学组织还建立了双师思政课程和双师课程思政“1234”运行机制。

### （二）整合传媒资源，激活基层教学组织活力

“双师思政课”基层教学组织走入传媒博物馆、图书馆、专业学院教

学实践基地等开展沉浸式思政课教学。马克思主义学院、传媒博物馆、图书馆、专业学院负责组织实施。团队以校史中的党史课程为平台，发挥校领导联系思政课教师机制、“1234”协同育人机制的作用，打造中传品牌的校史中的党史思政课程，为全国高校开展结合校史讲党史做工作示范。由党政办公室、马克思主义学院与协同育人团队组织实施。团队深耕双师教学法的创新应用，形成针对不同专业、适应不同课程、针对不同学生特点的具体授课方法。实现学校领导和思政课教师、思政课教师和专业课教师、思政课教师和辅导员、思政课教师和大学生等多种形式的“双师思政课”，讲好有思想性、理论性、针对性和亲和力的新时代思政课。由党政办公室和马克思主义学院组织实施。团队争取每学年修订完善针对不同专业的思政课专题教学教案、出版特色教学教案。由马克思主义学院和专业学院适当给予资助。以中传思政协同育人团队为牵引，创优思政课专兼职教师队伍，加强校党委常委、校外相关学科专家、各级教学名师、思政课专任教师师资一体化建设。协同育人团队开展特色育人活动，结合专业学院的特色，发挥思政教师的马克思主义理论指导作用和价值引领作用，搭建协同育人平台、建立学科交叉研学平台，形成特色品牌育人活动。具体由马克思主义学院协同专业学院党委建立协同育人平台，马克思主义学院协同各专业学院主管教学负责人建立学科交叉研学平台。

## 二、重点打造“双师思政课”示范大课堂

为更好地落实立德树人根本任务，把思政小课堂和社会大课堂紧密结合起来，使德育工作与思政课程建设同向同行，在抓好常规思政课程建设的同时，重点考虑服务国家战略，重点培养坚定的青年马克思主义者。学校致力于打造“双师思政课”示范课堂，通过汇聚各方优质资源，提升育人实效。示范课堂学员以“白杨班”“国新班”“青马班”三个班学员为主，欢迎其他学生积极参与。每周以专题讲座形式在1500人报告厅开讲。授课教师在全国范围内遴选优秀教师、知名专家、先进个人或楷模等，一

期一个主题。马克思主义学院协同学校职能部门开展遴选工作，相关部门可就主题内容提供主讲人名单，最后协商确定人选。

### （一）立足时代特色，回应时代之问

课程内容以国情社情教育为主，在贯通历史和现实、国内和国际、理论和实践中回应学生关心的重大问题、热点话题，发挥“双师思政课”价值引领作用。用最好的教师引领最优秀的学生，给“拔尖生”开小灶，托举其快速成长为国家需要的人才。立足京华特色，服务北京发展。为发挥中传思政大讲堂服务北京的作用，在课程专题设计中融入京华特色的思政育人资源。立足传媒特色，加强教育针对性。由马克思主义学院与主讲人确定具体授课内容，并就讲座主题在授课前收集专业课教师和学生的困惑，再由马克思主义学院负责整理成系列问题提供给主讲人。为加强“双师思政课”的传播效果，打造中传品牌思政课，以点带面，进一步提升育人效果，将影响力辐射全校、北京乃至全国，进一步加强课程的宣传推广。

### （二）精准思政，打造定制化思政金课

双师课结合专业特点、学生需求和思想实际，目前已开展了汉语国际教育专业的双师访谈教学、播音主持专业的双师体验式教学、思想政治教育专业的双师实验室教学、结合党史学习教育的双师长征出发地实践教学、影视摄影与制作专业的双师慕课、少数民族预科生的双师互动教学、经济管理专业的双师圆桌论坛、针对现当代文学专业的双师专题教学等，逐渐形成了可复制推广的常态化育人机制。在人像摄影课上，摄影专业教师以往只解读人像摄影的技术和方法，现在可以选择红船、毛泽东、雷锋、抗疫一线工作者等素材，讲出党史发展脉络和伟大精神谱系，为摄影专业技术学习增强红色根脉力量。在广播电视网络技术课上，专业课教师以往在课堂上讲，现在双师把课堂搬到传媒博物馆，给予学生身临其境的课堂体验，深刻理解网络强国对国家发展的重要意义，让专业课课堂上的

党史学习教育做到“润物细无声”。这种“量身定做”不仅体现在专业课上，在思政课上也实践颇多。在思想道德与法治课上，思政课教师在给信息与通信工程学院的同学们授课时请到该学院的专业课教师，以“通信人的理想信念”为主题，通过对话式教学为学生量身打造专题思政课。从芯片研发以振兴专业出发，就通信人的初心和使命进行了互动交流，同学们纷纷表示将怀揣专业报国的理想与信念，走好通信人的人生道路。在给音乐与录音艺术学院的同学们授课时也请到该学院专业课教师，共同讲授音乐人的爱国观专题课，通过不同时期经典主旋律歌曲赏析、经典电影人物分析、音乐家代表作品创作解读等方式，深入阐释了新时代的爱国主义要求，鼓励同学们结合音乐专业传承中华优秀传统文化，弘扬立足民族又面向世界的爱国主义精神。

### （三）双师合作，实现课程融合升级

办好思政课关键在教师。在中国传媒大学的双师教学团队中，思政课教师和专业课教师经常一起备课，反复“磨课”，专业课教师掌握思政思维，提升思政意识；思政课教师更熟悉专业课的核心问题、更了解学生的学习兴趣点，这是相互学习、优势互补的过程。“融合”是双师建设中的难点。拉近课程与学生心理的距离只是第一步，更关键的突破在于要让理论知识点精准敲击到学生的共鸣点。这不仅要求教师重新解构整门课的理论知识点，还需要考虑运用不同的教学策略，挖掘专业案例中的思政要素，形成逻辑问题链。一堂精品双师课的呈现，双师在背后做了大量工作。从双师交流、师生沟通，再到集体备课、具体设计，采用多种教学资源和教学手段丰富课堂，提升专业教学和思政教育的融合度。诚然，比起传统的教学准备过程，这样的融合会增加授课教师的工作量，但在双师教学团队看来，付出是值得的。双师课不仅育生，而且育师。了解学生是思政课教师的授课前提，学生通常对所学专业很感兴趣，从他们的专业兴趣点入手挖掘思政素材，能为思政课建设打下更加坚实的基础。与此同时，

专业课教师也能通过双师课提高政治站位，实现从专业知识的“教”向全方位“育”的转变，有利于高校构建“大思政”育人格局。

## 三、拓展“双师思政课”对话平台

“双师思政课”对话平台是校内外思政课教师针对重大现实问题和学生的价值误区，引导学生分享观点、参与点评，肯定学生的正确认识、澄清其模糊认识，引导学生价值观形成的课程。不仅能满足学生对释疑解惑的客观需要，还能增强对学生的政治引导和价值引导效果。对话平台采取现场教学和现场录制的形式。通过拓展对话平台，构建具有引导性、时代性、可接受性、体验性、情境性和协同性的课堂教学对话机制。发挥传媒特色，建设学生喜爱、教师爱用、同行受益的思政网络小课堂，提升思政课课堂教学质量和育人效果。

### （一）建设师生互动对话交流平台

每个“双师思政课”对话平台都邀请校内外思政课教师各1名和在校生1名，组成对话教学小组。教师要关注最新的理论成果，关注新时代下学生的新特点，对问题进行分类，对学生需求进行分类，条理清晰地在对话中让学生接受当代中国的马克思主义理论。由马克思主义学院负责审核授课内容和授课机制，由本科生院和研究生院负责邀请校外专家，由学校融媒体中心负责录制和上线平台。每年度对话选题由马克思主义学院制订选题策划方案，围绕国情社情形成系列专题进行录制。

### （二）探索网络思想政治教育新模式

建设对话教学示范教室，逐步完善示范教室录音录像系统、讲评系统、模拟示范系统、直播系统等，探索思政课网络教学建设。由马克思主义学院、教务处、信息化处负责具体实施。拓展对话展示平台，探索“互联网+思想政治理论课”模式。及时总结凝练对话课建设工作经验，在校内校外广泛宣传和总结推广。除了继续加强与新华社合作之外，在中国传媒大学白杨网、中国传媒大学官方微信和官方微博、学习强国等平台宣传课程，并在抖音开设专门账号推送对话课小视频。

## 四、成立“双师思政课”宣讲团

为深刻领会和传播习近平新时代中国特色社会主义思想，党的路线、方针、政策和决议，社会主义核心价值观，党的光辉历程，改革发展实践中的重点、难点和时事热点问题，党中央和上级党组织要求学习宣讲的重要内容等，遴选一批政治素质过硬、理想信念坚定、理论功底深厚的校领导、思政课专任教师、知名学者、教学名师、青年拔尖人才、优秀学生榜样等担任讲师，成立“双师思政课”宣讲团。在校内培训基层党支部、辅导员等，在校外服务社区、企业等基层组织，发挥传媒特色，在抖音、微信、微博等平台传播新时代新思想。不断强化理论武装头脑，深化服务意识，提升个人政治素养、理论素养和道德素养，以尽职忘我、严谨认真的工作作风，更好地发挥马克思主义理论学习研究宣传作用。

### （一）内外联动、菜单服务，确保宣讲效果

宣讲团根据每位成员的研究领域和优势，确立宣讲主题，确保每位成员有自己的宣讲主题和方向。宣讲团把这些主题进行整合分类，形成理论宣讲内容菜单，为成员提供菜单式服务，使得理论宣讲更具针对性和时效性。理论宣讲立足校内、走向社会，实现校内校外联动。为了提高宣讲团成员的自身综合素养，对其进行专题辅导和理论提升，有效推动理论宣讲工作实现制度化和规范化。

### （二）立足群众、走进基层，扩大辐射影响

校内宣讲主要是面对学生群体，如入党积极分子、预备党员、青马学员以及系部教工党总支或党支部。校外宣讲对象主要是机关、企业、社区等基层党组织。宣讲团把基层作为宣讲工作的主战场，立足教育群众，着眼服务基层，本着全心全意为人民服务的宗旨，传播新思想，践行新使

命。发挥传媒特色，在抖音、微信、微博等平台全面启动并高效推动宣讲网络体系的运转，让党的创新理论“飞入寻常百姓家”。

### （三）专题研讨，发挥学习研究宣传作用

为确保“中传思政宣讲团”做好宣讲工作，通过组织理论专题学习会、召开专题研讨会、学术交流沙龙和组织试讲等方式，开展集体备课，分享讲课经验，准确把握理论宣讲内容，在学懂弄通做实上下功夫，积极担负起传播党的理论的重要使命。

### （四）领导重视，带头强化宗旨意识

根据校领导联系思政课教师方案，在中传特色思政课建设中发挥示范带动作用，着力推进形成全校上下努力办好思政课、教师认真讲好思政课、学生积极学好思政课的良好氛围。校领导、党委常委及马克思主义学院、相关职能部门要增强工作的主动性和前瞻性，强化问题导向，开展调查研究，抓住制约学校思政课建设的突出问题，及时总结经验、做法，为思想政治理论课改革创新提供中传智慧和中传方案。马克思主义学院结合北京市重点马克思主义学院建设要求，既要抓思政课程，又要抓课程思政，服务全校课程思政建设，为建设中传特色思想政治理论课队伍制订方案。各学院（研究院）要结合本部门实际，就如何进一步结合专业加强中传特色课程思政建设制定配套管理办法，作为年终考核的重要依据。各部门要加强分工协作，明确责任，把工作任务落实到岗到人。建立任务清单，细化工作时间表，明确分解责任，将工作责任压紧压实。

“双师思政课”是可复制、易传播、可推广的模式。为保障双师教学的顺利开展，在校党委的领导下，学校健全工作机制，协调多部门合力推进课程思政建设，打造中国传媒大学特色育人体系。在“大思政”格局下，双师教学模式积极探索课程思政、实践思政、作品思政、项目思政、活动思政，服务学校育人大局，加强了院系之间的沟通，加深了双师的相互理解，整合了学校资源，是思政课程的加强版、课程思政的升

级版。学生通过双师课学习，将“有理想、有本领、有担当”的时代新人要求逐渐内化，自觉在专业学习中践行社会主义核心价值观，深入理解马克思主义理论，坚定马克思主义信仰。双师教学模式实现了一加一大于二的效果。

# 结　语

# “双师思政课”发挥媒体矩阵效能激活思政教育

2022年4月25日上午，中共中央总书记、国家主席、中央军委主席习近平来到中国人民大学考察调研。他强调，思想政治理论课能否在立德树人中发挥应有作用，关键看重视不重视、适应不适应、做得好不好。思政课的本质是讲道理，要注重方式方法，把道理讲深、讲透、讲活，老师要用心教，学生要用心悟，达到沟通心灵、启智润心、激扬斗志。[①]基于“双师思政课”在中国传媒大学的实践，“讲深”就是要始终装着国家，关注时代和社会；“讲透”就要大道至简，润物无声，经得起学生各种追问；“讲活”就是充分发挥媒体矩阵效能激活思政教育，探索思政课教师与专业课教师共建课程，形成传播马克思主义理论的协同效应，牢牢掌握思想引导与价值引领的传播制高点，培养更多堪当民族复兴大任的时代新人。

## 一、在发挥传媒资源启智润心方面下功夫

作为新时代饱受我党关怀的高校教师群体，关键要把“关键课”和“大道理”讲到学生心坎上，把道理讲深、讲透、讲活。老师要用心教，

① 习近平在中国人民大学考察时强调　坚持党的领导传承红色基因扎根中国大地　走出一条建设中国特色世界一流大学新路［N］.人民日报，2022-04-26（1）.

学生要用心悟，达到沟通心灵、启智润心、激扬斗志。“双师思政课”将传媒资源运用到思政育人的课程、活动、项目和创作过程中，针对学生学习困惑和思想实际完善课程，发挥传媒资源启智润心的作用。

### （一）突出重点讲好思政课程

在“双师思政课”实践的过程中要强化思想政治理论课这个关键课程的价值引领作用。思政课教师与专业课教师同上一堂课。相较于传统课程，“双师思政课”在思政理论教学内容的选择方面要突出重点部分。例如，习近平总书记在党史学习教育动员大会上强调了学习党史的重大意义，思政课肩负着高校党史教育的使命与责任。在中国传媒大学开展的“双师思政课”中将党史教育与各个学科的教学相融合，整合传媒资源讲活思政课程和专业课程，让学生在专业课学习的同时接受一次党史教育，也使得党史以更生动的方式被学生接受和铭记，这种教育方式相较于传统的教学模式效果也更为持久。

### （二）答疑释惑过程启智润心

在“双师思政课”的实践过程中应建立起学生对于课程的反馈机制。例如，学生是否认为“双师思政课”的教学方式有助于增强对思政理论的领悟程度、对思政理论知识的兴趣度等，建立反馈机制也有助于教师及时了解学生的学习效果以及对于课程的兴趣点，从而有的放矢地对课程设计、课程内容进行调整。在“双师思政课”的建设过程中应着重思考将更多的思政理论内容融入这种教学模式，在与其他学科融合的过程中注重将思政理论课讲到学生心坎上。

## 二、在发挥传媒学科优势提升集体备课质量方面下功夫

推动高校思政课创新发展是时代的要求。在如今思想高度活跃的社会中，思想政治教育担负着价值观引领的历史使命，因此思想政治教育也要随着时代的发展对教育方法进行创新，对教育内容进行更新。在教育方法

上坚持显性教育与隐性教育的统一，在教育内容上坚持价值性与知识性的统一。“双师思政课”要实现思政教育的目标必须提升集体备课质量，立足传媒学科优势，继续深入实践与复制推广。

### （一）抓集体备课机制

“双师思政课”采取同向同行、协同育人的“1234”育人机制。双师立足课程建设标准，第一步，设计专业问题点燃学生求知欲。第二步，显性双师：双师课上访谈（对话）教学做解决问题示范；隐性双师：双师融合思政元素和专业元素，制作精品课程；培育了思政课特色教学团队和专业课课程思政建设团队。第三步，结合融媒体特色，用专业故事讲出马克思主义的道理来。

### （二）备学生也备老师

思政元素潜移默化如盐入水融入专业课程，打破课程边界，发挥大思政育人作用，内容深入浅出，形式灵活多样。双师备课主要围绕课程的核心问题和学生的学习困惑展开，要深入研读思政元素与课程的巧妙融合，加强学习思想政治教育理论。从学生的接受程度和课程的育人效果角度加强课程研讨。在这个过程中，双师的思政意识得到进一步增强，对思政元素的敏锐性进一步提高。双师相互学习加强课程育人的教学方法，并自觉将思政元素融入思政课程和专业课程中去。这就培育了熟悉传媒学科特点的思政课教学团队和课程思政育人队伍。

### （三）宣传推广思政教育成果

“双师思政课”教改成果在校园网、微信公众号、电视台、学习强国平台等发布，不仅用于宣传推广，也起到答疑解惑、凝聚教改共识和积蓄思政教育力量的作用。很多对思政教育感兴趣的教师主动联系双师教学团队，询问课改细节，主动加入课程团队并积极参与课程改革探索。当双师团队需要相关学院支持的时候，大家围绕思政育人工作进课程开展深入研讨和交流。教改经验经过多方论证和反复实践，形成适应学生特点和专业教学的特色教学模式。

## 三、在发挥媒体融合赋能思政与课程方面下功夫

“双师思政课”在中国传媒大学的思政课程和课程思政领域一直都在融合创新升级，发挥媒体融合优势，目标就是打造思政金课。在积极探索过程中，双师教学团队通过精致思政实现针对不同专业和课程形式的课程改革模式。

### （一）精准思政融通互进

“双师思政课”采取灵活多样的教学方法，针对不同专业制定课程改革定制“菜单”。例如，汉语国际教育专业的双师访谈教学、播音主持专业的双师体验式教学、思想政治教育专业的双师实验室教学、结合党史学习教育的双师长征出发地实践教学、影视摄影与制作专业的双师慕课、少数民族预科生的双师作互动教学、经济管理专业的双师圆桌论坛、针对现当代文学专业的双师专题教学等。结合专业特点、学生需求和思想实际，双师教学团队复制推广教学模式，不断总结教改经验，继续融入思政课程和课程思政改革实践。授课教师始终坚持受教育者先受教育，在教改实践中首先点燃教师的热情再传递给学生，加强思政课的针对性和吸引力，强化马克思主义力量理解力和解释力，总体上加强思政教育力量。

### （二）媒体融合助力思政育人

全媒体时代，要想使思政课真正走进学生心里，必须要借助媒体融合的“东风”，把思政理论讲深讲透讲活。中国传媒大学始终坚持党的政治引领，紧密结合办学优势和特色，全面加强思政教育体系建设，创新推进课程思政建设。学校注重发挥在视听传播和媒体融合方面的优势，打造具有全媒体特色的课程思政、项目思政、实践思政、作品思政、活动思政一体化推进的“五位一体”思政教育体系，并将思政教育资源推广辐射

到全国。

### 1.课程思政：新闻传播大讲堂

马克思主义新闻观是新闻传播教育的“定盘星”，也是中国传媒大学开展课程思政教育的重要抓手。2020年，课程以“来自武汉抗疫一线的报道”为主题，由14家主流媒体中参与武汉抗疫一线报道的42位媒体人讲述，师生团队精心录制形成32集课程，呈现抗疫报道经验和抗疫精神，成为一堂供全国师生线上学习的“云端大课”。“大讲堂”作为一堂生动的国情大课、有温度的思政大课、高水平的专业大课，有效强化了马克思主义新闻观教育，感染和激励新闻学子坚定理想信念，秉持家国情怀，提升专业素养。作为新文科建设的模式创新，“大讲堂”课程被分享到全国719所新闻传播院校，惠及数十万新闻专业学子。

### 2.项目思政：“光明影院”项目

在中国，约有1700万视障人士，他们或许曾经能看见，或许现在依然能依稀感受到光亮。他们与电影之间，仿佛隔着一条无法逾越的鸿沟。但在中国传媒大学，有这样一个团队，他们通过努力建立了“光明影院”，把电影带到视障人群身边，给视障人群带去了更多“光明”，让视障群体感知电影的魅力，让无障碍的理念深入人心。中国传媒大学的师生俨然成为“光明使者”。他们关注无障碍电影的创作，特别希望有一种语言能够跨越黑暗的障碍，瞬间带给观众光明，创造它就是他们的使命。同时，创作者也会产生一种幸福感。随着这个项目越来越受到社会各方的关注，也让他们更强烈地意识到新时代青年应有的社会责任。“光明影院”项目是在社会实践与服务中培根铸魂，将思政教育有机融入学生社会实践中，充分发挥学生的主观能动性，将价值理念与人文关怀内化于心、外化于行。学生参与这个项目后更加理解我们的社会和社会中的人，就如同上了一节生动的思政大课。他们给视障人士提供的不仅是一种新的文化产品，更是一个与家人、朋友交往的机会。在电影院这样一个具有仪式感的场所，视障朋友增强了自己的社会交往能力并提高社会参与度。

**3. 实践思政：青年马克思主义学院**

学校还成立了青年马克思主义学院，着力培养马克思主义的坚定信仰者、践行者和传播者。组织理论社团和“周恩来班”等重点班级参与思政课教学活动，推进习近平新时代中国特色社会主义思想进教材、进课堂、进头脑。2021年，师生团队制作的《习近平总书记走过的革命纪念地》融视频作品在学习强国平台上线，将理论学习、实践创新和网络教学有机结合，努力传承好红色基因，开展好新时代的理论学习。

**4. 作品思政和活动思政：创新融媒体党史学习教育**

作品思政和活动思政特色鲜明。党的历史本身就是富有说服力的思想政治工作教科书。2021年，在庆祝党的百年华诞之际，中国传媒大学将党史学习教育全面融入学校课程思政建设中，通过与中宣部《党建》杂志社、人民网、央视网等平台合作制作融媒体产品，让师生在实践创新中加强“四史”学习，传播红色文化，赓续红色血脉，将红色资源“连接”起来。通过融媒体、云技术与数字化手段生动呈现遍布全国的百个革命展馆，打造“红色云展厅”，改变了传统的线下学习形式。把红色文物“讲述”出来。邀请全国百所高校大学生讲述百个具有代表性的红色文物故事，推出百集视频作品《红色文物青年说》，成为网络爆款产品，让革命故事“传播”开来。用音频讲述一百位革命先烈的英雄人生故事，打造百集《百年先锋》移动听音频作品，激励和感染青年学生。用理想信念“表达”，用融媒体手段讲述全国百名党员感人的入党故事。这些工作不仅是学校深化党史学习教育“自选动作”的亮点成果，也是实践育人、创作育人、作品育人的生动体现，引发了强烈的社会反响。

**5. 现代信息技术融合思政教育**

为了促进师生学、思、践、悟相结合，学校联合光明日报推出“鲜花献英烈”小程序和《清明》融视频，通过献花的形式“云”上祭奠革命先烈、致敬英雄。短短几天，近40万人通过小程序“云”上献花，表达对英烈的崇敬与怀念。这种将思政教育传统优势同现代信息技术高度融合的做法，不仅让参与制作的师生深受教育，而且向社会延伸，效果显著。

教育部党组书记、部长怀进鹏在中国传媒大学调研座谈会上指出，中国传媒大学是在刘少奇、周恩来等老一辈党和国家领导人直接关心关怀下建立的，是一所既有红色传承，又有红色基因的学校，多年来为党和国家培养了大批优秀传媒人才。学校师生在建党百年庆祝活动中的优异表现，就是学校立德树人重要成果和优势特色的鲜明体现。发挥媒体矩阵效能激活思政教育的“双师思政课”正是通过潜移默化的方式传承红色基因，将思政元素如盐入水般融入思政教育，是实现思政课程与课程思政协同育人效果的积极尝试，是将“关键课”和“大道理”讲到学生心坎上的有益探索，为打造中国传媒大学思政金课作出积极贡献。

# 参考文献

## 一、中文著作类


［1］陈秉公.思想政治教育学［M］.长春：吉林大学出版社，1992.

［2］邓小平.邓小平文选：第2卷［M］.2版.北京：人民出版社，1994.

［3］中共中央马克思恩格斯列宁斯大林著作编译局.马克思恩格斯选集：第4卷［M］.2版.北京：人民出版社，1995.

［4］中共中央马克思恩格斯列宁斯大林著作编译局.马克思恩格斯选集：第1卷［M］.3版.北京：人民出版社，2012.

［5］施良方.课程理论：课程的基础、原理与问题［M］.北京：教育科学出版社，1996.

［6］陈万柏.思想政治教育载体论［M］.武汉：湖北人民出版社，2003.

［7］刘济良，等.价值观教育［M］.北京：教育科学出版社，2007.

［8］刘建军.中国共产党思想政治教育的理论与实践［M］.北京：中国人民大学出版社，2008.

［9］俞吾金.意识形态论［M］.修订版.北京：人民出版社，2009.

［10］王葎.价值观教育的合法性［M］.北京：北京师范大学出版社，2009.

［11］郑永廷.思想政治教育方法论［M］.修订版.北京：高等教育出版社，2010.

［12］田海舰，邹卫.社会主义核心价值观论纲［M］.北京：人民出版社，2010.

［13］宋惠昌.社会主义核心价值观专题解读［M］.北京：中共中央党校出版社，2010.

［14］褚凤英.思想政治教育活动研究［M］.北京：人民出版社，2011.

［15］郭庆光.传播学教程［M］.2版.北京：中国人民大学出版社，2011.

［16］杨业华.当代中国大学生核心价值观研究［M］.北京：人民出版社，2011.

［17］杨晓慧.社会主义核心价值体系融入大学生思想政治教育全过程的基本问题研究［M］.北京：人民出版社，2011.

［18］李文信.大学生核心价值观教育创新论［M］.银川：阳光出版社，2011.

［19］赵波，高德良.西方文化渗透对我国文化安全的影响［M］.北京：中国传媒大学出版社，2012.

［20］沈壮海.思想政治教育有效性研究［M］.武汉：武汉大学出版社，2001.

［21］韩震.社会主义核心价值观凝练研究［M］.北京：北京师范大学出版社，2012.

［22］韩震.社会主义核心价值观五讲［M］.北京：人民出版社，2012.

［23］方爱东.社会主义核心价值观研究［M］.合肥：中国科学技术大学出版社，2013.

［24］朱颖原.社会主义核心价值观多维研究［M］.北京：人民出版社，2013.

［25］孙伟平，陈慧平.当代中国社会价值观调研报告［M］.北京：中

国社会科学出版社，2013.

［26］习近平.习近平谈治国理政［M］.北京：外文出版社，2014.

［27］邱国勇.社会主义核心价值观教育研究［M］.北京：人民出版社，2014.

［28］石芳.多元文化背景下的核心价值观教育［M］.北京：人民出版社，2014.

［29］韩丽颖.当代大学生核心价值观研究［M］.北京：人民出版社，2014.

［30］王双群.培育社会主义核心价值观研究：以思想政治理论课教育教学为例［M］.北京：中国社会科学出版社，2015.

［31］陈万柏，张耀灿.思想政治教育学原理［M］.2版.北京：高等教育出版社，2007.

［32］孙杰.当代中国社会主义核心价值观研究［M］.北京：人民出版社，2016.

［33］宋伟.社会主义核心价值观融入高校校园文化建设研究［M］.北京：人民日报出版社，2017.

［34］李泽泉.培育和践行社会主义核心价值观理论与实践探索［M］.北京：人民出版社，2018.

［35］刘志山.社会主义核心价值观的多维视域［M］.广州：广东人民出版社，2018.

［36］顾晓英.媒体中的我们——聚焦上海大学课程思政：2014—2019［M］.上海：上海大学出版社，2020.

［37］韩震.社会主义核心价值观的话语构建与传播［M］.北京：中国人民大学出版社，2019.

［38］郝大海.社会调查研究方法［M］.4版.北京：中国人民大学出版社，2019.

［39］杜荣华，刘绍勤.机械类专业“课程思政”案例：第一辑［M］.

长春：东北师范大学出版社，2019.

［40］李俊伟，张翼宙.医学类专业课程思政教学案例集［M］.北京：中国中医药出版社，2020.

［41］楚国清，孙善学.课程思政“三金”优秀教学设计案例［M］.北京：首都经济贸易大学出版社，2020.

［42］王英龙，曹茂永.课程思政：我们这样设计［M］.北京：清华大学出版社，2020.

［43］陈华栋，等.课程思政：从理念到实践［M］.上海：上海交通大学出版社，2020.

［44］朱丽霞.课程思政视域中的思想政治理论课“三合一”实践教学模式研究［M］.武汉：武汉大学出版社，2021.

［45］张蕾蕾.网络时代的智慧思政课：翻转课堂新论［M］.上海：上海社会科学院出版社，2021.

［46］习近平.紧紧围绕坚持和发展中国特色社会主义　学习宣传贯彻党的十八大精神：在十八届中共中央政治局第一次集体学习时的讲话［M］.北京：人民出版社，2012.

## 二、外文译著类

［1］德弗勒，鲍尔—洛基奇.大众传播学诸论［M］.杜力平，译.北京：新华出版社，1990.

［2］苏霍姆林斯基.怎样培养真正的人［M］.蔡汀，译.北京：教育科学出版社，1992.

［3］傅柯.知识的考掘［M］.王德威，译.台北：麦田出版公司，1993.

［4］卢梭.爱弥儿论教育：上卷［M］.李平沤，译.北京：商务印书馆，1978.

［5］藤尼斯.共同体与社会［M］.林荣远，译.北京：商务印书馆，1999.

［6］班杜拉.思想和行动的社会基础：社会认识论［M］.林颖，等译.上海：华东师范大学出版社，2001.

［7］苏霍姆林斯基.公民的诞生［M］.黄之瑞，等译.北京：教育科学出版社，2002.

［8］拉思斯.价值与教学［M］.谭松贤，译.杭州：浙江教育出版社，2003.

［9］安德森.想象的共同体：民族主义的起源与散布［M］.吴叡人，译.上海：上海人民出版社，2003.

［10］海德格尔.存在与时间［M］.陈嘉映，王庆节，合译.修订译本.北京：生活·读书·新知三联书店，2006.

［11］麦奎尔.受众分析［M］.刘燕南，等译.北京：中国人民大学出版社，2006.

［12］卡斯特.认同的力量［M］.曹荣湘，译.2版.北京：社会科学文献出版社，2006.

［13］施拉姆，波特.传播学概论［M］.何道宽，译.2版.北京：中国人民大学出版社，2010.

［14］乔纳森，兰德.学习环境的理论基础［M］.徐世猛，李洁，周小勇，译.2版.上海：华东师范大学出版社，2015.

## 三、期刊论文类

［1］冯留建.社会主义核心价值观培育的路径探析［J］.北京师范大学学报（社会科学版），2013（2）.

［2］韩延明.校训：培育大学生社会主义核心价值观的沃壤［J］.中国高教研究，2014（9）.

［3］鲁静.价值观教育的日常化建构：大学生社会主义核心价值观教育的思考［J］.教师教育研究，2014，26（5）.

［4］靳玉军.论社会主义核心价值观教育的实践要求［J］.教育研究，

2014，35(11).

［5］吴向东.社会主义核心价值观的若干重大问题［J］.北京师范大学学报（社会科学版），2015(1).

［6］黄蓉生.社会主义核心价值观的文化视域思考［J］.中国高校社会科学，2015(1).

［7］刘建军.以弹性思维把握社会主义核心价值观［J］.社会主义核心价值观研究，2015，1(1).

［8］吴翠丽.社会主义核心价值观嵌入日常生活的内在机理与实现路径［J］.南京社会科学，2015(2).

［9］刘建军.“社会主义核心价值观”的三种区分［J］.思想理论教育导刊，2015(2).

［10］李文阁.论社会主义核心价值观的形成、内涵与意义［J］.北京师范大学学报（社会科学版），2015(3).

［11］李勇.新媒体环境下社会主义核心价值观传播体系的建构研究［J］.电化教育研究，2015，36(2).

［12］杜时忠，曹树真.社会主义核心价值观“进教材”的教育学探索［J］.教育研究，2015，36(9).

［13］冯刚，刘晓玲.坚持以文化人　深入推进社会主义核心价值观培育践行［J］.思想理论教育导刊，2016(1).

［14］高远，李明建.论专业课教师与思想政治教育工作者的协同育人［J］.江苏高教，2016(3).

［15］石书臣，蒋翠婷.中国传统思维方式对培育和践行社会主义核心价值观的启示［J］.道德与文明，2016(3).

［16］高德毅，宗爱东.从思政课程到课程思政：从战略高度构建高校思想政治教育课程体系［J］.中国高等教育，2017(1).

［17］李国娟.课程思政建设必须牢牢把握五个关键环节［J］.中国高等教育，2017(Z3).

［18］葛卫华.厘定与贯连：论学科德育与课程思政的关系［J］.中国高等教育，2017(Z3).

［19］邱伟光.课程思政的价值意蕴与生成路径［J］.思想理论教育，2017(7).

［20］闵辉.课程思政与高校哲学社会科学育人功能［J］.思想理论教育，2017(7).

［21］高锡文.基于协同育人的高校课程思政工作模式研究：以上海高校改革实践为例［J］.学校党建与思想教育，2017(24).

［22］詹鹏，邵献平.论课程德育与德育课程的融合：构建高校德育教学共同体［J］.华北电力大学学报（社会科学版），2018(1).

［23］吴月齐.试论高校推进“课程思政”的三个着力点［J］.学校党建与思想教育，2018(1).

［24］余江涛，王文起，徐晏清.专业教师实践“课程思政”的逻辑及其要领：以理工科课程为例［J］.学校党建与思想教育，2018(1).

［25］陆道坤.课程思政推行中若干核心问题及解决思路：基于专业课程思政的探讨［J］.思想理论教育，2018(3).

［26］邱仁富.“课程思政”与“思政课程”同向同行的理论阐释［J］.思想教育研究，2018(4).

［27］聂迎娉，傅安洲.课程思政：大学通识教育改革新视角［J］.大学教育科学，2018(5).

［28］吴冬平，徐哲民.大思政理念下专业课课程思政改革研究［J］.科技视界，2018(8).

［29］成桂英.推动“课程思政”教学改革的三个着力点［J］.思想理论教育导刊，2018(9).

［30］梅强.以点引线　以线带面：高校两类全覆盖课程思政探索与实践［J］.中国大学教学，2018(9).

［31］肖香龙，朱珠.“大思政”格局下课程思政的探索与实践［J］.思

想理论教育导刊，2018(10).

[32] 武群堂.试论思想政治理论课教师在学校教师队伍中的引领作用：基于课程思政的视角[J].学校党建与思想教育，2018(11).

[33] 石书臣.正确把握“课程思政”与思政课程的关系[J].思想理论教育，2018(11).

[34] 刘清生.新时代高校教师“课程思政”能力的理性审视[J].江苏高教，2018(12).

[35] 王海威，王伯承.论高校课程思政的核心要义与实践路径[J].学校党建与思想教育，2018(14).

[36] 邢鹏飞.大学生社会主义核心价值观认同现状与培育对策调查研究[J].高校教育管理，2018，12(2).

[37] 史巍.论以“课程思政”实现协同育人的关键点位及有效落实[J].学术论坛，2018，41(4).

[38] 田鸿芬，付洪.课程思政：高校专业课教学融入思想政治教育的实践路径[J].未来与发展，2018，42(4).

[39] 伍醒，顾建民.“课程思政”理念的历史逻辑、制度诉求与行动路向[J].大学教育科学，2019(3).

[40] 胡洪彬.课程思政：从理论基础到制度构建[J].重庆高教研究，2019，7(1).

[41] 马亮，顾晓英，李伟.协同育人视角下专业教师开展课程思政建设的实践与思考[J].黑龙江高教研究，2019，37(1).

[42] 敖祖辉，王瑶.高校“课程思政”的价值内核及其实践路径选择研究[J].黑龙江高教研究，2019，37(3).

[43] 王学俭，石岩.新时代课程思政的内涵、特点、难点及应对策略[J].新疆师范大学学报（哲学社会科学版），2020，41(2).

[44] 潘明，高德胜.提升高校思想政治教育对话实效性研究[J].学校党建与思想教育，2021(14).

［45］张耀灿.以“四真”精神讲好思政课要处理好的关系［J］.思想理论教育导刊，2021(4).

［46］尹夏楠，孙妍玲.专业思政与课程思政一体化建设的探索与实践［J］.山西财经大学学报，2022(S1).

［47］李仙娥.“大思政课”视域下高校思政课实践育人模式的构建论析［J］.思想理论教育导刊，2022(1).

［48］徐蓉，周璇.师资联动：构建“大思政课”育人格局［J］.思想理论教育，2022(4).

## 四、学位论文类

［1］刘峥.大学生认同与践行社会主义核心价值观研究［D］.长沙：中南大学，2012.

［2］徐园媛.大学生社会主义核心价值观教育“四位一体”课程实施路径研究［D］.重庆：西南大学，2017.

［3］林泉伶.“课程思政”：新时代高校思想政治教育新途径研究［D］.南京：南京邮电大学，2019.

［4］王秋辉.课程思政背景下工科大学生工程伦理教育研究：以南京地区理工类院校为例［D］.南京：南京工业大学，2019.

［5］蒋艳.新时代大学生社会主义核心价值观教育模式建构研究［D］.徐州：中国矿业大学，2019.

［6］董明慧.高校“课程思政”问题研究［D］.大连：大连海事大学，2019.

［7］朱梦洁.“课程思政”的探索与实践［D］.上海：上海外国语大学，2019.

［8］杨金铎.中国高等院校“课程思政”建设研究［D］.长春：吉林大学，2021.

［9］崔晓丹.大学生思想政治教育主渠道与主阵地协同研究［D］.北

京：北京科技大学，2021.

## 五、报刊文献类

［1］习近平在全国宣传思想工作会议上强调　胸怀大局把握大势着眼大事　努力把宣传思想工作做得更好［N］.人民日报，2013-08-21（1）.

［2］习近平在全国高校思想政治工作会议上强调　把思想政治工作贯穿教育教学全过程　开创我国高等教育事业发展新局面［N］.人民日报，2016-12-09（1）.

［3］邓晖，颜维琦.从“思政课程”到“课程思政”：上海探索构建全员、全课程的大思政教育体系［N］.光明日报，2016-12-12（8）.

［4］邱开金.从思政课程到课程思政，路该怎样走［N］.中国教育报，2017-03-21（10）.

［5］虞丽娟.从“思政课程”走向“课程思政”［N］.光明日报，2017-07-20（14）.

［6］曹继军，颜维琦.从思政课程到课程思政：上海高校全员参共绘育人“同心圆”［N］.光明日报，2018-01-03（8）.

［7］习近平.在北京大学师生座谈会上的讲话［N］.人民日报，2018-05-03（2）.

［8］习近平主持召开学校思想政治理论课教师座谈会强调　用新时代中国特色社会主义思想铸魂育人　贯彻党的教育方针落实立德树人根本任务［N］.人民日报，2019-03-19（1）.

［9］人民日报评论员.办好思政课关键在教师：论学习贯彻习近平总书记在学校思政课教师座谈会上重要讲话［N］.人民日报，2019-03-20（1）.

［10］张烁.教育部印发纲要　所有高校全面推进课程思政建设［N］.人民日报，2020-06-06（4）.

［11］毛立刚.推进思政课程与课程思政同向同行［N］.中国社会科学

报，2020-12-04（6）.

［12］习近平在中国人民大学考察时强调　坚持党的领导传承红色基因扎根中国大地　走出一条建设中国特色世界一流大学新路［N］.人民日报，2022-04-26（1）.

# 附录一

# 中国传媒大学“双师思政课”实施计划

为学习贯彻习近平总书记在学校思想政治理论课教师座谈会上的重要讲话精神，落实教育部“新时代高校思想政治理论课创优行动”部署，适应学校“双一流”建设和培养高素质传媒人才的要求，切实办好思想政治理论课，马克思主义学院特提出“双师思政课”计划。

## 一、工作目标

“双师思政课”，围绕思政教育功能和特色课程建设两大工作重点，发挥思政课教师和专业课教师两大专业优势，结合思政课程和课程思政两大建设体系的特点，打造专业知识与育人元素充分融合的思政金课，增强思政课程的实效性和针对性，实现知识传授和价值引领有机统一。

## 二、工作重点

（1）“双师思政课”建设的基础在“课程”。思政课程，首先是一门课程。没有好的课程建设，课程的其他功能就成为无源之水、无本之木。为此，尊重课程建设规律，切实强化课程建设管理是“双师思政课”建设的根本基础。课程要求马克思主义学院的思政课教师和授课学院的专业课教师共同备课、共同研发、共同授课，确保课程符合课程建设的基本要求，成为思政课建设的创新点和授课学院学科建设、学生培养的重要助力。

（2）“双师思政课”建设的重点在“思政”。“双师思政课”归根结底依然是思政课的组成部分，没有好的“思政”教育功能，课程教学就会失去灵魂，迷失方向，从而导致课程教学中知识传授、能力培养与价值引领之间的割裂甚至冲突。“双师思政课”要在尊重课程自身建设规律的前提下，在实现课程的知识传授、能力培养等基本功能的基础上，充分挖掘并凸显其价值引领功能，尤其是辐射到学生的专业学习领域的价值引领功能。

（3）“双师思政课”建设的关键在教师。教师是教书育人实施的主体，也是课堂教学的第一责任人。“双师思政课”建设要靠教师去落实，通过搭建“双师思政课”平台，整合思政课教师、专业课教师、学生辅导员和班主任队伍，组建多学科背景互相支撑、良性互动的课程教学团队，实现教师之间的同向同行、协同育人。

（4）“双师思政课”建设的重心在院系。“双师思政课”教育教学改革，既要求转变教育观念、优化教学内容、创新教学方法，也对思政课的教学活动组织带来新的问题和挑战。需要建立起上下贯通、多元参与的运行机制，确保“双师思政课”同向同行、协同育人的理念和举措真正落到实处。

（5）“双师思政课”建设的创新在融合。“双师思政课”的创新突破点在于思政课与专业教学及一线学生思政工作之间的深度融合与互化。要求在思政课老师的理论指导下，专业课老师能够充分挖掘专业学科知识中蕴含的思政性，一线教师工作团队从工作案例中形成理论规律，因材施教，使得思政课“红心一颗，花开各美”。

## 三、工作原则

以遵循教育规律、优化教学内容为核心，以加强顶层设计、创新教学方法为抓手，以加强资源共享、促进融合互补为重点，形成思政课本知识与专业学科特色协同育人的联动课程设计体系。

## 四、工作计划

“双师思政课”计划，围绕思想道德与法治课程，由马克思主义学院和音乐与录音艺术学院合作，分三个阶段开展工作。

（1）第一阶段，搭建“双师思政课”平台。由马克思主义学院思想道德修养教研室教师与授课学院的专业课程教师或具有专业学科背景的学生辅导员组成教学团队，协同作战，完成课程的教学方案的构建和设计。

（2）第二阶段，实现同向同行、协同育人的双师思政课程工作目标。由“双师思政课”教学团队共同完成每一次课程的备课和讲授，将思想道德与法治课程中的人生观教育、理想信念教育、中国精神教育、社会主义核心价值观教育、公民道德教育、法制教育等授课重点与授课学生的专业背景、专业学习、职业生涯规划等结合起来，突出思政课程的实效性和针对性。

（3）第三阶段，通过“双师思政课”的示范形成思政课提升创优的模板效应。通过基于思想道德与法治课程的“双师思政课”的前期整体设计和在推进过程中的不断完善，总结形成思政课教学改革的科研和教改成果，并在授课学院的学科“双一流”建设和人才培养之中构建扎实的“立德”基础。同时，通过总结和探索，以期推广到其他学院和其他内容的思政课课程设计中。

# 附录二

# “双师思政课”教学模式获奖成果

## 马克思主义学院教师荣获北京市学校美育科研论文征集二等奖

（通讯员孙靖）为深入贯彻落实习近平总书记关于学校美育的重要思想论述，深化北京市学校美育工作及改革实践，提高北京市学校美育科研水平，北京市教委于2020年11月面向全市各大中小学教师及教育科研院（所）、教育行政部门教育工作者开展了学校美育科研论文征集评选活动。日前，评选结果揭晓，我校马克思主义学院思想政治教育教研部主任赵波副教授喜获二等奖。

高校思政课是立德树人的关键课程，将美育融入高校思政课，可以发挥思政课对美育的指导作用。近两年来，马克思主义学院与兄弟学院多名教师积极首创实践了“双师思政课”育人模式，致力于实现同向同行、协同育人的工作目标。赵波老师的论文以《高校美育的“双师思政课”育人模式探究》为题，阐释了“双师思政课”育人模式的美育价值强化功能，介绍了具体实施方案，并探讨了其未来建设方向。文章力图通过“双师思政课”的示范模式形成高校美育的模板效应，加强人才培养的“立德”基础。

赵波老师认为，实施好“双师思政课”是马克思主义学院思政课提升创优规划中的重要组成部分，这一模式整合了我校多样的艺术、文化资源，可挖掘出丰富的美育素材，实现各学科、各学院思政课程与课程思政育人功能实施路径的优势互补。

美育是高校教育中的重要组成部分，是培养学生认识美、欣赏美和创造美的能力的教育。习近平总书记在全国教育大会上强调：“要全面加强和改进学校美育，坚持以美育人、以文化人，提高学生审美和人文素养。”[①]作为北京市重点建设马克思主义学院，发挥出思政课程的价值引导功能，服务学校本科教育大局，为学校美育工作作出积极贡献也是马克思主义学院的光荣职责。学院将通过创新教学模式，真正将以美育人、以文化人的教育理想落地开花。

（中国传媒大学官网和学习强国于2021年4月1日分别报道）

## 马克思主义学院教师喜获北京市“三全育人”优秀成果二等奖

（通讯员刘方辉）日前，北京高校思想政治工作研究中心“三全育人”优秀成果评选活动结果揭晓，我校马克思主义学院思想政治教育教研部主任赵波副教授申报的《媒体融合环境下高校“双师思政课”育人模式研究》项目喜获工作案例类二等奖。

为深入学习贯彻习近平新时代中国特色社会主义思想，贯彻落实全国教育大会、全国高校思想政治工作会议、学校思想政治理论课教师座谈会精神，全面落实立德树人根本任务，深入推进北京市“三全育人”综合改革试点建设，以实际行动和优异成绩庆祝建党100周年，北京高校思想政治工作研究中心于今年上半年组织开展了“三全育人”优秀成果评选活

① 张烁.习近平在全国教育大会上强调　坚持中国特色社会主义教育发展道路　培养德智体美劳全面发展的社会主义建设者和接班人　习近平代表党中央向全国广大教师和教育工作者致以节日的热烈祝贺和诚挚问候[N].人民日报，2018-09-11(1).

动。各高校认真组织申报，共申报成果188项。经专家评审，共评选出一等奖13项，二等奖22项，三等奖33项。

近两年来，马克思主义学院与兄弟学院多名教师积极携手实践了“双师思政课”这一国内首创的育人模式，结合思政课程和课程思政两大建设体系的特点，探索思政课教师与专业课教师两种类型的教师共同授课。赵波老师的工作案例探索了如何重兵集结上好思政课，“点燃”师生学习热情；怎样梳理专题打磨思政课，“点燃”专业课程教学；怎样沉浸体验温暖思政课，“点燃”党史学习教育；如何活用校友助力思政课，“点燃”思政教育力量等“三全育人”机制，总结了“双师思政课”作为可复制、可推广、易传播的具有典型意义的“三全育人”模式的有益经验。

（中国传媒大学官网和学习强国于2021年7月23日分别报道）

# 附录三

# 双师指导大学生讲思政课

## 新时代的音乐传播与爱国主义

中国传媒大学2018级录音艺术专业（音响导演方向） 岳沁蓉

指导教师：赵波　刘晓飞

大家好，我是中国传媒大学音乐与录音艺术学院2018级录音艺术（音响导演方向）的岳沁蓉，今天我要讲的主题是新时代的音乐传播与爱国主义。此课题由思政专业的赵波老师和音乐专业的刘晓飞老师共同指导完成，两位老师分别发挥了各自的专业特色及优势，对课题中思政和音乐的内容给予了指导和建议。在双师指导的创新模式下，思政基础知识与音乐专业知识高度融合，不仅提高了学生的思政意识，也加强了学生的专业水平，从而推动高校思政教育与专业教育的共同发展。

首先让我们来看一组音乐传播爱国主义的代表性歌曲（播放导课视频）。这四首歌分别表现了爱国主义的四个基本内涵，《保卫黄河》用跃动的音调生动地展现了游击健儿为保卫黄河、保卫全中国而奔赴战场的壮丽情景，启发我们要爱祖国的大好河山；《爱我中华》曲调活泼，热烈欢快，充满了民族自豪感，展现了浓厚的同胞情，启发我们要爱自己的骨肉同胞；《唱脸谱》以中华民族传统文化京剧为主体，将京剧元素与流行音乐元素巧妙融合，启发我们要爱祖国的灿烂文化；《义勇军进行曲》是中华人民共和国国歌，激励了一代又一代中国人的爱国情，启发我们要爱自己的国家。由此可见，音乐传播爱国主义具有深厚的历史渊源，爱国主义是音乐中催人奋进的主旋律，是激励我们自强不息的强大力量。如今中国特色社会主义进入新时代，音乐传播呈现出很多新的特点，但爱国主义始终是音乐传播的核心价值观。

随着互联网技术的发展，音乐传播形式更加多样，新时代爱国主义的音乐传播更为多元。在互联网时代下，音乐传播不再局限于各大音乐平台向受众单一传播，而是更强调受众的自主参与性，让音乐传播更具互动性。于是，受众既是信息的接受者，也是信息的传播者。许多音乐平台都发挥了音乐传播的新特点，把爱国主义传递给受众，同时也为受众搭建了自主参与的平台，让受众表达爱国热情。例如，在中华人民共和国成立70周年之际，酷狗音乐就开展了一系列加深爱国主义精神的活动。酷狗音乐为受众精心制作一份“听见70年”的歌单，该歌单由酷狗音乐联合人民智云推出，凭借酷狗自身曲库优势，精心挑选收录70首经典歌曲，以音乐的形式唤醒了网友们的记忆，让他们在音乐中感慨来之不易的和平生活，激发起受众爱祖国的大好河山和爱自己的国家的爱国热情。这份歌单上线两个月内就达到了将近150万次的播放量，实现了良好的音乐传播效果，也让爱国主义通过音乐广泛传播。同时，酷狗音乐也积极发挥受众的自主参与性，引领网友以唱歌的方式“表白”家乡，贯彻爱国先从爱家乡做起的理念，进一步深化新时代爱国主义中的家国情怀，将家与国紧密相连。此外，酷狗音乐还号召网友自己录制创作音乐、文学作品，在表达自我的同时强化国家认同感、提高文化自信，让受众通过音乐自主表达爱国主义，赋予新时代爱国主义音乐传播新特色。

近年来，音乐文化产业的蓬勃发展催生音乐类节目的发展，成为音乐传播爱国主义的新趋势。近几年音乐类节目层出不穷，从《中国好声音》到《我是歌手》《乐队的夏天》。这些音乐类节目种类繁多，参与者涉及素人到专业歌手各个层面，且不断推陈出新，开启了新时代音乐传播的新样态。但用音乐传播爱国主义依然是音乐类节目共通的价值导向。例如，2018年的一档现象级音乐类节目《声入人心》，这档节目虽然以声乐演唱这个相对冷门的高雅艺术为主题，但从开播到现在一直维持着很高的人气，豆瓣评分更是高达9.1分，让它一举成为2018年豆瓣高分综艺。从音乐传播具体内容来看，《声入人心》的节目定位是它赢得观众喜爱的关键，它既有音乐本色，又有时代内涵；从音乐传播具体形式来看，它是极具创新意义的原创新形态声乐演唱节目，打破了传统声乐演唱节目的陈旧形式；从音乐传播效果来看，它颠覆了大众对高雅音乐的固有印象，引领观众感受声乐艺术的魅力，让美声、歌剧、音乐剧等原本冷僻、小众的音乐深入人心。而这种能够深入人心的力量就在于其音乐背后所传递的真情实感，这其中就不乏一系列爱国主义情感的体现，这也是一档音乐节目赢得好评的关键。在节目的第五期中，选手南枫和李文豹动情演唱《我的祖国》，他们想用这首歌表达他们在海外的时候对祖国的思念。演唱时南枫和李文豹在音准、音色的拿捏上都恰到好处，高音的爆发力更是无可比拟。尤其值得称道的是，两人的海外经历为这首歌注入了丰富的感情因子，海外思乡之情的背后是深厚的爱国热情。他们用音乐传播爱国主义，让整首作品呈现出强大的感染力和精神凝聚力。节目播出之后，这首《我的祖国》瞬间点燃了海外游子的思乡之情，不少身处异乡的网友纷纷感慨道：“只有身在海外，才知道祖国这个词的分量。真的很想回去看看，看看祖国的大好河山”，一曲《我的祖国》，体现了海外游子对祖国的归属感和认同感，将爱国主义情感发挥到了极致。除此之外，《声入人心》节目成员在各种演出中也充分发挥了榜样引领作用。他们齐聚湖南橘子洲头，与万人合唱《我和我的祖国》；他们参演湖南卫视五四文艺晚会，用多声部合唱演绎爱国情；他们深入人民群众中去，怀着满腔热情，用音乐演绎了个人对祖国的依存关系，用音乐传播爱国主义，用榜样的力量激发广大人民的爱国情。

与此同时，新时代音乐传播立足中华民族优秀的传统文化，引领受众爱祖国的灿烂文化，深入阐发爱国主义内涵。随着电视节目的发展，音乐类节目在其节目制作、赛制内容等方面越来越成熟，选秀、竞演、竞猜、访谈等形式多样，使得音乐类节目在整个电视界的影响力逐渐扩大，也让音乐传播的影响力随之扩大。于是，在音乐类节目多样化的发展趋势和音乐传播影响力逐步扩大的背景下，另一档音乐文化类节目《经典咏流传》成为传播音乐与文化的代表性节目。它响应并落实了十九大报告中“推动中华优秀传统文化创造性转化、创新性发展”的精神，用“和诗以歌”的形式将传统诗词经典与现代流行音乐相融合，将经典诗词转化为优美的歌曲，用现代的唱法和曲调来演绎传统经典。在注重节目时代化表达的同时，也深度挖掘诗词背后的内涵，以现代人更喜闻乐见的方式去学习诗词，从而推动中华优秀传统文化创造性转化、创新性发展。这种音乐传播不仅展现了十九大报告提到的创新意识，更彰显了尊重和传承中华民族历史和文化的新时代爱国主义。习近平总书记曾说道：“历史是一面镜子，从历史中，我们能够更好看清世界、参透生活、认识自己；历史也是一位智者，同历史对话，我们能够更好认识过去、把握当下、面向未来。”[①]因此，对祖国悠久历史、深厚文化的理解和接受，是人们爱国主义情感培育和发展的重要条件。除此之外，学习强国客户端上的文艺板块中还推出过一个特殊的栏目叫作“新乐府”活动。它有一个让人眼前一亮的标语叫作“国乐复兴计划——用世界语言讲好中国故事”。它是由十三月文化传播有限公司打造的世界音乐厂牌，具有强烈的中国元素属性。“乐府”本为中国传统诗歌的一种体裁，原指和音乐以唱的歌诗，“新乐府”旨在取原生态音乐与传统戏曲之素材，冠以世界音乐之形式，重拾中国民族流行音乐的审美。它团结了一批顶尖音乐家，对中国戏曲及民族民间音乐进行挖掘与采样，通过对现代国际音乐品类的理解，二度创作出具有鲜明中国特色

① 习近平.习近平谈治国理政：第2卷［M］.北京：外文出版社，2017：351.

的国际水准的世界音乐。这不仅是以中华民族优秀历史文化的创新性发展为基础，更是在此基础上立足民族又面向世界，进一步展现了新时代爱国主义的核心内涵。

当然，在新时代音乐传播多样化的发展趋势下，音乐传播中也存在着一些潜在的问题，爱国主义的音乐传播需要正确的规范和引领。在音乐类节目迅速发展的这几年间，一大批音乐选秀类节目也随之产生。如今的音乐选秀类节目虽然具有很高的收视率，但这些节目却或多或少地存在一些过度娱乐化和商业化的问题，这些问题极大地影响了音乐传播的效果。虽然娱乐是人类生命本能的一种自然显现，音乐选秀类节目作为一种文化商品，其中的娱乐元素是必不可少的，但当娱乐性压倒观赏性、艺术性、思想性，成为一档节目的主导时，就会带来各种问题，比如音乐品质的低下、社会意识的淡薄、艺术精神的空洞等。这些负面影响会让受众丧失对音乐传播价值的追求，不能正确把握音乐传播爱国主义的深层内涵。与此同时，一些选秀节目还带着商业性和功利性，很多选手都是抱着一夜成名的心态参赛的，主办者举办节目的初衷也不是单纯为了音乐，而是看重节目背后巨大的商业利益。比如有一档以方言和流行音乐的结合为特色的音乐网综，仅从策划角度看，它的表现形式十分有价值，但它在具体的创作中却有步入误区的嫌疑，让人觉得节目更想追求的是商业利益的实现。很明显，这种创作理念和制作方法是不太可取的。过度娱乐化的创作倾向、对流行音乐过于随意的利用心理，应是出现这种现象的主要原因。如果过度娱乐化的不良风气不加以改善，音乐就丧失了其原有的价值，不仅损害了音乐的文化价值，也不利于爱国主义精神内涵的传播。由此可见，用音乐传播爱国主义，首要的是坚持唯物史观，即在对历史规律进行准确把握基础上进行艺术创作，达到历史真实与艺术真实的有机统一。一部作品思想的深刻性来自对历史真实的深刻把握，对爱国主义的深度挖掘。无所规约、毫无底线的艺术虚构既抛弃了历史真实，也违背艺术创作的基本原则。对此不良现象，国家广播电视总局也下发了相关文件，要求各视频网站对网络试听节目的导向、内容进行把关，对歌唱才艺竞秀类节目从多方面进行评估，坚决遏制节目过度娱乐化和宣扬拜金享乐、急功近利等错误倾向。

面对新时代音乐传播爱国主义的新发展以及其中出现的问题，我们要积极采取多种措施改善问题，坚持音乐传播爱国主义的价值导向。首先，文艺工作者要饱含爱国情怀。文艺是塑造灵魂的工程，文艺工作者要用坚定信仰塑造自己。心中有信仰，脚下有力量，广大文艺工作者要带着一颗爱国之心，用博大的胸怀拥抱时代，用深邃的目光观察社会，用真诚的情感体验生活，才能创作出感动人、打动人的作品，才能用优秀的作品奏响团结奋进的爱国之声。其次，文艺工作者要重视音乐传播的重要性。习近平总书记在主持召开文艺工作座谈会并发表重要讲话时指出："广大文艺工作者要从这样的高度认识文艺的地位和作用，认识自己所担负的历史使命和责任，坚持以人民为中心的创作导向，努力创作更多无愧于时代的优秀作品，弘扬中国精神、凝聚中国力量，鼓舞全国各族人民朝气蓬勃迈向未来。"[①]随着中国特色社会主义进入新时代，文艺不仅承担着记录新时代、书写新时代、讴歌新时代的神圣职责，还担负着引领时代风气的重要任务。音乐作为文艺工作的重要内容，应当承担传播爱国主义的重要使命。再次，有关部门要及时规范音乐传播行业中存在的问题。对于新时代音乐传播发展中出现的问题，有关部门要及时规范和制止。同时，要加强文艺界的行风建设和职业道德建设，充分发挥文艺工作者职业道德建设委员会和行风建设委员会的作用，树立先进典型示范，强化榜样引领作用，推动建立和完善行业激励惩戒联动机制，让音乐类节目明确自身特色和定位，以弘扬爱国主义为基础，才能更好地发挥音乐传播的价值。最后，用音乐传播爱国主义也可以融入大学生思政教育。延续孔子所倡导的"礼乐并重"，礼指德育，乐为美育。孔子认为在美育的辅助作用下，可

① 中共中央文献研究室.十八大以来重要文献选编（中）[M].北京：中央文献出版社，2016：122.

促使学生人格达到尽善尽美之境，因此自古以来我国教育领域就有“兴于诗、立于礼、成于乐”的指导思想。而如今，音乐传播在新时代高校思政教育中也具有十分重要的作用。在大学生思政教育中融入音乐素养教育，既能让音乐更好地传播爱国主义，也有助于加强思想政治教育的吸引力和实效性。

新时代呼唤文艺要有新作为、新担当，用音乐传播爱国主义同样也是广大青年的责任与使命。在中华人民共和国成立70周年之际，我很荣幸地参与了国庆70周年志愿保障服务团队，成为国庆天安门广场合唱方阵的一名成员。合唱方阵由来自首都各高校的近3000名合唱团员组成。在经历了3个月，92天，2208个小时，共43次训练后，我们最终在天安门广场上共同演唱了16首歌，这16首歌中的每一个音符都是我们对祖国挚爱的诉说。在学习和演唱这些歌曲的时候，我们不仅要掌握每一首歌的节奏和旋律，还要对歌曲背后所蕴含的中国历史和爱国情感有所思考，在歌曲中融入自己的理解与感悟，才能更好地表达对祖国的爱。比如，《没有共产党就没有新中国》这首歌表达了抗日战争时期中华儿女奋勇向前的决心；《在希望的田野上》是改革开放时期的代表性歌曲之一，歌颂了改革开放以后人民的美好生活；《我们都是追梦人》是中国特色社会主义进入新时代的新创作歌曲，展现了新时代新青年朝气蓬勃的良好风貌。读懂歌曲，我们才能更加真挚地演唱歌曲，将真挚的爱国情融入演唱中，用音乐传播爱国主义。

在如今中国特色社会主义新时代的大背景下，爱国主义是中国人民最鲜明的精神标识。音乐传播爱国主义也是中国人民始终不变的价值追求。音乐传播一定要抓住这一历史机遇，阐发好中国精神，展示好中国风貌，书写好广大人民身上的爱国热情。作为新时代青年，我们也要勇担时代使命，将思政意识与专业特色相结合，用歌声传递爱国情怀，用音乐传播爱国主义，在专业学习和实践中坚定理想信念，为中华民族伟大复兴的中国梦贡献青春力量。

谢谢大家！

# 融媒体环境下音乐抗疫如何传承民族精神

中国传媒大学2018级录音艺术专业（音响导演方向）李大千

指导教师：赵波　樊娜

## 一、从《江河花开》创作谈民族精神的影响

大家好！刚才大家听到的，是我和我的同学们，一群00后本科生制作的一首抗疫歌曲《江河花开》。新冠肺炎疫情发生以来，全国各行各业都为战胜疫情作出了努力。我听到也看到了许多感人的故事，这些故事里平凡而伟大的抗疫工作者，深深打动着我，也激励着我。虽然不能在一线战"疫"，但是我也可以立足专业，以乐抗疫。

当一种想法寻找到共鸣时，就变成了一种信念。从最开始词曲创作的4人小组到最后的20人团队，"想做点小事"这个信念就这样支撑着我们一点点打磨作品到最后。《江河花开》这首作品是我们中传学子积极响应党中央号召的行动转化，怀拳拳之忱以歌颂爱、以歌明志，吹响了一曲青春集结号！作品最终在中国传媒大学哔哩哔哩官方账号、微信公众号、央视频、共青团中央官方抖音号、快手、微信官方账号上发布后，广受好评，深受老师与同学们的喜爱，广泛地传递了正能量，极大地提振了抗疫士气，高扬了民族精神。

音乐是我们共有的精神食粮，歌唱更是民族精神薪火相传、表达情感的重要途径。用优秀的音乐作品传递青年学子心向祖国、热爱人民的思想情怀，弘扬伟大人民坚韧不拔、奋斗爱国的民族精神，传播社会正能量是传媒音乐人永远肩负的责任与担当。

## 二、音乐是传承民族精神的重要载体

回望中华民族的历史，音乐中承载了太多支撑中华民族奋勇向前的民

族精神。中华民族作为世界上最早发明乐谱的民族，音乐对于传承民族精神具有独特的意义。从《诗经》中的“击鼓其镗，踊跃用兵。土国城漕，我独南行”，到《楚辞》里的“长太息以掩涕兮，哀民生之多艰”，从唐诗中的字韵格律到宋词中的词牌曲调，从《黄河大合唱》到《红旗颂》，从《东方红》到《北京欢迎你》。不论是豪情万丈还是忧国忧民，不论是抵御外侮还是追求富强，对民族和国家的爱跨越千百年，通过音乐作品中流淌的民族精神沉淀下来，烙印在每一位中华儿女心中，成为国家不屈不挠的精神力量支撑。习近平总书记强调：“中华民族历史上经历过很多磨难，但从来没有被压垮过，而是愈挫愈勇，不断在磨难中成长、从磨难中奋起。”[①]他深刻阐释了中华民族的伟大创造精神、伟大奋斗精神、伟大团结精神和伟大梦想精神，赋予伟大民族精神以新的时代内涵。当我们聆听、歌唱那些脍炙人口的爱国歌曲时，这些抽象的民族精神就有了具象的载体，那种歌唱时的心灵共振，就是蕴藏在我们每个人血液里的精神共性，就是我们这个五千年古老民族的文化精华。

## 三、音乐承载的战“疫”精神逐渐被人们认知

习近平总书记在中央政治局常委会议研究应对新型冠状病毒肺炎疫情工作时的讲话中指出：“当前疫情防控形势严峻复杂，一些群众存在焦虑、恐惧心理，宣传舆论工作要加大力度，统筹网上网下、国内国际、大事小事，更好强信心、暖人心、聚民心，更好维护社会大局稳定。”[②]由于疫情隔离期的特殊社会状态，民众的消极情绪容易通过媒体产生传染性，从而出现了“哄抢双黄连”“发口罩财”等怪象。而抗疫歌曲能传递温暖的人文关怀，成为精神上的口罩。用音乐向新冠疫情宣战，以青年之力传递抗

① 习近平.在统筹推进新冠肺炎疫情防控和经济社会发展工作部署会议上的讲话（2020年2月23日）[N].人民日报，2020-02-24(2).

② 习近平：在中央政治局常委会会议研究应对新型冠状病毒肺炎疫情工作时的讲话[EB/OL].(2020-02-15). http://www.gov.cn/xinwen/2020-02/15/content_5479271.htm.

疫正能量，这是传媒人特有的战斗号角。《传媒人，用自己的方式参战》这首原创歌曲由一线传媒工作者、在校学生共同演唱，展现传媒从业者在抗击疫情工作中的职业坚守与无畏精神！歌曲MV在新华社、人民日报、学习强国等主流平台循环播放，累计宣传和覆盖人群超亿次。相比传统的新闻报道，以音乐作品为宣传方式更具有艺术性，更有利于激发自强不息的民族精神，铸就起团结一心、众志成城的强大精神防线。

## 四、融媒体为音乐抗疫传承民族精神提供契机

2019年1月25日，习近平总书记在主持中共中央政治局第十二次集体学习时强调，“要运用信息革命成果，推动媒体融合向纵深发展，做大做强主流舆论”[①]。这标志着我国开始向融媒体时代迈进。这一点在此次疫情中尤为突出，许多作品都融合了防疫卫生知识和国家政策方针，让抗疫音乐依托融媒体的大舞台展现出史无前例的宣传能量。仅短短一个月的时间，在学习强国“听文化”分栏里，就有250多首歌曲被创作发布。自媒体、短视频、新型问答社区等多种平台型媒体也不甘示弱，纷纷开辟专栏，推出了大批抗疫相关的音乐作品和公益活动。例如，许多明星都在微博等互动媒体上为抗疫前线的歌迷点赞、回复、写歌，带动歌迷积极抗疫；微博、网易云、腾讯等集团放下竞争，拒绝商业冠名，汇聚130多位歌手举行了中国最大规模的线上音乐义演《相信未来》；浙江卫视、抖音短视频、灿星文化联合出品抗击疫情歌曲《世界为你醒来》MV，邀请百位“好声音”学员共唱歌曲，用歌声凝聚人心，共抗疫情。以抗疫音乐为内核，小众与主流媒体、新兴和传统媒体都融合在一起，产生了一加一大于二的效果，进一步扩大了作品的社会影响力。当这些音乐成为我们所有人的共同记忆时，这种内化的民族精神就会化成令世界卫生组织惊叹的众志成城，变作外国人眼中的不可能，成为不需要任何理由的那个坚定选择。

---

① 习近平主持中共中央政治局第十二次集体学习并发表重要讲话［EB/OL］.（2019-01-25）. http：//www.gov.cn/xinwen/2019-01/25/content_5361197.htm.

## 五、警惕融媒体环境下音乐抗疫的负面效应

我国目前的音乐抗疫作品也并非全都收获了非常理想的效果，歌词脱离实际，旋律“换汤不换药”，云制作质量堪忧，有些创作者为了新维度、抢速度、蹭热度忽视了好温度。反观评论者，网络上甚至出现了《没人想听你的救灾歌曲》这种文章，竟然还收到了大批点赞。虽然我们创作的质量和水平还有待提高，但宁缺毋滥的艺术追求和消解抗疫精神的“丧文化”，可完全是两码事。音乐抗疫的关键是行动，我们要积极创作，更要进行优质的创作，拒绝面子工程，避免夸大宣传，才能充分发挥音乐抗疫的价值引领功能。

## 六、在融媒体环境下音乐抗疫如何才能传承民族精神

正如习近平总书记在给北京大学援鄂医疗队全体“90后”党员回信中说的那样：“广大青年用行动证明，新时代的中国青年是好样的，是堪当大任的！”[①]

首先，要生动诠释音乐抗疫的民族精神内核。创作者、文艺团体，应潜心打磨作品质量，充分发挥伟大的创造精神和奋斗精神。从生活动人细节取材，捕捉人性的美，为人民群众日益增长的精神需求服务。其次，要使音乐抗疫适应融媒体环境。不断将作品内核与不同媒体平台相结合，如短视频平台投放版本应适当精简作品时长，制作旋律明快、律动强的音乐等，以满足不同媒体终端的欣赏特点。再次，要善于发挥音乐和其他艺术形式的融合作用。将音乐与其他艺术形式（电影、美术、文学）融合，发挥不同艺术形式的美学特质，为更立体的艺术表达服务。最后，要继续通过音乐抗疫传播民族精神。长远来看，不仅要继承好民族精神，还要通过

① 习近平回信勉励北京大学援鄂医疗队全体“90后”党员 让青春在党和人民最需要的地方绽放绚丽之花［N］.人民日报，2020-03-17(1).

音乐作品将抗疫这段艰难时光中的宝贵精神传递下去、传递出去。中华民族的伟大精神将伴随着这种无须翻译的语言走向全世界，用音乐讲述中国故事，表达中国智慧。

当几十年甚至千百年过去，抗疫中留下的音乐也同样会使中华儿女热泪盈眶，为中国塑造良好的大国形象，为我国实现中华民族伟大复兴的中国梦贡献力量。希望我们每个人能通过聆听或演唱抗疫的音乐作品感受到流淌在我们血液中的民族精神，收获这份声音中的宝贵财富，并在未来的每一次选择中践行、发扬它。

谢谢大家！

# 附录四

# 大学生视角“双师思政课”协同育人创新与实践

## 双师同堂，政艺融通

中国传媒大学2020级录音艺术专业（音响导演方向） 金禹男

初入大学，作为一名修读文科方向且擅长政治的学生，自然对思想道德与法治这门课程产生了浓厚的兴趣。为积极贯彻习近平总书记关于“思政课是落实立德树人根本任务的关键课程”的重要论述，我院思修课程紧随教改春风，推陈出新，革故鼎新。作为国家试点，实行先进的双师双进教学模式。更加灵活的授课方式与更贴近社会实践与学生需求的授课内容颠覆了我对思政类课程理论化、刻板化的印象。别开生面，别具一格，使我在本学期的学习研究中受益匪浅。

### 一、双师同堂，教法融通

在双师教学课堂的教法层面，学院通过邀请本学院相关教师以及从业者与主讲教师赵波老师进行合作教学。这种闻所未闻的全新授课方式起初使我对课程能否在思政学科与艺术类学科交叉的同时保持其原本的质量产生了疑虑。然而，在实际的课堂体验当中，两位老师优势互补，发挥个人特长，磨合教学风格，通过频繁的师师间、师生间互动交流，共同构筑了整节课程的脉络与流程，进而以更加丰富流畅的方式完成授课，实现了一加一大于二的优良效能。

## 二、古今交辉，政艺融通

在双师教学课堂的内容层面，双师教学通过邀请具有本学院专业经验，了解本学院专业就业内容的教师进行共同授课，紧贴就业发展社会实践，把思政课的知识观点与价值追求融入与本学院专业息息相关的点滴当中。通过“音乐人在新时代的人生价值”“新时代音乐人在传统文化继承发展层面的责任与义务”“新时代音乐人的法律意识”……这样一个个同音录学科密切相关的小切口专题，深入浅出地将思政课内容与音录专业素养进行了有机结合，孕于理论、融于实践，极大地带动了同学们的研究学习热情，使往日平淡的思政课焕发出前所未有的新动能、新活力。

与此同时，在双师教学的过程当中，通过邀请对中华优秀传统以及曲艺音乐文化充分了解的教师辅助授课，在对儒家礼乐文化的解读与中国音乐史、地域性音乐文化的讲解过程当中，实现了思政课程内容与中华优秀传统文化、中华民族精神的紧密联结。贯通古今，触类旁通的内容设置激发了同学们的文化自觉与文化自信，激励着每一位音录学子不忘本来，发扬传统，做新时代的音乐人，做中华优秀传统文化的传播者，建设者。

总而言之，双师教学在教法上，优势互补，相得益彰；在内容上，贯通古今，触类旁通。在双师同堂，融通政艺的共同作用下，学生的学习热情得以激发，提升了学习效率，优化了学习效果。无论是对我们思政课程内容的学习，还是未来职业素养的培育，都有着不可小觑的正向作用。

# “双师思政课”的别具匠心与守正创新

中国传媒大学马克思主义学院　刘方辉

中共中央、国务院《关于加强和改进新形势下高校思想政治工作的意见》提出，坚持全员全过程全方位育人。“三全育人”不仅是我国高等教育秉持的教育理念，更是思政课程的价值旨归。尤其对于中国传媒大学马克思主义学院赵波老师任教的音乐与录音艺术学院而言，教育主体、教育对象、教育环境等与其他专业存在显著区别，这对“三全育人”来讲任务更重、责任更大。为此，赵波老师和音乐与录音艺术学院的几位老师共同开设了“双师思政课”，两名老师同时在讲台上教书育人，共同承担价值塑造与知识传授的任务。特别的授课形式，不仅吸引了我的目光，也极大激发了同学们的学习兴趣。

## 一、处理好教育者与教育对象的关系

音乐与录音艺术学院的学生因其信息接触习惯和专业学习认知，对获取知识表现出较强的目的性与个体性，重个人而轻集体、重专业学习而轻理论学习。因此，对于他们来说，仅仅依靠传统思想政治理论课的理论灌输是不够的，必须着眼于艺术类专业特色与学生特点，依靠思政课教师、专业课教师的多方合力。针对艺术类专业学生这一特殊的思想政治教育对象，赵波老师和音乐与录音艺术学院的几位老师在双师思政课程中格外注意处理主客体关系，根据学生特殊的审美倾向和兴趣，借助同学们最为关注的音乐作品，对其实施“精准滴灌”而非“大水漫灌”，尊重并培养其主体意识。同学们在课堂上积极与教师双向互动，不仅潜移默化地接受了课堂上传播的教学信息，而且乐于主动去接触和“使用”这种信息以满足自身的精神需求，这就使“提高思想道德素质，实现人的自由而全面发展”这一思想政治教育目标成为学生自身主动追求的“愿望”。

## 二、着眼于音乐作品为谁发声的问题

艺术作为一种特殊的社会意识形态，代表着一定阶级的利益，以其审美的特征反映社会生活，音乐作品亦体现着一定的价值取向。赵波老师和音乐与录音艺术学院的老师们积极引导同学们着眼于音乐作品为谁发声的问题。这种指导不仅体现在“双师思政课”的教学设计中，还体现在课程教学实施中对学生进行科学的价值观引导，体现在提升学生从音乐专业知识中获知对问题的正确鉴别与分析能力。两位老师在双师课课堂中互相配合，将思政理论与音乐知识相融合，并将专业知识中蕴含的思政元素予以提炼，产生了神奇的化学反应。音乐与录音艺术学院的同学们通过厘清艺术价值、文化价值、时代价值和马克思主义之间的关系，认识到在学习中不应仅仅局限于对审美价值的追求，还应以马克思主义为指导学习音乐知识，在专业学习中锻炼自己用马克思主义的立场、观点和方法分析问题与解决问题的能力。

## 三、关注社会价值，解决现实问题

作品记录时代，艺术服务人民。音乐作品脱离现实，就如无本之木、无源之水。双师课课程设置在音乐作品的艺术价值、社会价值、商品价值中着重突出了社会价值的重要性，将专业所学与社会现实相结合，不仅培养了学生的社会责任感，还使以往枯燥的思政课堂生动活泼起来。新冠肺炎疫情期间，音乐与录音艺术学院的同学们以有声语言艺术作品形式呈现疫情期间的真实故事，并在课堂上展示。“双师思政课”的两位老师对这些带有思政元素的音乐作品从不同角度进行点评、分享和互动，拉近了思政课与同学们的情感距离。这些课堂上的音乐作品同时也可作为思政课程的教学素材与资源，对于从思想政治教育供给端入手，高质高效地完成教学任务具有特殊意义。

综上所述，“双师思政课”的创新是实现教育立德树人根本目标的需要，在思政课程讲授、互动、实践、评估与反馈机制上较之以往都有了进一步的创新。多样化、立体化、美育化的课程体系也收获了同学们的热情与认可。这对于实现思想政治教育目标与中国特色社会主义建设的现实目标和未来方向保持一致，与改革开放和社会主义现代化建设同频共振，具有重要意义。

## 新文科视域下的“双师思政课”

中国传媒大学马克思主义学院　王莺飞

2020年11月3日，新文科建设工作会议在山东召开，会议发布了《新文科建设宣言》。新文科是文科教育的创新发展，守正创新是新文科建设的必由之路，没有守正，不知来路；没有创新，则无出路。“双师思政课”正是高校思想政治理论课教育教学改革创新的一次积极尝试，它依托思想道德与法治课程，马克思主义学院和音乐与录音艺术学院达成通力合作，搭建“双师思政课”平台，致力于实现同向同行、协同育人的工作目标。

### 一、“双师思政课”注重因材施教，讲求“内容为王”

“双师思政课”开发了6个专题的教学内容：传媒大学的音乐人、音乐人的人生观、音乐人的理想信念、音乐人的家国情怀、传统音乐作品的创造性转化以及音乐行业的法治问题，分别对应了教学大纲中“人生的青春之问”、“坚定理想信念”、“弘扬中国精神”、“践行社会主义核心价值观”、“明大德守公德严私德”以及“尊法学法守法用法”的内容。在“音乐人的爱国观”一课中，赵波老师搭档樊娜老师用多媒体将中国传媒大学国庆合唱团受央视《合唱先锋》栏目的邀请，代表学校和3000人广场国庆合唱团参与节目录制的画面导入课程，激发学生的学习兴趣，帮助他们更好地进入课堂。随后，两位老师通过播放并讲解《我的祖国》《春天的故事》《我们的新时代》等音乐作品，带领同学们了解具有不同时代特点的音乐背景和音乐风格。虽然不同历史时期的音乐作品所表达的有关爱国主义的具体内容是不同的，但其核心内容具有共通性的部分，植根于中华优秀传统文化之中，是去不掉、打不破、灭不了的。

## 二、知识需要听进去，也需要讲出来

“双师思政课”上的“音乐人为家乡代言”活动，鼓励音乐学子把爱国和爱家结合起来，用自己最擅长的歌曲来表达对于祖国的大好河山、骨肉同胞、灿烂文化等的热爱，从而坚定自己的“道路自信”，坚信中国特色社会主义道路是发展家乡、建设祖国的正确道路。此外，视听结合也是提高思想政治理论课亲和力的有效方法。《红海行动》《战狼Ⅱ》这两部电影是时下热议的电影作品，大部分学生都曾观看过，但对其评价不一。两位老师通过这两部电影对学生进行引导，帮助其加深了对于国家的政治认同和情感认同。赵波老师一针见血地指出电影中对于增强国家安全意识的启示以及关于中国文化输出的问题：两部电影都迎合并满足了中国人急需从国家、民族的复兴中找到自豪感、找到大国归属感的心态，但是也都缺少了一点，那就是中华文化价值观的底蕴。虽然从影视效果上看起来极具冲击力，但它们都未能从最顶层战略意图上正确表达中国武装力量的对外使用。这关乎我们的文化输出问题，即我们到底要向世界输出怎样的文化，值得深思。

打造有情有义、有温度、有爱的文科课堂是新文科建设的基本抓手，“双师思政课”打造文科金课，促进学科融合发展，正在一步步丰富形式载体、创新手段方法并强化价值引领。长此以往，定能培育更多讲述中国故事、弘扬中国精神的新时代传媒人才。

# 用思想提升素养用音乐培育品行

中国传媒大学2020级录音艺术专业（音响导演方向）王灏然

很荣幸，在大一的第一个学期里，我就接触到了我个人认为最有收获的一门课——“双师思政课”。这门课通过赵波老师和另外一位本学院的老师共同讲授，向我传递了很深刻的道德与法律知识，也帮助我将自己的专业与人生观、价值观联系到一起，助力我成为一名更为合格的、有社会担当的音乐人。

## 一、音乐人的思想启蒙

记得在赵波老师与刘晓飞老师共同讲授的第一节课“新时代的音乐人”中，提到了我们要用自己的音乐，为社会作出一份贡献，为身边传递一份正能量。这句话深深地铭刻在我心中，我也一直在寻找机会，希望用音乐实现我的个人价值。

课程中刘晓飞老师讲到，自己曾作为中央电视台《城市之间》栏目的音乐制作人，用音乐的后期制作，巧妙地化解了一次中俄双方运动员在赛场上的冲突，化干戈为玉帛。刘老师凭借自身的修养将音乐的魅力展现出来，不仅让节目效果颇具艺术性，更重要的是，没有将运动员们的个人情感上升为国家之间的冲突，化解了一次不必要的麻烦。

听完这一课后，我深深地明白了音乐的力量不只停留于陶冶情操、增强气氛，其所具有的强大能量，是需要我们这些音乐人去挖掘与利用的。

## 二、音乐人的实践尝试

在学校与学院共同推进的光盘行动中，我受到“双师思政课”所引入的理念和故事的鼓舞，谱写了《珍粟》这首歌曲，并号召全班同学共同演唱。这首歌曲在班级微信公众号上发布，并在思政课上进行了表演，得到了学院很大的认可以及同学的正向反馈。

我想，这首歌不仅表达了中国传媒大学全体师生践行光盘行动的决心，而且通过音乐，更细腻、更生动地表达了我们所向往的光盘精神。我们借助音乐作为载体，利用微信公众号这一大众传媒进行传播，亲身感受到了作为音乐人肩上的使命感和责任感，同时也收获了传播正能量所带来的获得感和自豪感，自己也向成为真正的、有担当的音乐人更近了一步。

## 三、音乐人的法律意识

这门课中，通过赵波老师对法律部分的讲述，我也产生了深刻的共鸣。21世纪，伴随着法律、版权意识的提升，我们的创作不仅要有音乐性、艺术性，更要着重注意合法合规这一大前提。我们生活在法治社会中，就要遵法守法。我们在学习音乐的过程中，绝对不可忽视音乐与法律的关系。只有遵法守法，才是能成为合格音乐人的前提。

总而言之，通过一学期“双师思政课”的学习，使我对于什么是一名合格的音乐人、如何成为合格的音乐人，都有了自己的理解，并对自己未来的学习方向，有了更清晰的规划。希望在未来的三年学习中，我可以铭记思政课所学习到的知识，不忘初心，成为一名真正优秀的、对社会有贡献的音乐人。

# “双师”让思政课丰富多彩

中国传媒大学2020级录音艺术专业（录音工程方向）　李英卓

大学的“双师思政课”改变了我对思政课以往的所有感受。一边是认真专业同时爱好音乐的思政课老师，一边是学识渊博经验丰富的专业课老师，两者的相互作用碰撞出了奇妙的火花，使思政课成为大学生活的必需品。

## 一、“双师思政课”拉近与专业的距离，让同学欣然收获

在我校抗疫宣传歌曲《传媒人用自己的方式参展》引起热烈反响之

时，曲作者张超老师现身思政课堂，点燃了同学的学习热情。从“什么是好音乐”的抽象问题讨论引出人生价值的知识点，到歌曲编排的具体专业问题，同学们在课堂上收获满满。“兴趣是最好的老师”，思政课与音乐联系起来，可以让同学们通过身边的艺术问题自然延伸到思政课的内容，在理解中收获自己对课程的认识。

## 二、“双师思政课”传授行业先进经验，为创作保驾护航

在讲解法律章节时，刘晓飞老师对音乐使用的版权问题进行了细致讲解，甚至以自己以前的音乐使用协议为例进行细节补充。这些经验是我们学生独一份的收获，指导同学多加注意作品的版权保护问题。每次双师课，专业老师都会结合知识点与行业动向进行实例分享，让我们不仅学到了知识，又增长了经验。

## 三、“双师思政课”坚持正确价值导向，向国家培养栋梁

在讲到“光盘行动”时，音响导演专业的同学在课上演唱了他们创作的光盘行动宣传歌曲。这既表明了我们对国家政策的认同与支持，又体现了音乐人响应国家号召进行宣传的独特形式。音乐人具有正确的价值导向，音乐作品才能得到广泛认同。我们将思政课学习的内容内化于心，才能让创作作品更具感染力，从而实现更高层次的传播。

## 四、“双师思政课”是中国传媒大学面向行业、面向实践培养学生的优势体现

它能让枯燥无味的知识润物细无声地沐浴学生的心田，它能用行业的实时动态强调思想道德修养的重要性，它能以鲜明的旗帜感动学生为国家奉献力量。希望双师课的形式可以拓展到更多的课程中去，同时勉励自己成为一名在专业水平与思想素质上同样优秀的大学生。

# “双师思政课”的碰撞、融合与嬗变

中国传媒大学马克思主义学院　沈子茹

融于时代之新、思想之新，创于内容之新、形式之新。大学生思政课程迎着这股课程创新的春风，以别具一格的课程组织形式和内容设计展现在我们眼前。“双师思政课”结合了我们大学生的思想之需、实践之需。比起以往的思政课程，我仿佛有种重新认识它，并愿意了解它的强烈兴趣。亲历课程，感受良深，收获颇多。

## 一、思政课程与音乐课程的碰撞

一提起思政课程，想必一些同学首先想到的是理论内容枯燥、授课形式单一、考核形式单一，总之对于思政课程的印象还是停留在刻板固化之中。曾经我问过周边一些非思政专业领域的同学对于思政课程的整体印象。一些同学认为，现阶段的思政课程主要是理论讲解，内容庞杂且流于表面。与此同时，思政理论与本专业的联系甚至几乎为零，加上理论讲解内容的枯燥和无趣，更是难以调动他们的学习兴趣，基本上是为了顺利完成最后的结课考试。通过周边同学对于思政课程的整体认识，不难看出，在这样的思政课程氛围下，学习效果会大打折扣。

思政课程作为我们大学生学习阶段必修的一门公共课程，发挥着思想引领和价值引导的重要作用，也是培养合格的社会主义建设者和接班人的重要举措。不同于以往思政课程主讲老师的一人独奏，中国传媒大学马克思主义学院的赵波老师和音乐与录音艺术学院的几位老师共同创新了思政课形式，针对音乐与录音艺术学院专业的学生开设了“双师思政课”。两名老师同时出现在课堂讲台上，共同为我们讲解思政理论与专业知识。对于两位老师的同台授课，首先在形式上就吸引了我的注意力。在课程开始之前，我很疑惑，两位老师如何共同为我们讲课，会不会出现衔接上的问题，思政课教师是如何将音乐专业的知识融汇其中，音乐专业老师又是如何将思政理论贯通于此呢？这些困惑也激发了我对于双师思政课程学习的强烈兴趣。

在课堂中，思政课教师赵波与音乐专业的几名老师将课程分为6个板块，板块内容清晰，在很大程度上便于我对课程内容的学习和对知识体系的梳理，比起以往的大块知识堆积，内容学习更加有条理。两位老师在课堂中配合得也很好，将思政理论与音乐知识融会贯通。基于学科专业性，赵波老师巧妙地将思政理论融入音乐知识中，音乐专业老师也灵活地将音乐知识的思政要素挖掘出来，两者水乳交融，在学科的碰撞下，为我们带来了奇妙的课堂之旅，让我们顿时觉得思政理论与专业知识的距离是那么近，两者的结合是那么遥相呼应。

两位老师将一曲由音乐与录音艺术学院在新年音乐会上表演的《红旗颂》搬上课堂，在歌曲的旋律中，让我们感受到泱泱华夏，无论时代怎样变化发展，不变的是中国共产党人的领导初心，无论前进的道路多么坎坷险阻，心中那面象征胜利的红旗永远屹立不倒。跳动的音符为课堂内容增色不少，沉醉其中的同时，领悟到中国共产党领导革命先辈为新中国的建立付出的巨大心血，认识到共产党人在历史长河中的重要作用。同学们纷纷将感悟与体会在雨课堂交流平台上呈现出来，两位老师可以及时对我们的课堂反馈情况给予解答。这种互动式学习的方式，提升了我们的课堂参与感和学习的积极主动性。

这种双师双学科的授课形式不仅在形式上让人耳目一新，在教学内容的设置上也是别出心裁，更具针对性与科学性，让我们切实感受到不同学科是可以交叉学习的，不同学科的融合更有利于我们专业知识与思政理论的融会贯通。

## 二、思政理论与音乐实践的融合

理论与实践是辩证统一，共同发展的关系，理论来源于实践，也为实践提供科学指导。思政理论引导同学们竖立崇高的理想信念，帮助同学们形成积极健康的精神状态，培育良好的道德品质。音乐作品的创造作为艺术层面一种实践，也需要理论层面的指导。与此同时，音乐作品的创作是一种创作者自发性的实践活动，创作者所具备的理论水平将会直接影响其创作水平与质量，音乐作品创作的出发点和核心思想需要有明确且正确的指向。

厉行勤俭，节约粮食是中华民族的传统美德。习近平总书记一直高度重视粮食安全问题和提倡“厉行节约，反对浪费”的社会风尚，加之受疫情影响，习近平总书记再次指出，要进一步加强宣传教育，切实培养节约习惯，在全社会营造浪费可耻，节约光荣的氛围。[①]中国传媒大学音响导演专业的同学们也积极响应国家和政府的号召，用音乐表达当代大学生对“一粥一饭，当思来之不易”的倡议与承诺，身体力行，让光盘成为一种行动。同学们结合自己的专业特长创作歌曲《珍粟》，并将作品唱响在课堂中。同学们的真情流露很是触动我，我知道这个作品从作词到作曲都是同学们共同努力的结果。跳跃的音符下不仅有同学们真挚的情感表达，更涵盖着同学们对于节约粮食、厉行节俭的传统美德的践行与传承。

思政课程理论知识与实践活动的融合，产生了更具理论深度和实践深度的价值，不仅将理论知识贯通于心，更将实践行动融汇于行，正所谓实现了真正意义上的知行合一。这种在科学理论和思想指导下的音乐实践活动，使我们更加坚定人生的理想信念，培养美好道德品质，并将其内化于心，外化于行。

① 浪费可耻　节约为荣［N］.人民日报，2020-08-28（4）.

## 三、思政课程的古今嬗变

“双师思政课”需要两名老师全程的精心配合，在课程备课阶段、课程讲授阶段、课后考核阶段，老师们都需要耗费大量时间和精力去准备课程所需内容，学科专业的差别使得学科融会贯通需要精心考量。无论是在课程内容的设置上，还是在课程效果的预期上，老师们都需要针对学生的实际情况进行教学内容的科学设置。

不同于以往单向强制、生硬无趣的理论灌输和枯燥乏味的知识点罗列，“双师思政课”更加注重我们的学习感受与实际所需，既有思想政治教育的理论引导，又有音乐元素的渗透融合，使得课程内容精彩饱满。加之相对应的专业课教师，使得课程的氛围变得更为融洽与和谐，课程更具亲和力。在课程中，思政课教师赵波和音乐与录音艺术学院的几位老师共同合作，把思政课程中的核心理论知识与中西方音乐发展史、音乐家与音乐作品故事以及音乐文化等专业知识充分融合，使得课程内容的设计更具针对性。对于我们学生而言，思政理论知识与我们所学专业达到共鸣，拉近了思政课程与我们的心理距离，对于克服思政理论与专业知识之间的距离，将我们引向深度学习具有重要的意义。

在思政课上，赵老师为我们讲解基础的法律知识，让我们树立法制观念，成为一名懂法、知法、守法的合格公民。通过典型案例的讲解与视频内容的播放观看，同学们积极提出问题。其中一个问题很深刻，一名同学提道：音乐歌曲的使用与盗版播放是否存在合理性。该问题既是现实生活中普遍存在的，也关乎一个音乐创作者在职业道德和法制观念上应该作出正确行为选择的问题。该问题一经提出也引发了其他同学的思考。看得出，同学们已经将所学知识融通与自己的专业领域，并带动其他同学的积极思考。这种积极的群体思考行为与良好的课堂互动氛围是实现教育主体与教育客体双向平等交流互动的和谐关系的重要一步，在很大程度上有利于我们学生和老师建立良好的沟通关系。

总体而言，“双师思政课”无论在教学形式上、教学内容设计上、还是教学效果评判上，都有着较之以往思政课程的巨大变化。将以学生为本的教学理念扎根于此，为我们更好地将专业知识与思政理论的融合发展提供了课程基础，也在一定程度上提高了我们的学习兴趣和学习效果。

## 理论与实践的碰撞理性与感性的结合

中国传媒大学2019级音乐表演专业（声乐演唱方向）吴翔

思想道德与法律是调节人们思想行为、协调人际关系、维护社会秩序的重要手段。二者虽然在调节领域、调节方式、调节目标等方面发挥的作用和方式不同，但二者相辅相成，都作为社会上层建筑的重要组成部分，共同服务于经济社会健康有序的发展。这就好比思政课的双师模式一样，两位老师相辅相成，将理性与感性巧妙地结合起来，更加促进了我们对于知识点的理解。

思想政治课以往在学生们的印象中都是严肃、理性的课程，但学校将思政课变成双师教学模式，不仅安排了经验丰富的思政老师与音乐与录音艺术学院专业老师强强联合，还加入了音乐的元素，使课堂上增加了许多感性的思维以及欢快的氛围。这种形式更有利于我们对于思想道德理论的学习，促进了自身专业与思政理论的联系。为“双师思政课”点赞！

## 余韵双师，畅听思政

中国传媒大学2019级音乐学专业（音乐传播方向）李思睿

“何处音韵绕梁飘，散入冬日暖课堂”，听《松花江上》，闻长白山上冰泉砰响；听《小河淌水》，见夜月南诏村落情深；听《浏阳河》，感湘江蜿蜒覆中华大地……

当音乐加入思政课堂，洗去了昔日的沉寂与庄肃。余韵生辉，引领同学们在似水般的情感流动中感知着祖国大好山河，沉浸思修专业知识。

也是此般改革，使得同学们在课堂上神采奕奕，踊跃参与课堂活动，回答问题；课后积极完成作业，扬笔挥洒间，是文思泉涌写下的论文。我们与老师一同探讨中国青年肩负的责任；音乐专业学生又该以何种方式回馈社会，参与祖国建设，不负壮美河山。

为双师课点赞！

## 当思政理论与音乐实践同频共振

中国传媒大学2019级音乐学专业（音乐传播方向） 姚萌

上个学期，思政课开启了双师课的新模式，当思想道德与法治课中晦涩抽象的概念理论被老师、学长学姐运用于生活学习中，我开始意识到思想道德与法律的重要性。老师们给我们树立了很好的榜样：他们在音乐实践中不忘国家、拥有着社会责任感。课堂上开展的“我为家乡代言”等一系列实践活动，不仅提高了我们的参与感，也让我看到了音乐实践与思政理论结合的新可能。

于我而言，最大的收获就是短短的双师课让我真正感受到，思政理论与实践结合的时候，总有着让人不容忽视的力量。在正确的人生观的引领下，我们作为中国传媒大学的一分子，要树立理想信念，并在今后的实践中化理想为现实，争取成为能为党和国家的文艺事业作出贡献的人。

# 双师双面双赢

中国传媒大学2019级音乐表演专业（声乐演唱方向） 田千伊

十分幸运，大学的第一门思政课思想道德与法治是双师课，在“双师课堂”我度过了快乐的学习时光。课堂上，学习氛围十分浓郁，主讲老师抓住基础知识，巧妙地化难为简、由简到难为我们剖析哲学原理，逐渐渗透；专业课老师结合我们的音乐专业特质，从不同专业、不同角度进行层层分析，将思政课的知识点融于学习、生活之中。两位老师在课堂上相互呼应、相互联系，并且结合学生专业特色，在课堂上开展普及、实践活动，使同学们更加积极地参与课堂思考，更加踊跃地回答问题。我也从“双师课堂”中收获了更多的知识与快乐，并且受双师课的启发，更善于在日常生活中结合思想道德理念去思考问题、切身实践。“双师课堂”不仅带来了基础和拓展的“双面效果”，还为我们带来了学习和生活的“双赢”。

# 附录五

# 《中国教育报》报道“双师思政课”

## 为思政教育找寻专业落点

### ——中国传媒大学课程思政“双师课”探析

（2021年5月10日《中国教育报》第06版报道、中国传媒大学官微2021年5月11日报道，中国教育报记者刘亦凡，通讯员陈艺文）

“埃德加·斯诺为什么来中国，又为什么想去陕甘宁边区采访？”“斯诺看到了红色中国的样子，他的迷惑解开了吗？他对中国共产党的印象发生变化了吗？”

近日，在中国传媒大学播音主持艺术学院的一节“新闻采访与报道”课上，一连串有关1936年美国记者埃德加·斯诺前往红色中国采访的问题被抛出。与以往课堂不同的是，这堂课的问答双方不是师生，而是专业课教师与思政课教师。

思政课与专业课同向同行、协同育人，是高校落实立德树人根本任务的必然要求。而在实践层面，思政课与专业课“两张皮”、课程思政难以将专业教学与思政教育有机融合的问题普遍存在。

为解决上述问题，2019年以来，中国传媒大学进行了双师课育人模式的探索，为思政教育找寻专业落点，挖掘专业课的思政内涵。

## 双师同上一堂课，讲什么、怎么讲

“双师课”，顾名思义即思政课教师和专业课教师同时授课。两名教师同上一堂课，讲什么、怎么讲，都需要精心设计。

了解到电视剧《觉醒年代》热播后，学生们都对党的早期历史很感兴趣，播音主持艺术学院新闻播音系系主任翁佳便想到以《红星照耀中国》这本书的内容为基础，把1936年斯诺的传奇采访作为教学案例。

“斯诺的故事不仅是一名记者的故事，更是中国共产党的故事，是中国发展的故事。”在马克思主义学院教师赵波看来，斯诺虽然不是大人物，却用他的作品让当时的世界了解了真实的红色中国，这对大学生学习“四史”、树立责任感使命感都具有积极意义。

对于建设课程思政“双师课”，翁佳和赵波一拍即合。

经过反复讨论、磨课，她们决定在课堂构建一个采访场景，围绕斯诺来到中国后的经历设计采访问题，由专业课教师提问、思政课教师作答，让学生从提问中体会采访报道的方法，在回答里了解党的历史和红色中国的样貌。

为了把课讲活，她们通过专业渠道找到了50幅高清修复的老照片，这是当年斯诺带着两部照相机和24卷胶卷拍摄的。课堂上穿插播放的影像资料，有动漫、电影，还有翁佳采访蔡树藩将军（斯诺书中人物）女儿的片段，鲜活的内容、多元的形式抓住了学生们的注意力。“这堂课给我最大的感受就是‘新’。形式新颖——有来自不同学院不同专业的老师授课。老师在教学中碰撞的火花让我们在学习本专业的同时，也能结合其他专业的视角来加深对知识的理解。内容新颖——契合当下‘学党史’的热潮，以《红星照耀中国》为引子，结合历史故事和影像资料，这对于我们增强政治素质、文学素养是很有帮助的。”学生贺熠坤在课后总结中写道。

## 专业教育、思政教育各有规律，怎么融合

翁佳与赵波的合作不是偶然，而是中国传媒大学长期探索推进双师课

的结果。

2019年，学校从思政课切入先行先试，在思政课堂加入专业课教师讲授，实现了马克思主义学院和音乐与录音艺术学院、广告学院的合作，逐渐摸索形成了成熟的“双师思政课”模式。今年以来，学校继续在专业课堂探索双师教学，除新闻采访与报道课外，广播电视网络技术、人像摄影等专业课都被纳入进来。谈及双师课建设中的难点，翁佳和赵波都提到了“融合”。专业课教学和思政课教学各有其规律，究竟该怎么融合？

“我们的融合主要分四步走。”翁佳介绍，一是双师交流，专业课教师和思政课教师互相了解对方的专业领域、专业特点。二是师生沟通，提前了解学生在专业和思政方面的兴趣点、困惑点。三是集体备课，教师们通过反复研讨，找到专业课与思政课的契合点，确定双师课的教学内容和形式，提升专业教学和思政教育的融合度。四是课程的具体设计，采用多种教学资源和教学手段丰富课堂。

诚然，比起传统的教学准备过程，这样的融合会增加授课教师的工作量，但在赵波看来，付出是值得的。“双师课不仅育生，而且育师。”赵波总结道，不论是哪所高校的思政课教师，了解自己的学生都是上好思政课的前提。学生通常对所学专业很感兴趣，从他们的专业兴趣点入手挖掘思政素材，能为思政课建设打下更加坚实的基础。与此同时，专业课教师也能通过双师课提高政治站位，实现从专业知识的“教”向全方位“育”的转变，有利于高校构建“大思政”育人格局。

“双师课让‘培养什么人、怎样培养人、为谁培养人’的根本性问题得到解答，也让‘全员育人、全过程育人、全方位育人’的育人方式发挥实效。”播音主持艺术学院副院长李洪岩说。

学校教务处相关负责人表示，目前教务处正在制订方案，将思政双师课的经验全面推广到专业课，同时建立业界导师库，邀请一批海内外优秀的一线记者、文艺工作者走进课堂，形成课程思政双师体系，建设一批案例型试点课程。

## 双师教学顺利开展，学校提供了哪些保障

“双师课”的顺利开展，离不开学校提供的制度保障。

“今年1月，学校以‘交叉、融合、智能、开放’为主题，隆重召开本科教育大会，聚焦本科教育高质量发展，推出了一系列改革措施。从那时起，思政课程与课程思政同向同行的理念更加深入人心，也引发了我的进一步思考。”翁佳说。

为保障双师教学的顺利开展，在校党委的领导下，学校健全工作机制，协调多部门合力推进课程思政建设。马克思主义学院和专业学院作为课程思政“双师课”的教学主体，协同配合开展集体备课，完成课程讲授；校史馆、博物馆等作为重要的教学资源，为双师课提供有力支持；教务处统筹全校课程思政建设工作，制定《课程思政实施方案》，在课时认定、教改项目认定等方面提供保障，为教师们全心投入教学改革解决后顾之忧。

除双师课之外，学校还以“四史”教育为切入点，着力推进“一院一课”，将基于专业特点的传媒特色“四史”系列课程作为课程思政建设的重点。

未来，学校将进一步完善体制机制，强化二级教学单位主体责任，加强教研室内部、教研室之间、学院之间的集体备课，提升思政内容与专业内容的融合度；精选教学内容和案例，建设课程案例库，形成以课程为核心、融教材内外、学校内外资源于一体的课程思政资源库；在课程建设、师资队伍建设等方面深化对课程思政的研究，建立健全课程思政质量评价体系，立体评价课程思政教学质量与育人效果，实现课程思政的持续发展。

“要将课程思政建设作为加强各党支部政治建设的重要内容和关键载体，使党建与育人、思政课程与课程思政同向同行。”学校党委书记廖祥忠指出，要将党建工作贯穿学校育人全过程，“加强党建工作与教学科研、大学治理的深度融合，将党建引领作用转化为学院发展动能，探索学院

‘党建—思政—专业—实践—创作’的育人模式，形成协同育人机制。”

## “双师教学”：重兵突击关键课堂

（2020年12月9日《中国教育报》第03版报道，中国教育报记者　施剑松）

时隔一年，讲台上的赵波眼神亮了许多，言语间嘴角常有一抹自信的微笑。“一名思政课教师的职业幸福感体现在哪儿？”她说，“疫情期间，我教的学生制作出催人奋进的抗疫视频，返校后很多同学向党组织递交了入党申请书。”

2019年3月，习近平总书记在学校思想政治理论课教师座谈会上发表重要讲话。如何结合艺术专业学生特点，提升思政课堂的抬头率、感染力？在中国传媒大学，党委统筹推动马克思主义学院启动“双师教学”思政实验课探索。一名思政课教师与一名专业课教师同上一门课，力图寓价值引领于知识传授，打造思政金课。身为马克思主义学院教研室主任，赵波和音乐与录音艺术学院教师樊娜首批加入双师教学实验。经过一年多的探索，中国传媒大学思政课的课堂出现了可喜的变化。

### 克服理论距离，引向深度学习

一年前，给音乐和录音专业学生讲授中国传统美德与革命道德专题，赵波请学生把古琴搬到了思政课堂。一曲《梅花三弄》，让学生们在民族经典音乐中体会中华民族的千年风骨。讲到井冈山精神，和着《毛委员和我们在一起》的经典旋律，音乐教师樊娜将歌曲创作背景和老区人民对红军的感情娓娓道来。

两名教师出现在同一间教室的形式，让学生们普遍感到新奇，也让一些学生发现，思政课与所学专业的距离并不遥远。随后一年里，赵波和樊娜、刘晓飞老师合作，把思想道德与法治课中核心理论知识点与中西方音乐发展史、音乐家与音乐作品故事以及音乐文化等专业知识充分融合，形成了“音乐人的人生观”“音乐人的家国情怀”等6大单元的双师教学课。

“这个融合过程可以说艰辛。”赵波说，“拉近思政课与学生心理的距离只是第一步，更关键的突破在于要让理论知识点精准敲击到学生的共鸣点。”这不仅要求教师重新解构整门课的理论知识点，还需要考虑运用不同的教学策略。赵波说，“双师教学课的案例来自专业，更强调挖掘音乐领域的思政要素，形成逻辑问题链。”

在不同的主题下，教学策略也有侧重。例如，音乐中的家国情怀，适合使用案例教学法和情境教学法；爱国与中国精神、核心价值观的内在关联，更适合用榜样教学法和实践教学法，并通过渗透式和融合式教学法的综合运用，使教育影响从课堂延展到课下，形成良性循环。

“双师教学不只是在一门课上投入两名教师，课堂上要形成良好的双师互动、师生互动，每名教师的工作强度至少是加倍的。”赵波说。此后，同样的思政专题，赵波和樊娜将学生引入《地道战》主题曲作者傅庚辰钻过的地道情境，灵魂发问：“踩着脚下的泥，你的音乐创作，会有什么不同？”

### 打通成长路径，穿越课堂边界

同在马克思主义学院，教师阴军莉曾对学校大三300多名修完思政课的学生做了一个问卷调查，问题包括，“你对思政课的总体感受”“你认为好的思政课应该是什么样的”……结果显示，学生对思政课的普遍期待是内容更丰富、形式更多样，而学生们对思政课的建议，集中在理论能否落地、教学内容能否对接现实。“一句话，学生们期待，思政课理论能够帮助他们解释现实困惑。”阴军莉说。

当前让学生大规模走出校园并不现实，有没有办法让现实走进思政课堂呢？这让阴军莉发现了“双师教学”的第二条路径——“1+1+N双师教学模式”。不止于思政课教师与专业课教师混合式教学，给广告学院学生授课的阴军莉与冯丙奇老师尝试让行业优秀毕业生进入课堂，帮助学生在职场或社会现实场景中体验思政课的深远价值。

所谓“1+1+N双师教学模式”，第一个“1”指一位思政课教师，主导思政课教学的整体框架、教学设计以及专业渗透环节及内容；第二个“1”指一位专业课导师，负责思政课教学内容在专业领域应用中的渗透，并深度指导学生思政教学内容传播实践；N指由多位校友构成“业界导师群”，使教学内容能够形象化、具体化和场景化，推动思政课理论内容落地。

由于疫情防控要求，业界导师参与课堂环节通过直播微课形式进行，当行业一线的师兄师姐们出现在课堂上，学生们听到了来自行业现实场景的真实挑战。“‘业界导师’经过学院遴选，都是毕业后在各行业的优秀校友，‘业界导师’讲授的内容事先和思政课教师充分磨合，回应学生成长中的困惑。”阴军莉说。

正如一名学生在课后反馈中所说，“这是一门人生坐标课。”阴军莉说，“‘1+1+N双师教学模式’，就是要让学生在思政课堂上运用理论、分析现实、思考人生，在理论维度、专业维度和现实维度的立体构建中，找到人生的坐标。”

**重兵关键课堂，聚焦立德树人**

两年来，中国传媒大学思政课双师教学的课堂上经常出现校领导的身影，学校党委书记廖祥忠多次到课堂听课，下了课总要再和老师、学生聊一会儿。廖祥忠说，思政课作为人才培养的关键课程，对传媒人才培养至关重要，学校把思政课纳入“双一流”建设，统筹全校资源，通过双师教学等多方面“重兵”投入，力求建设好教学主战场，为党和国家培养讲好中国故事、传播中国声音的新时代传媒人。

管理向课堂前移，让管理层听到了来自课堂的真实诉求。而这些诉求很多是细节。双师教学实验课校内外资源整合怎么保障？怎么考核评价老师们高负荷的创造性劳动？现在，在中国传媒大学，两名教师上一节课，每名教师的课时费都按整节课算，外聘导师专项支持，双师实验课教师在课题申请、职称评定、评优评先等领域有专项……

马克思主义学院院长刘东建说，推动双师教学，真正实现了课堂需要牵引资源投入。他说，这种牵引成功的关键在于学校党委重视并推动改革的坚定态度，教务、人事、科研等职能处室的管理保障，以及首批启动双师课教学的音乐与录音艺术学院和广告学院等院系负责人的组织协调。马克思主义学院党总支书记傅楠说，学校结合学生专业特点，量身定做思政课，打通了多元思政资源，将学校党建、学生工作、团学及校友资源等深度整合，让大家工作的重点都聚焦到立德树人的主业中来，这个过程同时也是学校导向三全育人的过程。

“双师教学改革产生的溢出效应还在于，老师们感觉到思政为专业教学领航，专业渗透也丰满了思政教学的‘芯’。”学校党委副书记王达品说，双师教学改革撬动了全校对思政课程、课程思政以及三全育人的再思考再实践，我们将力争在凝练提升的基础上，形成有特色、可借鉴的思政课改革新模式。

# 后　记

“双师思政课”教学模式从2019年探索至今，得益于中国传媒大学各级领导和老师们的有力支持才有了今天的规模。在这期间，教育部巡视组、校党委书记、校长、党委副书记、学校督导和相关学院院长、书记等都曾进入双师课堂听课评课，并给予针对性授课指导和育人指引。双师集体备课经常要花费多于一般课程三四倍的时间，但是老师们全身投入，不仅加强了思政课程改革，还加强了学科沟通和深入理解，形成了全校重视思政课程和课程思政的“大思政”育人格局。

## 一、继续发挥教学团队优势效能

2022年“双师思政课”教学团队正式获批中国传媒大学基层教学组织，由20名团队成员组成的教学团队跨学院、跨学科开展“双师思政课”教学创新探索。课程团队负责人马克思主义学院的赵波老师是“双师思政课”教学团队的纽带，专业课教师都是与赵波老师合作，探索融合教学新模式，加强思政育人效果研究，深得师生好评。具体来说，马克思主义学院教师赵波与其他8个学院专业课教师组成“双师”开展教学改革新探索，这8个学院是播音主持艺术学院、音乐与录音艺术学院、戏剧影视学院、经济与管理学院、信息与通信工程学院、人文学院、外语语言文化学院、文化产业管理学院。教学团队里8个学科背景的“双师”探索思政课程与课程思政协同教学实效，他们分别是法学、工学、理学、文学、艺术学、文艺学、历史学、哲学专业的专任教师。2名教学名师发挥教学带头作用，2名首届教学优秀奖获得者发挥教学引领所用，4名教学青年拔尖人才发挥教学研究作用。其中，职称分布凸显双师教学传帮带作用：教授2名，副教授10名，高级工程师1名，讲师7名。从工作年限看双师发挥了教学经验交流作用：20年以上的4名，10—20年的10名，10年以下的6名。入职5年内6名青年教师的教学培育工作也在双师教学实践中体现出来。同时，双师教学团队发挥了党建引领教学作用：赵波（马克思主义学院党委副书记）、王真（戏剧影视学院党支部书记）、李彬（信息与通信工程学院党支部书记）；还发挥了系部教研支撑作用：翁佳（系主任）、刘晓飞（副系主任）、许蕾（副系主任）。可以说，“双师思政课”教学团队融合了丰富的育人元素，是一支具有传媒特色的思政课程与课程思政创新研究和思政育人团队。

## 二、继续探索协同教学机制作用

“双师思政课”，围绕思政教育功能和特色课程建设两大工作重点，结合思政课程和课程思政两大建设体系的特点，是思政课教师和专业课教师同时授课，寓价值引导于知识传授之中，是对坚持价值性和知识性相统一的一种课程创新和探索。目的是发挥思政课和专业课两大学科优势，致力于打造专业知识和育人元素充分融合的思政金课和课程思政示范课，以增强思政教育的实效性。目前，我校实现了思政课教师与专业课教师（不限于两名）同上一门课，开展“双师思政课”实践探索，跨学院、跨学科组建了“双师思政课”教学团队。教学团队在思政课上探索的“双师思政课”包括：赵波、刘晓飞和张超针对录音艺术专业探索3轮思想道德与法治双师作品思政课程6个专题；赵波、涂中文和刘鑫针对播音专业探索思想道德与法治双师体验课程1个专题；赵波和李彬针对通信工程专业探索思想道德与法治双师案例课程1个专题；赵波、蒋多和李威颖针对文化产业管理专业探索中国近现代史纲要双师对话课程1个专题。教学团队在专业课上探索的“双师思政课”包括：赵波、翁佳针对播音主持专业探索新闻报道与采访双师融合课程2个专题，时政国际16个专题；赵波和李彬针对通信工程专业广播电视网络技术课程开展双师博物馆教学1个专题；赵波、涂中文针对中国共产党思想政治教育史开展了双师实践教学活动3个专题；赵波和王真针对影视摄影与制作专业探索人像摄影双师慕课9个专题；赵波、武闽、许蕾和张未然针对汉语国际教育专业探索汉语国际教育概论双师访谈课程1个专题；赵波、刘静忆、须大为和魏飞针对财政学专业财政学课程探索双师圆桌论坛课程1个专题；赵波、张超和李威颖针对民族预科生的民族理论与政策课程探索双师互动课程1个专题；赵波、胡洪春和曹晓伟在公选课中国当代文学与文化中探索双师专题课1个专题。

“双师思政课”注重思政课程与课程思政协同教学机制探索，形成了“1234”教学机制团队开展了丰富的教学探索实践，立足传媒特色，发挥各专业的积极性，共同探索思政课程和课程思政建设。目前人像摄影、国际金融、时政国际和通信工程课程已经发挥双师合力，成功申报了北京市课程思政示范课程。作为课程负责人、北京市首批思政课特级教师，赵波老师带领团队完成的“双师”课改成果也获批北京市教改创新项目，并获得中国传媒大学教学成果奖一等奖，同时获得北京市级“三全育人”和“美育”工作二等奖，以及北京市高等教育教学成果二等奖。目前，由“双师思政课”教学团队承担的中国高等教育学会首批数字思政精品项目《基于影视传媒的“双师育人”数字内容研究》获准立项。双师团队协同中国传媒大学博物馆与传媒附中、附小和幼儿园开展“四位一体”思政课一体化建设，充分发挥团队效能开展课题研究和育人实践探索。“双师思政课”教学成果先后在校园官网、官微、学习强国、《中国教育报》、中国教育电视台和电影频道报道，教学效果显著。

## 三、继续围绕立德树人根本任务提升教学实效

高校课程体系建设是高校育人的重要载体，双师课程改革围绕党史学习教育和特色教学作出积极探索。“双师思政课”以课程教学为主抓手，立足思政课程和课程思政教学要求，建立专题课程教学体系。专业课教师、团委书记、辅导员、班主任在日常思政工作中获得学生思想实际一手资料，辅助教学团推发挥教学效果最大化。“双师思政课”的学生表现可以作为学生发展的品德表现依据。思政课堂的抬头率、感染力得到提升，为打造思政金课作出积极探索。教学团队将学生学习困惑和思想实际融入教学方案中，课程教学的效果调查还可以为精准关注师生、业界的发展状态和进一步加强思政工作提供数据支撑。青年党员教师加入教学团队，发挥朋辈思政的作用，设身处地地为学生成长和发展提供了贴心的对策和建议，让学生感受到思政教学的高度和温度。通过提升“双师思政课”教学实效性和针对性，加强协同教学机制的价值共生效果，为落实高校“立德树人”根本任务作出贡献。

## 四、继续打造精品课程，发挥教学改革示范作用

“双师思政课”是一组课程群，包括双师思政课程和双师课程思政，随着教学改革深入，这个课程群在逐步扩大，也在深入探索除课堂教学之外的实践教学等特色形式。“双师思政课”立足思政课或专业课建设标准，利用智慧课堂和对话、访谈等教学方法巧妙设计师生互动。双师学科对话和问题导引教学实现双师解决问题示范效应，结合不同专业特点，建立传媒特色的专题教学机制，将价值观教育如盐入水般地融入专业课教学，发挥专业课教师的合力作用和专业素材的鲜活作用，理直气壮地讲好思政课。双师发挥合力，整合学校优质教学资源，积极制作精品课程，在思政

教学领域精耕细作，为思政课守正创新和课程思政示范课建设发挥样板课作用。

## 五、继续基于传媒特色建立可复制推广的教学模式

“双师思政课”教学模式应用于思政课程与课程思政建设，加强思政教育力量。发挥思政教师引领力，凝聚双师合力，让思政课更符合学生思想实际和现实需求，形成了课内教学和课外实践相结合的双师教学体系，让思政教育找到专业落点。思政课堂的抬头率、感染力得到提升，为打造思政金课作出积极探索。“双师思政课”发挥了思政课作为关键课程的重要作用，组建了融合不同专业的双师教学团队，立足传媒专业特色将专业课教师培育为一支课程思政队伍。思政教育与专业教育融合育人、思政课教师与专业课教师共建课程。双师加强了理解，提升了政治站位，加强了理论素养，善于做思政工作，在各自授课中自觉进行价值引导。教学团队梯队建设合理，发挥优秀教师的教学示范作用、发挥老教师的经验分享作用、发挥青年教师的朋辈引导作用、发挥团队资源的协同共享作用。在教学实践中形成了特色教学模式和典型育人工作案例，继续在本校推广，甚至走出本校服务北京市或国家思政教学工作，为形成中传教学品牌作出贡献。

2021年赵波老师（“双师思政课”团队负责人）获批北京市高等教育“本科教学改革创新项目”的课题名称为“高校‘双师思政课’协同育人机制研究”，本著作就是这个课题的研究成果之一。在书稿撰写过程中，“双师思政课”教学团队的教学实践是成果形成的重要依据，团队成员赵波、涂中文、张超、翁佳、王真、李彬、李威颖、胡洪春、蒋多、刘静忆、武闽、须大为、魏飞、刘钰、曹晓伟、刘晓飞、张未然、许蕾、郑梅、刘鑫都为双师育人研究作出了积极贡献。赵波老师的研究生刘方辉、李岩和张铁都参与了书稿的资料整理和校对工作。

2022年4月25日习近平总书记在中国人民大学考察时强调：坚持党的领导传承红色基因扎根中国大地，走出一条建设中国特色世界一流大学新

路。[1]“双师思政课”教学团队将继续坚持在党的领导下，努力发掘传媒红色基因，引导传媒师生始终站在党和人民最需要的地方，为打造中传思政金课和课程思政示范课，探索思政育人中传样本，拓展北京市乃至全国高校思政特色育人工作作出积极贡献！

2022年5月5日

① 习近平在中国人民大学考察时强调 坚持党的领导传承红色基因扎根中国大地 走出一条建设中国特色世界一流大学新路［N］.人民日报，2022-04-26（1）.

## 图书在版编目（CIP）数据

高校“双师思政课”协同育人模式创新与实践 / 赵波著. —北京：中国国际广播出版社，2022.9
ISBN 978-7-5078-5199-1

Ⅰ.①高… Ⅱ.①赵… Ⅲ.①高等学校－思想政治教育－研究－中国 Ⅳ.①G641

中国版本图书馆CIP数据核字（2022）第162887号

## 高校“双师思政课”协同育人模式创新与实践

著　　者　赵　波
责任编辑　张　玥
校　　对　张　娜
版式设计　邢秀娟
封面设计　赵冰波

出版发行　中国国际广播出版社有限公司［010-89508207（传真）］
社　　址　北京市丰台区榴乡路88号石榴中心2号楼1701
　　　　　邮编：100079
印　　刷　天津市新科印刷有限公司

开　　本　710×1000　1/16
字　　数　240千字
印　　张　17
版　　次　2022 年 11 月　北京第一版
印　　次　2022 年 11 月　第一次印刷
定　　价　49.00 元